KB013806

인류의 문명을 바꾼
7가지 금속 이야기

금속의 세계사

인류의 문명을 바꾼 7가지 금속 이야기

금속의 세계사

김동환 · 배석 지음

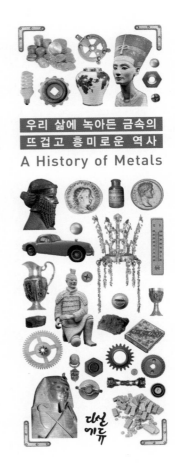

우리 삶에 녹아든 금속의
뜨겁고 흥미로운 역사

A History of Metals

In loving memory of

Myung Yeon Jeong

(June 18, 1929 ~ April 12, 2008)

&

Hyuck Lim Jeon

(January 21, 1916 ~ May 25, 2010)

왜 금속의 세계사인가

금속 없는 세상을 상상해 본 적 있는가. 이를 쉽게 떠올려 보기 위한 가장 단순한 설정은 역사 교과서의 목차에서 찾을 수 있다. 그저 인류가 금속을 사용하기 전인 '석기 시대'로 돌아가기만 하면 될 테니까. 금속이 사용되기 전, 인류는 300만 년이 넘는 장구한 세월을 오로지 흙과 돌만을 사용하며 생존을 위해 버텨야 했다.

1만 년 전 인류의 삶에 엄청난 변화가 일어났다. 우연한 기회에 금속 물질을 사용하기 시작한 것이다. 이후 인류의 삶은 이전과 완전히 다른 형태로 뻗어 나갔고, 1만 년이 지난 뒤 돌도끼 대신 스마트폰을 움켜쥐기에 이르렀다. 오늘날 우리는 스마트폰에서 우주정거장까지, 그야말로 금속으로 이루어진 세계 속을 살아가고 있다. 금속이 세계를 지금의 모습으로 움직인 것이다.

금속은 처음 사용된 그 순간부터 역사의 중심에 존재해 왔다. 변신을 거듭하며 인류의 삶을 통째로 뒤바꿀 만큼 엄청난 발전을 이끌기도 했고, 전쟁이라는 비극을 극대화하고 환경을 파괴시키는 무자비한 수단이 되기도 했다. 이렇게 금속은 역사의 다양한 장면에서 묵직한 존재감으로 언제나 자신의 역할을 수행했다.

하지만 안타깝게도 금속은 그동안 역사성을 제대로 주목받지는 못했다. 음식, 옷, 질병, 전쟁, 건축 등 역사를 바라보는 새로운 접근법이 매우 다양해졌음에도 불구하고 금속은 여전히 사람들에게 과학의 영역이라고 생각되는 것이다.

우리는 인류의 역사를 금속을 중심으로, 석기 시대까지의 비금속기와 청동기 시대부터의 금속기로 나누어 구분 짓는 것을 당연하게 여기고 있다. 그러나 정작 인류가 석기 시대를 벗어나게 해 준 최초의 금속이 무엇이었는지, 우리가 무심코 청동기 시대라고 구분 짓는 그 시대 속에서 금속이 어떻게 인류의 삶을 변화시켰는지, 현재 진행 중인 철기 시대를 이끌어 온 것은 누구이며 앞으로 이 시대가 얼마나 더 지속될 것인지를 생각해 본 적이 없었다. 금속이 인간의 삶 속에 너무도 자연스럽게 녹아 있어서 그런 것일까. 마치 공기의 존재가 당연하게 느껴져 그 중요성 대한 인식이 옅어지는 것과 같이 우리는 역사 속 금속의 역할에 대해 너무나 관심이 없다.

그렇기 때문에 더욱, 이 책은 금속의 세계사를 주목하고자 한다. 특히, 수십 가지에 이르는 금속 중에서도 가장 중요한 역할을 했다고 손꼽을 수 있는 일곱 가지 금속을 중심으로 이야기를 풀어 나가고자 한다. 바로 고대금속이라 불리는 구리, 납, 은, 금, 주석, 철, 수은이다. 이 일곱 금속에 얽힌 역사적 사건들은 문명의 시작부터 오늘날의 현대 산업사회에 이르기까지 세계사의 모든 곳에 녹아 있다. 이 흥미로운 역사들을 집중적으로 탐구하면 자연히 금속의 세계사를 더욱 명쾌하게 알 수 있을 것이고, 또한 금속이 인류의 삶에 얼마나 크나큰 기여를 했는지 되새겨 볼 수 있을 것이다.

인류의 역사에 있어서 이토록 오래, 꾸준히 함께했던 무언가가 있었던가? 아마도 거의 없을 것이다. 우리가 금속을 알아야 하는 이유가 바로 여기에 있다. 인류는 금속이 움직이는 세계를 살아가고 있다. 금속을 아는 것이 역사를 그리고 우리가 사는 세계를 이해하는 첫걸음이다.

2015년 봄을 앞두고

김동환, 배석

1 새로운 화학 표기법의 준수

2005년 국가기술표준원은 지금까지 독일식이나 일본식으로 사용해 오던 화학 용어를 '국제 순수 및 응용화학 연합'이 정한 국제 기준에 맞도록 새롭게 표기법을 제정했다. 예외적으로 나트륨과 칼륨은 갑작스러운 표기 변경에 따른 혼란을 피하기 위해 지금까지 사용한 대로 표기하되 새 이름인 '소듐'과 '포타슘'을 같이 표기토록 했고, 비닐이나 비타민도 당분간 새 이름인 '바이닐', '바이타민'을 병행해 표기하기로 했다. 이 책에서는 이러한 흐름에 따라 새로운 표기법을 적용하되 혼란을 방지하기 위해 개정 전의 표기법도 병행했다. '소듐'이라는 단어로는 아직 짭짤한 느낌이 오지 않는 독자라도 이 책을 이해하는 데는 전혀 지장이 없으니 염려하지 않아도 되겠다.

2 '발견'과 '사용'의 구분

이 책에는 금속 원소가 언제부터 '사용'되었다는 말이 자주 등장한다. 이때 금속 원소의 '발견'과 '사용'을 혼동해서는 안 된다. 코발트를 예로 들어 보겠다. 코발트는 기원전 3000년경부터 이미 고대 이집트의 조각품과 페르시아의 보석이나 구슬에 파란색을 내기 위한 용도로 '사용'되었다. 누군가 '발견'했으니 '사용'한 것 아니냐고 따질 수도 있겠지만 그렇다고 해도 코발트의 발견이 기원전 3000년경이라고 해서는 안 된다. 오늘날 공식적으로 코발트의 최초 발견자는 파란색을 좋아하는 고대 이집트 예술가 아무개 씨가 아닌, 스웨덴 화학자 게오르그 브란트다. 그가 원소 상태의 코발트를 광석으로부터 최초로 분리해 내는 '발견'을 해냈기 때문이다. 따라서 코발트의 최초 '사용'은 기원전 3000년 전이지만, 최초 '발견'은 1735년이라고 해야 한다.

그가 놋으로 물두멍을 만들고 그 받침도 놋으로 하였으니
곧 회막문에서 수종드는 여인들의 거울로 만들었더라
그가 또 뜰을 만들었으니 (중략)
그 기둥이 스물이며 그 받침이 스물이니 놋이요…….

_ 출애굽기 38장 8~10절 중

1장

Copper

B.C. 9500년경

구리

××××

금 속 으 로
이 루 어 진
세 계 를
열 다

구리는 로마 시대 이전, 고대 그리스에서 '키프로스Κύπρος'라고 불렸다. 그것은 당시 키프로스에서 막대한 구리가 생산되었기 때문이었다. 터키 남쪽 65킬로미터에 위치한 키프로스는 지중해에서 시칠리아, 사르데냐에 이어 세 번째로 큰 섬으로, 매장량이 풍부한 구리 광산을 보유하고 있었다. 로마 시대에도 키프로스 섬은 여전히 구리의 주요 공급처였고 로마인들은 '키프로스의 금속'이라는 의미를 담아 구리를 '에스 키프롬Aes Cyprium'이라고 불렀다. 이 단어는 시간이 흘러 '쿠프럼cuprum'이라고 변화했으며 라틴어 쿠프럼은 고대 영어에 녹아들어 'coper'로 표기되다 오늘날의 '쿠퍼copper'로 완성되었다. 그렇다면 우리나라는 어떨까? 주기율표상의 명칭을 주르륵 읽다 보면 유독 구수하게 읽히는 조선 토박이 금속 이름이 두 개 나온다. 바로 구리와 또 다른 고대금속인 납이다. '구리'는 훈민정음의 해설서인 『훈민정음 해례본』에, '납'은 대승불교의 중요한 경전인 묘법연화경을 한글로 정리한 책 『묘법연화경언해』에 등장했을 정도로 오래된 순 우리말이다. 한 가지 더, 우리나라의 옛 책에 '구리'보다 자주 사용하는 말은 한자어인 '동銅'이다. '동'은 보통 청동, 황동, 백동 등으로 사용되었는데 각각 주석, 아연, 니켈을 구리와 합금해 만든 것으로 '청색 구리', '노란색 구리', '흰색 구리'라는 컬러풀한 뜻을 나타낸다.

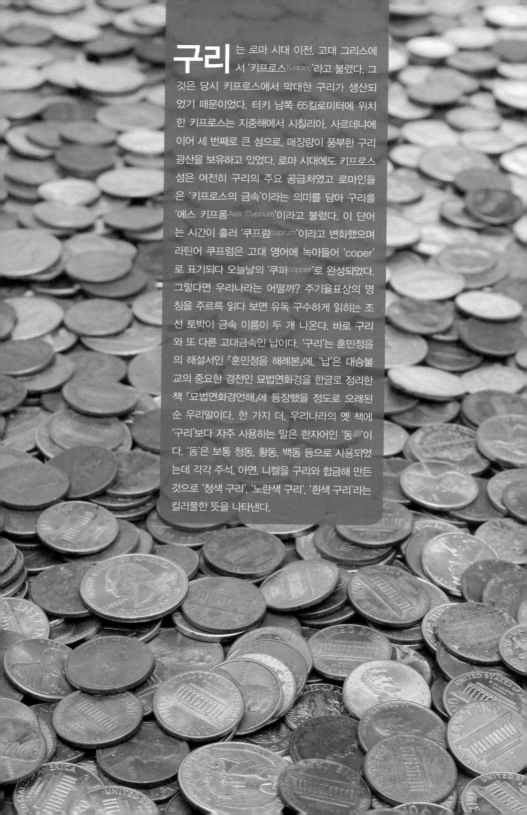

카이사르, 아우구스투스 그리고 동전

"주사위는 던져졌다!"

　기원전 49년 1월, 율리우스 카이사르는 로마를 향해 진격했다. 군대를 해산하고 로마에 입성하라는 원로원의 명령을 무시한 것. 판단은 단호했고 돌격은 신속했다. 짓쳐드는 카이사르의 군대에 그를 견제했던 원로원은 목숨을 부지하기 위해 다급히 이탈리아를 떠났고 무주공산이 된 로마에서 카이사르는 최고 권력자가 되었다.

　권력을 틀어쥔 카이사르는 자신이 로마의 통치자임을 널리 알리고 대중적인 인기를 얻기 위해 여러 가지 방법을 시행했다. 그중 하나가 바로 동전에 자신의 얼굴을 새겨 유통한 일이다. 로마 역사상 사람의 얼굴이 동전에 들어간 것은 처음 있는 사건으로, 카이사르는 금, 은으로 만들어진 동전뿐 아니라 구리로 만들어진 동전에도 자신의 얼굴을 넣었다. 금, 은보다 화폐로서의 가치는 낮지만 많은 사람들에게 널리 이용되는 구리 동전의 가치를 알아본 것이다.

　실제 로마에서 '세스테르티우스Sestertius'라는 구리 동전은 회계의

카이사르의 얼굴이 새겨진 로마 동전(위)
아우구스투스의 얼굴이 새겨진 로마 동전(아래)

기초 단위로 활용되었다. 예를 들어 로마 군단병의 1년 치 봉급은 900 세스테르티우스이고, 원로원 의원이 되기 위해서는 100만 세스테르티우스가 있어야 한다는 식이었다. 구리 동전이 그만큼 널리 활용되었다는 뜻.

'그 아버지에 그 아들'이라고, 율리우스의 양아들이자 로마 초대 황제에 오른 아우구스투스도 동전에 자신의 얼굴을 새겨 유통했다. 역시 금화부터 동화에 이르기까지 모든 형태의 동전에 널리 얼굴을 새겼다. 또한 양아버지 카이사르가 로마 민중의 지지를 받는 것을 이용하기 위해 카이사르의 초상을 동전에 사용하기도 했다.

카이사르와 아우구스투스 이후 로마의 황제들은 자신이나 후계자의 모습을 동전에 새기기 시작했다. 이 시기 동전은 단순히 물건을 사기 위해 지급하는 화폐의 의미를 넘어 권력의 상징이자 통치의 수단으로 활용되었다. 동전을 사용하는 사람들에게 황제의 힘을 드러내고 소속감을 불어넣는 중요한 도구였던 것이다.

동전銅錢은 한자어로 '구리로 만든 돈'이라는 의미다. 금, 은 등으로 만들어진 동그란 화폐도 동전이라고 함께 불리긴 하지만 실제로 동전은 '구리 돈'이라는 의미가 더 강하다. 구리는 금, 은과 함께 고대 문명 형성 단계에서부터 화폐 제조에 사용되었기 때문에 '화폐금속'이라고 불리는데, 기원전 6세기부터 3세기까지 고대 로마에서는 자연산 구리 덩어리 그 자체가 화폐의 기능을 하기도 했다.

그렇다면 오늘날의 동전은 어떨까? 2006년까지 사용되었던 우리나라의 10원짜리 구형 동전은 구리 65퍼센트, 아연 35퍼센트로 이루어져 있었다. 또 영국의 페니와 파딩, 미국과 호주 등의 센트 주화도 구리가 주성분으로 되어 있다. 오늘날에도 구리는 '화폐금속'의 역할을 톡톡히 해내고 있는 것. 하지만 2006년부터 새롭게 제조된 우리나라의 10원짜리 신형 동전은 구리의 함량이 엄청나게 줄어들어 얇고 작고 가벼워졌다. 손에 쥐어도 별 느낌이 없을 정도여서 마치 보드게임에나 쓰는 장난감 동전 같다.

10원짜리 동전이 이렇게 혹독한 다이어트를 하게 된 결정적인 이유는 일명 '동전 팔찌'의 출현 때문이었다. 2006년 이전의 10원짜리 구형 동전은 50원짜리보다도 크고 두툼하고 무거웠다. 이 동전을 한 개 녹이면 구리와 아연을 14원어치 얻을 수 있었다. 10원을 녹이면 14원이 생기다니! 이를 알게 된 모사꾼들이 이 사실을 범죄에 활용하기 시작했다. 10원짜리 동전 일고여덟 개를 녹여 팔찌로 만들어서는 재래시장 노점에서 개당 적게는 5000원부터 최고 2만 원까지 값을 매겨 판 것이다.

당시 조폐공사가 지름 22.86밀리미터, 무게 4.06그램의 10원짜리 동전 하나를 만들기 위해서는 구리와 아연 등 재료비만 14원, 인쇄비용까지 합하면 총 40원 가까이 돈을 들여야 했다. 액면 가치보다 제조 비용이 네 배나 들었지만 나랏돈으로 적자를 감수하고 애써 만든 동전이 어이없게 쓰이고 만 셈이었다. 사용하지 않고 방바닥에 뒹구는 동전이 많으면 잘 모아서 은행에 가져가야지, 아무리 노는 동전이라고 해도 이런 식으로 재활용(?)하는 것은 심각한 불법 행위다.

새로 만들어진 10원짜리 동전은 두께 18밀리미터, 무게 1.2그램의 알루미늄 소재에 겉면에는 얇은 구리판을 덧씌운 형태로 완성되었다. 무게가 거의 4분의 1로 줄어든 것이다. 하지만 아무리 얇아졌다 하더라도 제조 단가는 여전히 40원이 넘는다. 그도 그럴 것이, 2000년 이후 12년 동안 구리 가격이 330퍼센트나 올랐다. 거기다 10원짜리 동전의 경우 가지고 다니지 않고 서랍이나 저금통에 모아 두는 사람이 대부분이라 동전이 시장에서 유통되지 않으니 한국은행에서는 적자를 감수하고도 계속 만들어야 하는 악순환이 반복된다.

배보다 배꼽이 더 큰데 이러지도 저러지도 못하는 상황은 다른 나라에서도 마찬가지다. 그래서 각 나라는 최소한의 범위에서 결단을 내렸다. "아예 없애 버리자!" 이에 호주, 뉴질랜드, 네덜란드, 노르웨이, 핀란드, 스웨덴, 캐나다 등은 최소 단위 화폐의 발행을 중단했다. 우리나라도 이미 2004년 12월에 1원 동전과 5원 동전의 발행을 중단했다. 그 때문에 1원 단위 값에는 반올림이 적용돼 물건값 197원을 치러야 할 경우에는 200원을 내야 하고 194원일 경우에는 190원을 내야 한다. 1원짜리 은빛 동전과 5원짜리 구릿빛 동전은 이제 인터넷에서 이미지 검색이나 해야 볼 수 있는 유물 신세가 된 것이다. 이러다 가 언젠가는 '구리 돈'이라는 의미를 가진 '동전'에서 정작 구리를 찾 아보기는 힘들어지지 않을까. 그나마 구리 코팅 아니었으면 10원짜리 동전은 이름값도 못 할 뻔 했다.

×××××

닥터 코퍼, 경기를 진단하다

구리가 화폐금속으로 사용된 지 몇천 년이 흘렀지만 오늘날에도 구리 의 존재감은 여전하다. 아니, 오히려 더 커졌다고 볼 수 있다. 세계 경 제의 건전성을 보여 주는 중요한 지표로서, 화폐의 기능뿐만 아니라 경제지표의 기능도 담당하고 있기 때문이다.

구리는 워낙 지천으로 널린 금속인 데다 쓰임새도 유용하기에 자 동차, 전기, 전자, 건설, 해운 등 사용되지 않는 산업 분야가 없을 정도 로 활동 영역이 방대하다. 게다가 금이나 석유보다 정치적·지정학적 영향을 덜 받는다. 그러다 보니 경제지표의 기능까지 자연스레 가지 게 되었다. 예를 들어 이런 식이다. 세계 경기가 나쁠 때는 구리 수요 가 감소하면서 구리 가격도 함께 내려간다. 따라서 경기 둔화의 가능 성이 있다고 예측할 수 있다. 반대로 경기가 좋을 때는 구리 수요가 증 가하면서 가격도 함께 올라가며, 따라서 경기 상승의 가능성이 있다 고 예측할 수 있다.

구리의 이러한 예지적 성격 덕분에 증권시장을 비롯한 경제 분야에서는 구리에게 '경제학 박사' 또는 '닥터 코퍼Dr. Copper(구리 박사님)'라는 별명까지 붙여 주었다. 실제로 구리의 선물가격은 실물경제의 경기 선행지표로 활용되기도 하며, 2005~2008년 주요 글로벌 기업들의 CAPEX**|**와 거의 맞아 떨어져 주식 투자자들로부터 그 기능을 인정받은 바 있다.

구리가 이런 영특한 재능을 가졌다 하니, 현재 파란불이 꺼지지 않는 마이너스 주식 수익률을 가진 사람이라면 눈에서 시뻘건 불기둥이 번쩍 솟을 만한 소식이겠다. 하지만 '주식시장에선 그 누구의 말도 믿어선 안 된다'는 진리는 여전히 유효하다. 최근 몇 년 들어서는 닥터 코퍼의 명성도 한풀 꺾이게 되었기 때문이다.

구리 가격은 2011년에는 전년 대비 23퍼센트 하락하고 2012년에는 고작 6.3퍼센트를 회복하는 데 그쳤다가 2013년에는 다시 6퍼센트가 하락하고 말았다. 닥터 코퍼의 예지력이 적중했다면 세계 경기도 급락과 약간의 상승 그리고 소폭의 하락을 그리며 롤러코스터를 타야 했음이 맞다. 하지만 실제로 같은 기간 동안 다우존스 산업평균지수**||**를 보면 2011년에는 급락하긴커녕 5.5퍼센트 상승했고 2012년에는 7.3퍼센트가 더 상승했으며, 2013년에도 10퍼센트가 또 상승

| 'Capital expenditures', 카펙스라고 읽으며 자본적 지출이라고도 한다. 미래의 이윤 창출이나 보유 자산의 가치를 높이기 위한 투자 과정에서 발생하는 비용을 말한다. 기계, 설비, 구조물 또는 기타 고정자산에 대한 주요 개조나 증축 등 영업용 자산을 정비하고 능률을 높이는 과정에서의 지출이다. 호텔을 예로 든다면 더 경쟁력 높은 투숙 환경을 조성하기 위해 텔레비전이나 침대, 에어컨 등의 설비를 바꾸는 데 드는 비용인 셈이다.

|| 미국의 다우존스 사가 뉴욕증권시장에 상장된 우량기업 주식 30개 종목을 표본으로 삼아 시장 가격을 평균해 산출하는 세계적인 주가지수를 말한다. 처음에는 거래가 활발한 대표적인 주식 11개 종목을 선정해 주가평균을 산출하였으나 현재는 공업주 30종 평균, 운송주 30종 평균, 공공주 30종 평균을 발표하고 있으며 다우존스 산업평균지수는 이 세 종류의 주가평균을 평균한 것이다.

했다. 미국의 경제성장률도 2011년 1.8퍼센트에서 2012년 2.2퍼센트로 오르는 등 강력한 상승세를 보였다. 세계 경제의 중심인 미국에서 닥터 코퍼와는 전혀 다른 양상이 펼쳐진 것이다. 그러니 항상 정확하고 신뢰성 높은 경제 흐름을 보여 주는 것만은 아니라는 닥터 코퍼의 한계를 염두에 둘 필요가 있겠다. 현실 경제는 투기를 비롯해 꽤 복잡한 상황이 혼재되어 있으므로 닥터 코퍼의 수요와 공급량, 가격만으로 글로벌 경제 상황을 예측하는 것은 대단히 위험하다. 닥터 코퍼는 단지 전반적인 경기 흐름을 파악하는 데만 활용하는 것이 적절하지 않을까.

"주식으로 1억 만들기? 어렵지 않아요~ 2억으로 시작하면 돼요!"라는 우스갯소리가 괜히 나온 것이 아니다.

×××××

텔 타프의 구리 송곳

수십 년간 바람 잘 날 없이 폭탄이 터지는 곳. 세계에서 가장 위험한 장소 중 하나. 이스라엘과 시리아 등지에서 일어나고 있는 폭격과 내전으로 연일 뉴스의 헤드라인을 장식하고 있는 지역. 바로 팔레스타인과 이스라엘, 시리아, 레바논 등이 있는 레반트 지역이다.

'동쪽에 있는 나라'라는 뜻의 레반트Levant는 지중해 서쪽 연안에서부터 넓게는 이집트의 시나이 반도까지 포함한 지역을 통틀어 부르는 이름으로, 10세기경부터 이곳을 드나들었던 유럽인의 기준에서 지어진 이름이다. 국제적인 분쟁이 잦아서 오늘날에는 위험한 지역이라고 인식된 곳이지만 6000~7000년 전에는 지금과 사뭇 달랐다. 역사책에 등장하지 않는 초기 인류의 집단 거주지 또는 문명 형성 단계의 정착촌들이 상당히 많이 분포해 있었기 때문이다. 그래서 이 지역은 이슬람 무장 세력에 대한 뉴스에서만큼이나 고고학 이야기에도 자주 등장한다. 실제로 2004년과 2007년 사이에 남부 레반트 지역, 그러니까 요르단과 접하고 있는 이스라엘 북동쪽 국경선 인근 지역의 오래된 유적지 텔 타프^{Tel Tsaf}에서는 놀랄 만한 유물들이 출토되기도 했다.

텔 타프는 기원전 5100~4600년에 형성된 고대 유적지로, 동시대의 다른 유적지들에서는 찾아볼 수 없는 유별난 특징이 몇 가지 있다. 일단, 엄청나게 거대한 저장 시설들이 유독 많다. 쥐 같은 설치류들로

●
텔 타프 지역의 위치 오늘날 세계 최대의 분쟁 지역으로 손꼽히는 곳에 둘러싸여 있다.

부터 귀한 곡식을 지켜 내기 위해 진흙으로 만든 시설인데 그 크기가 얼마나 큰지 밀이나 보리를 15~30톤쯤은 거뜬히 저장할 수 있었다. 당시로서는 전례가 없는 초대형 규모였다.

이 유적지만의 또 다른 특징은 발굴된 유물들의 원산지가 대부분 텔 타프 지역이 아니라는 점이다. 다시 말해 멀리서 모셔 온 수입품이 유난히 많다는 것. 예를 들어 사냥에 꼭 필요한 무기를 제작하는 데 사용한 흑요석은 아나톨리아 또는 아르메니아에서, 장신구 제작을 위한 조개류는 이집트 나일 강 유역에서 채집된 것이며, 음식이나 물을 담기 위한 토기들은 시리아와 메소포타미아 지역에서 제작된 것이었다. 이 때문에 당시의 텔 타프 지역은 아마도 국제 교역과 상업 중심지로 번성했으리라 추측된다.

발굴 작업이 막바지에 이르던 2007년, '무덤 C555'라고 이름 붙은 유적에서 41밀리미터, 즉 엄지손가락 길이 정도의 길쭉한 모양에 표면이 울퉁불퉁한 정체불명의 녹색 유물이 발굴되었다. 오랜 세월 동안 산화와 부식으로 인해 온통 초록빛으로 변해 버린 '구리 송곳'이었다. 텔 타프 유적지의 형성 시기를 고려하면 적어도 7000년은 된 것이니 변색은 당연지사. 형태가 온전히 남아 있는 것조차 신기할 따름이었고, 발굴 당시에는 사실 구리인지 뭔지도 알 수 없었다.

수년이 지난 2014년 8월, 드디어 구리 송곳의 정밀한 화학 분석 결과가 나왔다. 그런데 이 구리 송곳의 성분 구성 비율을 보니 남부 레반트 지역에서는 찾아볼 수 없는 구성이었다. 즉, 이 구리 송곳도 다른 지역에서 들여온 수입품이었다는 의미. 게다가 이 구리 송곳은 지표면에서 우연히 발견할 수 있는 자연구리로 만들어진 것이 아니었다.

제련 작업**|**을 거쳐 광석에서 추출한 좀 더 정순한 구리로 만들어진 것이었다.

지금까지 남부 레반트 지역에서 발견된 유물 중 제련 과정을 거쳐 만들어진 가장 이른 시기의 구리 유물은 후기 금석병용金石倂用 시대인 기원전 4500~3800년에 제작된 것들이었다. 그런데 텔 타프에서 발견된 구리 송곳은 이보다 적어도 몇백 년은 더 일찍 제작된 셈이니, 구리 제련 기술이 기존에 알려졌던 것보다 훨씬 이전부터 존재했음은 물론이거니와 구리가 대량 생산까지 가능했다는 것으로 해석할 수 있다. '현존하는 가장 오래된 제련 구리 유물'이라는 멋진 타이틀이 탄생한 것이다!

이런저런 사실들이 밝혀졌지만 아직도 이 구리 송곳은 많은 비밀을 품고 있다. 송곳이 발견된 '무덤 C555'에 고이 누워 있던 주인공은 40대가량의 여성이었는데 타조 알껍데기로 만든 비드bead**||**를 무려 1668개나 사용해 만든 벨트를 허리에 감고 있었다. WWE 프로레슬링 챔피언 벨트도 움찔하게 만들 명품 벨트를 허리에 감고 있었던 것. 어쩌면 구리 송곳은 이 구슬에 구멍을 뚫기 위한 용도로 사용되었을 수도 있지 않을까. 그렇다면 아마도 이 여성의 직업이나 취미는 현대적인 표현으로 비즈 공예였을지 모르겠다.

하지만 이러한 사실들은 여전히 추측에 불과하다. 생긴 것이 그나

텔 타프에서 발견된 구리 송곳 7000년 전에 만들어진 것으로 추정된다.

마 가장 '송곳'스러워 보인다는 이유로 '구리 송곳'이라 부르지만 송곳이 아니라 장신구나 또 다른 목적의 도구였을지도 모를 일이기 때문이다. 김빠지는 이야기일지도 모르겠지만 이 구리 도구를 정확히 무슨 용도로 사용했는지는 아마도 영원한 미스터리로 남을 가능성이 높다. 그러나 한 가지 중요한 사실은 현대의 과학 기술과 학자들의 끊임없는 탐구를 통해 구리 송곳의 생성 연대와 구성 물질, 생산지가 밝혀졌다는 점이다. 특히, 생산지의 경우 학술적으로 매우 중요한 증거가 되기도 했다.

학자들이 구리 송곳의 생산지로 제일 처음 주목했던 곳은 텔 타프로부터 약 400킬로미터 떨어진 이스라엘 남부 사막 네게브에 있는 구리 광산이었다. '팀나Timna'라는 이름의 이 광산은 인류 최초의 구리 광산으로 추측되는 곳으로 기원전 5000년부터 채굴이 이루어진 것으로 짐작된다. 이곳은 신석기 시대, 청동기 시대, 철기 시대를 거쳐 로마제국 시대에까지 광산이 운영된 덕분에 최대 지하 30미터까지 뚫린 갱도를 포함해 무려 1만 개 이상의 갱도가 생겨났을 정도로 고대 세계 구리 생산의 중심지였다. 학자들은 당연히 이처럼 어마어마한 규모를 자랑하는 팀나의 구리 광산에서 구리 송곳이 수입되었을 거라고 생각했지만, 텔 타프 구리 송곳의 화학적 분석 결과가 내놓은 답변은 "나는 팀나와 관련 없소"였다.

대체 이 최장수 구리 유물의 출생지는 어디란 말인가. 고고학자들은 추정 지역을 좀 더 과감하게 확장하기로 했다. 100킬로미터 단위로는 허탕을 쳤으니 1000킬로미터로 범위를 넓혔다. 그랬더니, 빙고! 오늘날 러시아 남부 흑해 연안에 위치한 공화국 조지아의 영토 코카서스 지방이 후보에 들어왔다. 현대 고고학자들은 여러 근거를 토대로 텔 타프의 구리 송곳이 조지아에서 제작된 것이라 거의 확신한다. 이스라엘의 팀나 외에 흑해 연안의 조지아에서도 약 7000년 전에 구리 제련이 가능했다는 것이다.

이 사실은 우리에게 중요한 것을 알려 준다. 조지아와 팀나는 직선거리로 1400킬로미터 이상 떨어진 먼 곳인데 이는 '어떤 특정한 하나의 지역에서 구리 제련법이 최초로 발명되어 그 기술이 고대 세계로 퍼져 나갔을 것'이라는 '일시일발一時一發'의 기존 학설에 맞지 않기 때문이다. 이 발견으로 인해 '유럽과 아시아의 여러 지역에서 각각 독립적으로 구리 제련법이 발명되어 고대 세계로 전파되었을 것'이라는 '동시다발同時多發'의 새로운 학설이 더욱 설득력을 얻게 되었다.

이를 뒷받침해 주는 다른 유적지도 발견된 바, 저 멀리 동유럽의 세르비아에 위치한 '루드나 글라바Rudna Glava'라는 유적지다. 이곳에서는 팀나와 조지아의 구리 광산이 탄생한 시기와 비슷한 기원전 5000년경에 구리를 제련한 흔적이 발견되었다. 당시로서는 세계 어느 곳보다 높은 온도로 구리를 제련한 흔적이었다.

  텔 타프의 구리 송곳이 우리에게 넌지시 알려 주는 사실은 구리
가 당시 꽤 상업적 가치를 지닌 물건이었고 물물교환 등을 통해 광범
위한 지역에서 거래된 금속이었다는 점이다. 특히 별표 치고 밑줄 쫙
그어야 하는 부분은 이 구리 송곳의 생산 연대가 약 7000년 전이라는
점이다. 이는 인간의 제련 기술로 탄생한 모든 금속 유물들에 아주 중
요한 사실이다. 앞으로 이 구리 송곳을 형님으로 모셔야 한다는 의미
이기 때문. 이렇게 구리 송곳은 '제련을 거쳐 제작한 인류 최초의 금
속'이라는 영광스러운 타이틀로 제련 금속 유물계의 서열 1위로 등극
했다.

xxxxx

샤니다르 동굴의 슬기로운 사람들

제련을 거쳐 제작한 최고最古의 구리 유물이 '텔 타프의 구리 송곳'이
라면, 자연스럽게 한 가지 의문이 든다. 제련을 거치지 않고 자연구리
상태로 발견된 최고의 구리 유물은 무엇일까? 그 해답은 텔 타프에서
북서쪽으로 900킬로미터 떨어진 곳에서 찾을 수 있다. 오늘날 이라크
북부 쿠르디스탄 지방에 위치한 '자위 헤미 샤니다르Zaqi Chemi Shanidar' 마
을이 바로 그곳이다.

  이 마을 근처에는 마을의 이름을 딴 '샤니다르 동굴'이 있다. 이곳

인류 최초의 금속 유물인 구리 펜던트(왼쪽), 이라크 샤니다르 동굴(오른쪽)

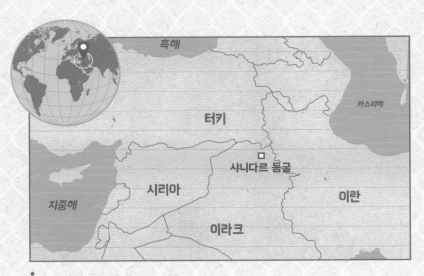

이라크 샤니다르 동굴의 위치

에서 컬럼비아대학 발굴팀과 스미스소니언 연구팀은 서로 다른 시기에 각각 아홉 구와 한 구의 성인 네안데르탈인 유골을 발굴했고 유골을 분석한 결과, 그들이 약 4만 5000~3만 9000년에 샤니다르 동굴에서 거주했다는 것을 밝혀냈다. 그리고 같은 동굴에서 또 다른 중요한 유물이 발견되었다. 2~3센티미터 크기의 타원 모양 '구리 펜던트'였다. 샤니다르 동굴의 구리 펜던트는 자연구리를 두드리거나 구부려서 만든 것으로 보였고 윗부분의 중심에는 줄을 꿰어 목걸이나 팔찌 등으로 신체에 걸고 다닐 수 있도록 만든 구멍까지 뚫려 있었다. 그렇다면 이 펜던트는 뛰어난 미적 감각을 액세서리 제작으로 승화시킨 어느 네안데르탈인의 소장품이었다고 볼 수 있을까.

그런데 한 가지 기억해야 하는 사실은 중기 석기 시대를 이끌었던 네안데르탈인은 약 30만 년 동안이나 지구상에 존재했지만 아시아에서는 지금으로부터 5만 년 전에 사라졌으며, 유럽에서는 약 3만 9000년 전에 종적을 감췄다는 것이다. 반면 이 구리 펜던트가 제작된 시기는 기원전 9500년경인 것으로 드러났다. 네안데르탈인은 구리 펜던트가 제작되기 수만 년 전에 이미 멸종했기에 결코 펜던트의 주인이 될 수가 없었다.

인류 최초의 구리 유물, 샤니다르 동굴의 구리 펜던트를 만든 건 과연 누구였을까. 비록 샤니다르 동굴에서 발견된 유골은 없지만 이 펜던트가 제작된 지 1만 년 정도 된 것으로 봐서는

2014년 1월에 발표된 하버드 의과대학의 데이비드 라이시 교수 연구진과 워싱턴대학의 조슈아 아케이 교수 연구진에 따르면, 네안데르탈인은 멸종되었을지언정 그들의 유전자는 오늘날까지도 여전히 이어지고 있다. 호모 사피엔스와 네안데르탈인의 게놈을 비교 분석한 결과 1~3퍼센트의 유전자를 공유하고 있는 것으로 확인된 것. 호모 사피엔스와 네안데르탈인이 짝짓기를 통해 자손을 낳아 번식시켜 네안데르탈인의 특정 유전자가 현생인류에게까지 유전되었을 수도 있다는 것이다. 이번 연구로 인해 네안데르탈인과 호모 사피엔스가 서로 다른 종이라는 주장은 폐기될 가능성이 높아졌다.

후기 구석기 시대를 살았던 현생인류의 직계 조상 '호모 사피엔스 사피엔스'일 가능성이 높다. 실제로 호모 사피엔스 사피엔스는 예술 행위도 곧잘 했기 때문에 그들이 남겨 둔 조각상이나 동굴 벽화가 곳곳에서 발견되고 있다. 그런 그들이 인류 최초의 구리 장신구까지 만들어서 꾸미고 다녔을지도 모른다니, 이름 그대로 '슬기롭고 슬기로운 사람'이도다.

×××××

출애굽기 38장 2절에 이르노니

구리는 너무 물러서 고대 금속 기술로는 단독으로 사용할 수 없었다. 대신 아연, 주석 등의 다른 금속에 섞여서 경도(표면의 단단함)와 강도(물질 전체의 강함)를 높이는 역할을 담당했다. 구리가 섞인 황동과 청동은 비교적 녹이 덜 슨다는 장점까지 더해진 덕분에 각종 생활 도구나 농기구 제작, 무기와 화폐 제조에도 애용되었다.

이러한 구리의 다양한 용도가 언급된 문헌 중 가장 오랜된 것으로 '구약성서'를 꼽을 수 있다. 창세기 4장 22절, 출애굽기 30장 17~21절, 38장 1~20절, 에스라 8장 27절, 디모데후서 4장 14절 등 구약성서에는 구리의 사용이 약 100회 정도 등장한다. 특히 이스라엘 백성이 이집트를 탈출하는 내용을 담은 출애굽기의 38장 2절부터 20절까지 구리의 용도가 상세하게 언급되어 있다.

그 네 모퉁이 위에 그 뿔을 만들되 그 뿔을 단과 연하게 하고 단을 놋으로 쌌으며 / 단의 모든 기구, 곧 통과 부삽과 대야와 고기 갈고리와 불 옮기는 그릇을 다 놋으로 만들고 / 단을 위하여 놋 그물을 만들어 단 사면 가장자리 아래 두되 단 절반에 오르게 하고 / 그 놋 그물 네 모퉁이에 채를 꿸 고리 넷을 부어 만들었으며 / 채를 조각목으로 만들어 놋으로 싸고 / 단 양편 고리에 그 채를 꿰어 메게 하였으며 단은 널판으로 비게 만들었더라 / 그가 놋으로 물두멍을 만들고 그 받침도 놋으로 하였으니 곧 회막문에서 수종드는 여인들의 거울로 만들었더라 / 그가 또 뜰을 만들었으니 남으로 뜰의 남편에는 세마포 포장이 백 규빗이라 그 기둥이 스물이며 그 받침이 스물이니 놋이요 기둥의 갈고리와 가름대는 은이며 / 그 북편에도 백 규빗이라 그 기둥이 스물이며 그 받침이 스물이니 놋이요 기둥의 갈고리와 가름대는 은이며…….

몇 번을 읽어 봐도 구리라는 단어가 없다는 것을 알고는 마치 속은 듯한 기분이 들지도 모르겠지만 인용문이 잘못된 것은 아니니 안심해도 된다. '놋'이라는 단어 자체가 구리를 포함하고 있기 때문이다.

이 성서 구절을 이해하기 위해 '놋', '단', '물두멍', '규빗' 등 오타나 사투리로 오해하기 쉬울 법한 단어들을 간단히 설명해 보겠다. 먼저 '놋'이란 '황동'을 말하는데 구리에 아연을 10~45퍼센트 넣어 만든 누런 황금 빛깔의 합금이다. 아연이 백색을 띠기 때문에 아연의 양이 적을수록 연한 붉은빛이 도는 황금색을 띠게 된다.

황동은 색이 아름답고, 순수 구리보다도 주조하기가 쉬우며, 경도

▌ 오리엔트 지역은 시대에 따라 범위가 다양하게 변해왔다. 원래 이 말은 '해 뜨는 곳', '동방'이라는 동쪽을 나타내는 방위 개념으로 사용되었는데 '고대 오리엔트'라고 하면 보통 메소포타미아와 이집트 문명 등을 아우르는 지역을 말한다. 그러다 로마 시대에 이르러 제국의 동부 지방은 물론 제국의 외부, 동쪽에 있는 다른 국가들을 지칭하는 데 광범위하게 이용되었다. 이후 로마 제국이 동서로 분열되고 서유럽이 그들의 세계를 형성해가는 과정에서 자신들을 옥시덴트(오리엔트의 반대 개념)라 부르게 되면서, 이와 대조되는 이질적인 문화를 가진 동방 세계라는 뜻이 부각되며 비잔틴 제국과 이슬람 세계로까지 그 범위가 확대되었다.

▌▌ 오늘날의 팔레스타인과 시리아 지역을 말하며 명칭은 노아의 세 아들 중 하나였던 함의 아들 가나안에서 유래되었다.

성질)이 우수해 얇은 판이나 가는 철사 등을 만들기 좋다. 출애굽기 38장 3절에 놋으로 된 통, 삽, 대야, 갈고리 등이 나오는 것으로 보아 제사뿐만 아니라 일상생활에서도 놋으로 만든 기구들이 두루 사용되었음을 알 수 있다. 또 8절에서는 놋이 거울로 사용되었다는 내용도 나온다.

다음으로 '단'과 '물두멍'을 살펴보자. 단은 신에게 제사를 지낼 때 동물, 곡물, 향 등의 공양물을 올려놓는 제단을 의미한다. 단의 구조는 사각 형태로 단순하며, 맨 위에 그물 모양의 석쇠가 있고 아래에는 불을 지펴 공양물을 태울 수 있는 공간이 있다. '물두멍'은 식수원이 멀리 떨어져 있는 건물이나 특정한 장소에서 식수를 저장해 두고 쓸 수 있도록 만든 큰 그릇이다. 다만, 출애굽기에서 의미하는 물두멍은 유대인 사제가 손발을 씻는 데 쓰던 놋 대야를 의미한다.

마지막으로 '규빗cubit'은 고대 이집트, 바빌로니아와 같은 오리엔트▌ 지방에서 쓰이던 길이의 단위다. 아직 외래어 표기법이 정착되기 전, 성서가 국내에서 처음 번역될 때 '규빗'이라고 표기해 지금까지 계속 사용 중인데 이 책에서는 맞춤법에 따라 '큐빗'이라고 표기하겠다. 오늘날 영미권에서 많이 쓰이는 길이 단위인 야드나 피트의 바탕이 된 1큐빗은 팔꿈치에서 가운뎃손가락 끝까지의 길이에 해당한다. 시대와

지역에 따라 그 길이가 조금씩 달라서 고대 이집트에서는 52.35센티
미터, 고대 로마에서는 44.45센티미터, 고대 페르시아에서는 50센티
미터가 1큐빗에 해당되었다. 출애굽기에서 말하는 큐빗은 대략 45~46
센티미터다.

이제 앞에서 인용한 출애굽기 38장을 다시 읽어보면 산뜻한 기분
으로 글이 술술 읽히리라. 그 내용은 '성막聖幕'에 관한 것으로 유대인
들이 석재를 이용해 영구적인 성전聖殿을 짓기 전까지 임시로 사용할
제사(예배) 장소에 관한 것이다. 성막은 이동식 예배소로서의 기능에
충실해 설치와 철거가 자유로웠기 때문에, 이집트에서 탈출해 새로운
거주지인 가나안[1]으로 이동하는 동안 사용되었다.

● **출애굽기에 나오는 성막의 모형** 이집트에서 탈출한 유대인들이 40년간 광야를 헤매면서 사
용한 이동식 예배소다. 사진의 번호는 각각 ① 놋 제단, ② 놋 물두멍, ③ 놋 기둥을 가리
킨다.

임시 예배소였던 성막의 생김새는 다음과 같다. 길이 45미터, 너비 22.5미터인 기다란 네모 모양 뜰 가운데 세워졌고, 이 뜰은 무명실을 재료로 넓고 크게 짠 천조각인 광목 휘장으로 사면이 가려져 있었다. 이 휘장은 놋으로 만든 기둥 60개로 지탱되었으며, 뜰 안에는 하나님께 소나 양 같은 짐승을 통째로 태워 제물로 바치기 위한 놋 제단과 제사장들이 제사를 위해 자신의 몸과 제물을 씻는 놋 물두멍이 있었다. 출애굽기 38장의 내용을 보면 성막을 짓는 데 2.4톤이라는 어마어마한 양의 놋이 사용된 것을 알 수 있다.

이처럼 놋은 출애굽기에 그 사용이 자세히 등장할 정도로 고대 시기 중요하게 사용된 금속이었다. 그런데 무엇보다 놋의 뛰어난 점은 고대뿐 아니라 현재에도 활발히 사용되고 있다는 사실이다. 그 예는 가까운 곳에서 찾을 수 있다. 바로 우리나라다.

우리나라에서 놋은 수십 년 전까지 흔하게 사용된 금속이었다. 특히, 놋그릇은 제사를 지낼 때 자주 사용되곤 했다. 당시는 합성세제도 없던 때라 볏짚으로 잘 문질러 놋그릇을 닦아 주었는데, 닦고 나면 마치 거울을 보듯 그릇에서 반짝반짝 빛이 났다. 하지만 묵혀 놓고 닦아 주지 않으면 금세 퍼렇게 녹이 슬었고, 그래서인지 한동안 제사상에서도 자주 보이지 않게 되었다. 그런데 최근 놋그릇 특유의 소박한 전통미를 찾는 사람들이 많아지며 전통 음식을 놋그릇에 소담스럽게 담아 파는 가게를 심심찮게 볼 수 있다. 또 살균력이 뛰어난 놋의 효능이 널리 알려지자 건강을 위해

놋으로 만든 합 밥을 담는 그릇으로 음식이 식지 않게 뚜껑이 달려 있다.

놋그릇을 식기로 사용하는 가정도 하나둘 늘어나고 있다.

출애굽기에서부터 현재에 이르기까지 은은한 빛과 특유의 이로운 효능으로 사랑받고 있는 '놋'. 앞으로도 많은 관심 가져 주시길 바란다.

✕✕✕✕

구리로 된 성경

구리는 인류의 역사에서 화폐로, 그릇으로, 산업 자재로 다양하게 이용되어 왔다. 그런데 이것이 전부가 아니다. 지금으로부터 2000년 전, 아주 특별한 내용을 담은 '종이로 사용된 구리'가 존재했다. 이 구리의 용도는 다름 아닌 '성서'였다.

1947년 2월, 이스라엘 사해의 북서쪽 해안 지역인 쿰란에서 베두인족[1] 양치기 소년이 염소를 몰고 있었다. 가파른 절벽과 삭막하고 거대한 바위산이 굽이굽이 이어진 황폐한 협곡이었지만 소년에게는 수차례 다녀 익숙한 곳이었다. 하지만 어느 무리에나 한눈팔다 사라지는 애가 꼭 하나씩은 있기 마련. 소년은 무리에서 뒤처진 염소를 찾으러 협곡 여기저기에 있는 동굴 안을 살펴보기 시작했다. 그러다 처음 보는 동굴을 하나 발견했다. 왠지 염소가 숨어 있을 것 같은 느낌. 소년은 냅다 돌을 집어 던졌다. 그

[1] 베두인족의 원래 부족 이름은 아랍어로 '바드우'다. 그런데 이 이름을 처음 접한 프랑스인들이 어떻게 발음해야 할지 몰라 '베두인'이라고 잘못 부르기 시작한 것이 아예 굳어져 지금의 이름이 되었다.

런데 염소는커녕 그릇 깨지는 소리가 났다. '무슨 소리지?'

사해 인근은 고대부터 여러 민족의 흥망성쇠가 반복되었던 지역이다. 그래서 종종 오래되고 제법 값어치 나가는 유물이 발견되기도 했다. 이런 사실을 잘 알고 있던 소년은 다음 날 사촌과 함께 동굴을 다시 찾았다. 어제 소년이 돌을 던진 자리에는 한 개의 깨진 빈 항아리와 여덟 개의 온전한 항아리들이 있었다. 소년과 사촌은 나머지 항아리 안에 보물이 있을 것이라 짐작하고는 모두 깨 버렸다. 그러나 웬걸. 여덟 개 중 일곱 개는 텅 빈 항아리였고 나머지 한 개에서는 보잘것없어 보이는 오래되고 훼손된 양피지 두루마리만 11개가 나왔다.

터덜터덜. 기운 빠진 양치기 소년은 일단 두루마리를 가지고 집으로 돌아갔다. 이후 몇 장은 뜯어서 불쏘시개로 태워 버리고 나머지는 골동품 상인에게 푼돈, 그러니까 지금 우리 돈으로 한 3만 원에 팔아 버렸다.

사해 사본을 제외하고, 훼손되지 않은 완벽한 성서 중 가장 오래된 것으로는 히브리어를 그리스어로 번역한 '70인역七十人譯'이 있다. 기원전 3세기 이집트의 지배자 프톨레마이오스의 명으로 알렉산드리아에서 72명의 유대인 장로가 72일간 번역했다는 전설에 따라 붙여진 이름이다. 그러나 실제로는 기원전 2세기 중엽에 '모세 5경'이 번역되었고, 그 뒤 약 100년 사이에 현재의 구약성서와 신약성서가 거의 전부 번역되어 나왔다. 70인역은 성서 연구에는 물론, 언어학상으로도 중요한 자료라고 할 수 있다.

오랜 시간 뒤, 두루마리의 정체가 드러났다. 대학과 수도원으로 팔려 가고서도 한동안 주목받지 못했던 이 유물은 알고 보니 930년경 제작되어 가장 오래된 구약성서 필사본으로 알려진 '알레포 사본Aleppo Codex'보다도 무려 1000년이나 더 오래된 성서 필사본이었다. 훗날 '사해 사본'이라고 불리게 되는 필사본이 드디어 빛을 본 것이다. 만들어진 지 2000년 만이었다.

'사해에서 발견되었으니 그 이름도 사해 사본이군'이라며 무심코 넘어갈 수도 있겠지만 사

MISCELLANEOUS FOR SALE

"The Four Dead Sea Scrolls"

Biblical Manuscripts dating back to at least 200 BC, are for sale. This would be an ideal gift to an educational or religious institution by an individual or group.
Box F 206, The Wall Street Journal.

1954년 《월스트리트저널》 6월 1일자에 실린 사해 사본 판매 광고 내용은 다음과 같다. "잡동사니 판매. 사해 사본 네 개. 제작일이 최소 기원전 2세기까지 거슬러 올라가는 성서 팝니다. 개인이나 단체에 의해 운영되는 교육 또는 종교 기관에 이상적인 선물이 될 겁니다. 사서함 F206, 월스트리트저널."

해 사본이라는 이름이 유명해진 데는 한 신문의 역할이 컸다. 사본을 손에 넣은 사람들 중에 사무엘이라는 대주교가 있었는데 그가 미국으로 간 후 급전이 필요했는지 1954년 6월 1일자 《월스트리트저널》의 '잡동사니 판매'란에 '사해 사본'이라는 제목으로 '기원전 2세기의 성서를 판다'는 광고를 실었던 것이다. 사해 사본이라는 이름이 언론에 소개된 것은 이때가 처음이었다.

현존하는 가장 오래된 히브리어 성서 필사본이 잡동사니로 분류되어 신문 한 구석에 매물로 올라오다니 참으로 초라하다. 이는 사해 사본이 당시 얼마나 소홀하게 다루어 졌는지를 단적으로 알려 준다. 실제로 사해 사본은 발견 초기, 연구자들의 무지로 인해 많이 훼손되기도 했다. 변변한 보관 시설도 없이 자외선(햇빛), 습도 등에 노출되는 것은 예사였고 심지어 연구자들이 그 앞에서 담배까지 피울 정도로 관리가 형편없었다. 2000년의 장구한 세월을 견딘 사해 사본이 부주

● 위
사해 사본이 발견된 쿰란 지역 동굴 사해 인근의 쿰란 지역
은 건조한 기후로 필사본이 오랫동안 보관되기 좋은 지
리적 조건을 가졌다.

● 왼쪽
구리로 된 사해 사본 얇은 구리판에 성경의 내용을 새긴 구
리 사본. 오랜 세월이 흐르며 푸른색으로 부식되었다.

● **발견된 당시의 구리 사본**

의한 손길에 훼손된 것은 생각할수록 너무 안타까운 일이다.

사해 사본의 발견은 기독교와 구약성서, 고대 유대 역사 그리고 성서고고학 연구에 그야말로 혁명적인 사건이었다. 양치기 소년이 갔던 동굴을 중심으로 학자들이 몰려들었고 1949년 2월, 요르단 고고학 연구소의 학자들이 전문가 집단으로는 가장 먼저 동굴을 탐사하기 시작했다. 이후 현재까지 사해 주변 11개 동굴에서 모두 972개의 문서가 발견되었다. 그리고 그 많은 문서들 중에 우리가 주목하는 조금 특이한 재질의 사본도 함께 포함되어 있었다.

사해 사본의 재질은 파피루스도 있었지만 대부분 양피지였다. 그런데 1952년 3월 14일, 탐사 중이던 세 번째 동굴에서 그동안 찾아볼 수 없었던 독특한 재질의 사본 세 개가 발견되었다. 사본의 재질은 바로 구리였다. 1퍼센트 정도의 주석이 섞인 구리판 위에 눌러쓴 듯이 문자가 적혀 있었다. 구리를 종이처럼 활용한 것이다. 이 구리 사본은 지금까지도 매우 희귀한 유물로 여겨지고 있으며 현재 요르단 박물관이 소장하고 있다.

이 필사본은 구리라는 특이한 재질 때문에 가치가 높기도 하지만 그 못지않게 관심을 끈 것이 있었으니, '어느 장소에 무려 1톤이 넘는 금과 은이 있다'는 구리 사본 속 내용이었다. 이를 두고 어떤 학자들은 이 구리 사본이 보물 지도일 것이라 추정하기도 했지만, 아직까지는 그 장소가 어디인지 비밀이 풀리지 않은 상태다. 그 비밀이 밝혀지는 날, 구리 사본의 가치는 지금보다 훨씬 더 상승하지 않을까.

인류와 함께해 온 금속

금속이라는 것은 일상에서 흔히 접할 수 있는 것이 사실이나, 그렇다고 아무 덩어리나 금속으로 불리진 않는다. 금속으로 인정받기 위해서는 나름 여러 조건이 일치해야만 하기 때문이다.

먼저, 고체가 되었을 때 금속 광택이 나야 한다. 전기나 열도 잘 전달해야 한다. 또 압력을 가하거나 망치로 두드렸을 때 넓은 판으로 얇게 퍼지는 전성을 가지고 있어야 하고, 또 탄성한계를 넘는 힘을 가했을 때 부서지기보다는 오히려 길게 늘어나서 가느다란 실의 형태로 만들어질 수 있는 연성도 가지고 있어야 한다. 마지막으로 한 가지 원소로만 이루어진, 다시 말해 모태솔로이자 영원한 싱글인 홑원소 물질이어야 한다. 홑원소는 '단원소' 또는 '단체'라고도 부르는데 이들은 순수 물질이며 화학적으로 두 종 이상의 성분으로는 더 이상 분리될 수 없는 물질이다.[!] 수소, 산소 등을 예로 들 수 있다.

정리하자면 금속 광택이 날 것, 전기와 열을 잘 전달할 것, 전성과 연성을 가지고 있을 것, 홑원소 물질일 것. 이렇게 다섯 가지 조건에 부합하는 원소여야만 비로소 금속이란 이름표를 붙일 수 있는 것이다. 그렇다면 원소기호 Cu, 원자번호 29번을 부여 받은 금속, 구리는 어떻게 이 복잡다단한 조건들을 모두 만족시켰는지 살펴보자.

모스 경도계에 따른 구리의 굳기는 2.5~3.0

[!] 홑원소와는 반대로 두 종류 또는 그 이상의 원소로 분리할 수 있는 물질은 '화합물'이라고 부른다. 종종 '홑원소 물질'과 '원소'를 같은 뜻으로 사용하는 경우가 있지만 '원소'는 물질을 뜻하는 것이 아니라 그 물질의 구성 요소를 나타내고, '홑원소 물질'은 물질 자체이므로 이 두 단어는 구별해서 사용해야 한다.

산업용으로 활용되는 구리 전기 전도율이 높은 구리는 전선의 주재료로 가장 많이 활용된다.

이다. 붉은 광택이 나는 금속으로 비교적 무르고 전성과 연성이 커서 뚱땅뚱땅 두드려 가공하기가 쉽다. 열과 전기의 전도율이 은 다음으로 높아서 전체 구리 수요의 50퍼센트 이상이 전선이나 방열기 재료 등으로 쓰인다. 공기 중에 놓아두었을 때는 거의 산화되지 않지만 습한 곳에 보관하면 이산화탄소와 작용해 아주 천천히 푸른색 녹이 슬기도 한다. 소금기가 없는 민물에 담가 두어도 반응하지 않으므로 송수관이나 배관으로도 사용된다. 굳이 소금물에 두었을 때는 아주, 굉장히 답답할 정도로 느리지만 어쨌든 녹기도 한다. 이러한 점을 종합해 봤을 때 구리는 '금속' 이름표를 붙이기에 충분한 자격이 있다.

　1만 1000년 전 샤니다르 동굴의 자연구리 유물과 7000년 전 텔 타프의 제련 구리 유물은 구리가 고대 문명 형성기 이전부터 인류와 함께해 온 가장 가깝고 오래된 친숙한 물질임을 확인시켜 주었다. 말하자면 '인류의 금속 베프(베스트프렌드)'라고나 할까.

구리 이용 기술은 이후 수천 년간 비약적으로 발전해 메소포타미아에서 도가니 용해를 통해 광석에서 구리를 직접 추출하는 제련법을 찾아내기에 이른다. 그리고 그로부터 또다시 수천 년이 지난 오늘날에도 구리는 여전히 우리 삶 곳곳에서 일상적으로 사용되는, 없어서는 안 될 금속이다. 인류 최초의 금속인 구리가 장구한 세월이 흐른 현재까지도 여전히 광범위하게 사용되고 있는 것이다.

구리 Cu²⁹

지각 분포	지각 내 0.0068퍼센트가량 매장되어 있는 비교적 풍부한 원소다. 지각의 모든 원소 중 약 25번째로 많다.
발견 시기	기원전 9500년경
결정 구조	면심입방구조

* 이 구조는 입방체의 각 모서리 이외에 각 면의 중심에도 원자가 한 개씩 존재하는 구조다. 이런 금속은 절대로 취성 파괴(물체가 외력을 받았을 때 유리가 깨지듯 단번에 파괴되는 현상)가 되지 않는다.

녹는점	1084.62℃
끓는점	2562℃
표준 원자량	63.546(3)g/mol
광석	순수한 황동석(CuFeS₂)은 34.68퍼센트, 순수한 적동석(Cu₂O)은 88.8퍼센트의 구리를 함유하고 있어 중요한 구리 광석으로 대우 받는다.
용도	다른 금속과 잘 융합되는 성질이 때문에 쓰임새가 다양하다. 동선, 동판, 인쇄회로 기판 재료 등의 각종 전기·전자 제품 재료, 청동과 특수합금으로서의 각종 기계부품 재료, 열교환기 동튜브 등의 합금 재료, 탄피·탄환의 군수품 재료, 이외 건축 재료·동상 재료 등으로 많이 쓰이고 있다.
모스 경도	2.5

다수의 교과서 및 관련 자료에는 인류가 최초로 사용한 금속이 '금'이라고 기록되어 있으나 이는 아직 최신 정보로 업데이트가 되지 않았기 때문에 생긴 오류다. 금이 구리를 밀어내고 인류 최초의 금속이라는 타이틀을 가지려면 적어도 기원전 1만 년보다도 훨씬 전에 인류가 사용했다는 흔적을 가진 금 유물이 발굴되어야만 할 것이다. 과연 '인류의 금속 베프' 자리가 바뀔 수 있을지! 역사적 이슈, 특히 고고학에 있어서 절대적 확신이란? 절대 금물이다. 땅속 어딘가에서 깜짝 데뷔를 준비하고 있을 수많은 금속 유물들의 열렬한 도전을 기대해 보자.

주께서 바람을 일으키시매
바다(홍해)가 그들(이집트인)을 덮으니
그들이 거센 물에 납 같이 잠겼나이다.
_ 출애굽기 15장 10절

2장

Lead

B.C. 6500년경

납

×××××

멸 망 을

부 르 는

위 험 한

두 얼 굴

납의 영어 표기인 'lead'는 납을 뜻하는 앵글로-색슨어 'laedan'에서 연유된 것으로 추정된다. 로마 사람들은 납을 '무른 금속'이라는 의미로 'plumbum'이라고도 불렀는데 납의 원소기호인 Pb는 여기서 유래되었다. 또 영어의 'plumbing(배관)', 'plumber(배관공)' 등도 같은 단어에서 파생되었다. 각 단어가 '배관'이라는 뜻을 내포한 이유는 무엇일까? 그것은 로마 시대, 배관 시설의 대부분을 납으로 건설한 것이 단어에 영향을 미친 결과다. 그렇다면 한자어는 어떨까? 납의 한자어는 '연鉛'이다. 대표적인 단어로는 '연필'을 들 수 있는데 이렇게 '연'과 어울리는 단어 중엔 '필기'와 관련된 경우가 많다. 납은 필기 재료로도 쓰임새가 컸기 때문이다. 고대 로마에서 사용하던 '펜실러스pencilus'라는 필기구는 '작은 붓'이라는 의미인데 말 그대로 작은 붓에 납 가루를 살짝 묻혀서 파피루스나 양피지 위에 사용했다. 눈치 백단이라면 이미 짐작했겠지만 연필의 영어 표기인 'pencil'이 여기서 유래된 것이다. 이 원조 '납 연필'은 1564년 영국 보로데일에서 순도 높은 흑연黑鉛이 대량으로 발견되어 납을 대체할 때까지 계속 사용되었다. 여기서 궁금한 점 한 가지. 흑연은 납도 아닌 데다가 납과 같은 독성도 없다. 그런데 왜 흑'연'이라고 불릴까? 아마도 처음 흑연을 발견했을 때 겉만 보고는 납의 한 종류라고 잘못 생각해 '검은 납'이라고 불렀거나, 라틴어로 납을 뜻하는 'plumbum'에서 이름을 따 흑연을 '플럼바고plumbago'라고 부른 것이 한자어에 영향을 미친 것으로 보인다.

유독^{有毒} 달달한 금속

2006년 2월 18일, 미국 미네소타 주 미니애폴리스에 살던 4세 소년
쟈넬 브라운은 갑자기 발생한 심한 복통으로 병원에 입원했다. 그리
고 나흘 후인 22일, 이 소년은 복통의 원인을 제대로 찾지 못한 채 숨
졌다. 사망의 원인은 부검을 통해 밝혀졌다. 쟈넬의 위장에서 리복
_{Reebok} 상표가 새겨진 하트 모양의 작은 중국산 펜던트가 발견된 것이
다. 아마도 쟈넬은 리복 운동화를 사고서 받은 이 사은품을 가지고 놀
다가 꿀꺽 삼켰던 것으로 짐작되었다. 문제는 조사를 통해 밝혀진 중
국산 펜던트의 납 성분이 무려 99퍼센트에 달했다는 사실이다. 쟈넬
의 혈중 납 농도는 이미 기준치의 세 배를 초과한 상태. 쟈넬을 어이없
는 죽음으로 이끈 원인은 바로 '납 중독'이었다.

1960년대 미국에서는 무려 약 5만여 명의 어린이가 납 중독으로
사망했다. 집, 학교, 어린이집에서 놀다가 페인트 조각이 입속으로 들
어갔기 때문인 것으로 보인다. 당시에는 페인트의 내구성을 높이기
위해서 소량의 납을 섞어 사용하는 경우가 빈번했다. 십수 년 뒤 관련

사망한 어린 아들의 사진을 들고 있는 쟈넬의 어머니(왼쪽),
쟈넬이 삼켰던 펜던트(오른쪽)

법이 제정되어 1978년 이후에 지어진 건물에는 납 페인트 사용이 전면 금지되었다.

그렇다면 왜 주로 어린이들이 납 중독으로 사망하는 것일까. 어린이들은 체내 납 흡수율이 성인에 비해 일곱 배나 높다. 높은 농도의 납에 노출되면 식욕부진, 현기증, 구토, 체중 감소 등 뇌와 관련된 증상이 나타나는데 나이가 어릴수록 훨씬 높은 빈도수로 증상이 관찰된다. 증상이 심해지면 근육 쇠약, 마비 증상, 어지러움, 혼수, 경련 등이 따르며 쟈넬의 경우와 같이 사망에 이를 수도 있다. 게다가 어린 나이에 뇌 중독 증상이 나타나면 회복이 된다 하더라도 영구적인 지능 저하가 있을 수 있다.

더 무서운 것은 납이 아이들을 유혹한다는 점이다. 대체 어떻게? 바로 달콤한 맛으로! 납을 혀에 가져다 대면 특이한 자극과 함께 단맛이 느껴진다. 그런데 영유아를 비롯한 어린이들의 특기 중 하나가 손에 잡히는 물건을 그게 무엇이든 간에 빛의 속도로 입안에 집어넣는 것이 아니던가. 우연히 납의 단맛을 본 아이들은 마치 사탕을 하나 입에 넣은 듯 열심히 납을 빨기 시작한다. 납의 독성에 초고속으로 노출되는 순간이다.

납은 인체에 치명적인 피해를 주는 위험천만한 금속이지만, 그 위험성에도 불구하고 역사 속에서 납만큼이나 다양한 용도로 폭넓게 사용한 금속은 그리 많지 않다. 채광이 쉬워서 고대부터 많은 양이 생산되었고 녹는점이 낮고 무른 편이라 정련과 성형도 용이하다. 또한 금속치고 잘 녹슬지도 않는다. 이렇게 장점이 많다 보니 납은 그 위험성이 미처 알려지지 않았던 시기에는 식기와 화장품, 장식품, 건축 자재에 이르기까지 두루두루 사용되며 역사 속에 자신의 이름을 톡톡히 남겼다.

'납 설탕, 독성물질'이라고 표기된 아세트산납 병 납 설탕은 설탕의 종류가 아닌, 아세트산납의 다른 이름이다.

✕✕✕✕✕

로마제국의 광적인 납 사랑

사람들에게 가장 좋아하는 금속을 꼽으라 하면 너 나 할 것 없이 단연 '금'일 것이다. 장신구를 만드는 것만으로는 뭔가 아쉬웠는지 현대인들은 금을 가루로 만들어서 마사지 재료로 몸에 문지르기도 하고, 술에 타 마시기도 하고, 초콜릿 등의 음식 위에 뿌려 먹기도 한다. 정말 대단한 금 사랑이 아닌가. 그런데 로마제국의 납 사랑도 이에 못지않았다는 사실.

로마제국 사람들은 납을 광적으로 좋아해서 그야말로 사용하지 않은 곳이 없었다. 수도관 같은 배관과 건축물, 안료, 포도주 잔, 식기 등 공공재나 생활 도구에 두루두루 사용했다. 수도관 자체에 황제의 이름을 새겨 넣기도 했으니, 이를 보면 로마인들은 납 배관의 위험성을 인지하기는커녕 납으로 수도관을 만들었다는 자부심이 대단했던 듯하다.

실제로도 로마제국은 산업화 이전, 납을 가장 많이 생산한 문명이었다. 거대한 영토를 지배하고 있던 로마제국은 중앙아시아, 로만 브리튼^{Roman Britain}, 발칸반도, 그리스, 소아시아, 히스파니아^{Hispania}, 이렇게 여섯 지역에 광산을 두었고(로만 브리튼과 히스파니아는 각각 로마제국 시대의 영국과 이베리아 반도를 가리키는 말이다), 이 여섯 광산에서 연간 8만 톤에 달하는 납을 생산했다. 이는 당시 세계 납 생산량의 40퍼센트를 차지할 정도였다.

시간이 흐르며, 로마인의 납에 대한 애착은 결국 납을 먹고 바르는 지경에 이르렀다. 우리나라 여성들은 늘 백옥같이 하얀 피부를 탐내는데 로마의 여성들도 이런 욕망에서는 결코 뒤지지 않았던 터라, 상류층 여성들은 얼굴을 밝아 보이게 만들려고 납을 얼굴 전체에 얇게 바르고 다녔다. 또 납을 금가루처럼 음식에 뿌려 먹지는 않았으나, 더 먹기 좋게 아예 감미료로 만들었다. 납 그릇에 포도즙을 넣고 졸이

● **로마인들의 연회를 묘사한 벽화** 로마의 고대 도시 폼페이에서 발견된 벽화. 로마인들이 연회에서 사용하는 식기, 즐겨 마시는 포도주 등에는 모두 납 성분이 포함되어 있었으니 그야말로 납을 먹고 마시는 연회였다고 할 수 있겠다.

● **로마의 납 수도관** 'VESP'라는 글자가 적힌 것으로 보아 로마제국 베스파시아누스Vespasianus 황제의 재위 기간인 서기 69~79년에 제조되었을 것으로 추정된다.

면 포도 속에 든 유기산이 납 성분과 반응해 단맛을 내는 흰색의 아세트산납^{lead acetate}이 만들어 지는데 이를 식품에 즐겨 넣은 것이다. 생각만 해도 붙들어 말리고 싶은 일이다.

무력, 종교, 법률로 세계를 세 번이나 정복했다는 로마인들이었지만 '납 중독'이 뭔지 몰랐던 게 함정이었다. 로마인들의 유골에 납 중독이라고 판명해도 충분할 만큼의 납 성분이 포함되어 있다는 연구 결과도 있으니, 로마의 멸망 원인 중 하나가 납 중독이었다는 가설이 존재할 만도 하다.

×××××

인류를 위험에 빠트린 유연휘발유

로마를 멸망시킨 것이 납이라는 이야기가 나올 정도로, 납은 사람에게 치명적인 해를 끼치는 위험한 금속이다. 그런데 몇십 년 전까지만 해도 이렇게 위험한 납을 공기 중에 분수처럼 뿌렸다는 사실을 알고 있는지.

납을 뜻하는 한자어는 '연鉛'이다. 이 '연'이란 한자가 들어간 단어 중 일상에서 흔히 접할 수 있는 것은 바로 주유소에서 볼 수 있는 '무연휘발유無鉛揮發油'다. 이름 그대로 납이 들어가지 않은 휘발유를 말한다. 그렇다면 납이 들어간 '유연휘발유有鉛揮發油'는 없을까? 물론 있다. 유연휘발유는 우리나라에서도 90년대 초반까지 활발하게 사용되었던 휘발유다. 하지만 지금은 독성물질로 분류되어 사용이 금지되었고 주유소에는 무연휘발유만 남게 되었다. 치명적인 독성을 가진 납이 들어간 유연휘발유는 어떻게 해서 한때 활발히 사용되었던 것일까?

1921년 12월, 미국의 거대 자동차 기업인 제너럴 모터스의 자회사 데이턴 리서치 연구소의 화학공학자인 토머스 미즐리Thomas Midgley, Jr., 1889~1944는 놀라운 사실을 발견했다. 납과 나트륨(소듐)을 합금한 물질에 염화에틸을 반응시켜 제

▮ 독일의 저명한 법학자인 예링 Jhering, 1818~1892은 로마제국에 대해 다음과 같은 유명한 말을 남겼다. "로마는 세상을 세 번 정복했다. 처음에는 무력으로, 두 번째는 종교로, 세 번째는 법으로. 가장 평화적인 방법이었던 세 번째 정복은 아마 그중에서도 가장 위대한 정복이다."

▮▮ '4에틸납'으로도 불리며 화학식은 Pb(C₂H₅)₄, 무색 가연성이다. 독극물질로 분류되어 대부분의 국가에서 제조와 판매를 금하고 있다.

조한 화합물 '테트라에틸납Tetraethyl lead'▮▮을 휘발유에 일정 비율 섞어 넣으니, 노킹knocking 현상 때문에 주책없이 쾅쾅 소리를 내며 덜커덕거리던 자동차가 부드럽고 빠르게 달렸다. 노킹 현상은 자동차 내연기관의 실린더 내에서 휘발유가 완전히 타지 않아, 그 잔여물이 폭발하며 망치로 엔진을 부수는 것 같은 굉음이 나는 현상을 말한다. 이 현상은 자동차의 출력을 저하시키고 잦은 고장을 일으키는 등 당시 자동차 업계의 큰 난제였는데, 토머스 미즐리의 발견이 이를 해결해 준 것이다.

문제는 납의 독성. 공기 중으로 뿜어져 나온 매연에 다량의 납 성분이 포함되어 있다 보니 건강에는 치명적이었다. 이 매연이 호흡기, 피부 등으로 흡수되면 신경계를 자극해 불면, 흥분, 정신착란 등을 일으켰고 심하면 죽음에까지 이르게 할 정도였다. 게다가 사람이 직접 마시거나 피부에 닿지 않더라도 공기 중에 떠돌다가 흙이나 지하수에 축적되어 농작물을 오염시키는 등 환경에도 악영향을 미치는 그야말

로 지독한 물질이었다.

제너럴 모터스는 이 사실을 외면했다. 그리고 1923년 듀폰, 스탠다드 오일과 함께 '에틸 코퍼레이션'이라는 회사를 만들어 테트라에틸납을 대량 생산하기 시작했다. 납의 존재가 전혀 드러나지 않도록 '에틸'이라는 새 제품명을 붙이기까지 했다. 그렇게 납을 섞은 휘발유, 즉 유연휘발유는 노킹 현상 없는 '대박' 휘발유로 날개 돋친 듯 팔려 나갔다.

하지만 이름을 바꾼다 한들 그 독성이 어디 가랴. 가장 먼저 이상을 보인 것은 다름 아닌 테트라에틸납을 개발한 연구소 사람들이었다. 토머스 미즐리는 물론이고 실험에 참여했던 다른 직원들도 납 중독으로 인해 폭력적으로 변하거나 정신착란 증세를 보이기 시작했다. 결국 독성으로 인해 직원 15명이 사망하고 수십 명이 마비 등의 납 중독 증세를 겪었으며, '최고의 화학자' 상까지 받아 국가적 영웅으로 부상했던 토머스 미즐리 자신도 만성 납 중독 증세로 요양 생활을 하다 1944년 사망했다.

이대로 인류는 유연휘발유로 인한 납 중독으로 시름시름 앓게 되는 것일까? 다행히 유연휘발유를 만들어 낸 미국 땅에서 모두를 구원할 학자가 나타났다. 바로 지구화학자 클레어 패터슨Clair Patterson, 1922~1995이다. 그는 매년 눈이 층을 이루며 쌓이는 그린란드 지역에서 눈 속의 납 농도를 조사한 결과, 무서운 사실을 알아냈다. 유연휘발유가 대량 생산되기 시작한 1923년 이전에 쌓인 눈 속에는 납이 거의 존재하지 않은 데 반해, 유연휘발유가 생산되고 난 뒤에는 눈 속의 납 농도가 꾸준히 증가해 위험수위에 이르렀다는 것.

유연휘발유, 즉 납에 의한 대기오염이 심각하다는 사실을 알게 된 그는 논문을 발표해 이 사실을 널리 알리고 관련 연구를 이어 갔다. 거대 기업과 그 기업의 후원을 받는 정치인들의 온갖 협박에도 불구하고, 그의 끈질긴 노력으로 결국 1970년 미국에서 청정대기법이 제정되었고 1986년에는 드디어 유연휘발유의 판매가 금지되었다. 그로부터 1년 후, 미국인의 혈중 납 농도가 무려 80퍼센트나 감소했다는 것이 밝혀졌다. 그러나 2000년 《네이션》은 "우리 몸속의 납 농도는 한 세기 이전 사람들보다 625배 많다"는 충격적인 사실을 발표했다. 여전히 인류는 납의 위험에 노출되어 있는 것이다.

현재 전 세계적으로 유연휘발유의 판매가 금지된 상태이며 테트라에틸납을 첨가하지 않은 무연휘발유를 사용토록 하고 있다. 우리나라에서도 1993년 1월 1일부로 유연휘발유의 판매가 전면 금지되었다. 클레어 패터슨의 노력이 결실을 맺을 수 있도록, 앞으로도 납은 그 어떤 금속보다 조심스럽게 접근해야 할 것이다.

×××××

우리 주변에 도사린 납의 위험

로마인들이야 납이 들어 있다는 것을 알고 먹었으니 납 중독을 자초한 것이나 다름없지만 요즘은 자신도 모르게 납 중독에 빠질 수 있으니 더 조심해야 한다. 유연휘발유의 판매가 금지되었다고 하더라도, 우리 주변에는 납 성분을 포함하고 있는 물질이 무척 많기 때문이다. 그중 가장 위험한 것이 피부에 직접 닿는 화장품이다.

우리나라 사람들에게 화장품에 함유된 납의 위험성을 가장 먼저 알린 제품은 '박가분朴家粉'이다. 박가분은 1916년부터 1937년까지 생산된 우리나라 최초의 근대 화장품으로 얼굴을 희게 만들어 주는 가루형 화장품이었다. 이전에도 비슷한 형태의 화장품은 있었으나, 제대로 된 상표를 달고 상자에 담아 판 화장품은 박가분이 처음이었다. 문제는 박가분에 납 가루가 들어갔다는 것. 박가분은 조갯가루, 쌀가루, 보릿가루 등으로 만든 흰 가루에 납을 넣음으로써 가루가 피부에 더 잘 부착되어 얼굴이 더욱 하얗게 되도록 했다. 당시만 해도 납의 독성이 잘 알려지지 않았던 터라, 이 제품은 선풍적인 인기를 끌며 전국적으로 판매되었고 수많은 여성들에게 큰 사랑을 받았다.

하지만 인기도 잠시. 박가분에 포함된 납 가루가 문제를 일으키기 시작했다. 박가분을 즐겨 사용한 여성들의 얼굴이 푸르게 변하거나

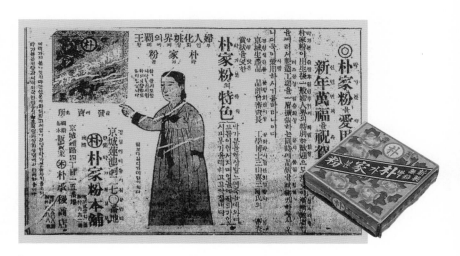

1923년 1월 26일 동아일보에 게재된 박가분 광고(왼쪽), 1920년대에 팔린 박가분(오른쪽) '박가분의 특색'으로 '주근깨와 여드름이 없어지고 피부가 윤택하고 고와진다'고 설명하는 광고 문구가 적혀 있다.

피부가 괴사하는 등 심각한 부작용이 나타난 것이다. 결국 박가분은 판매를 중단하게 되었고 납이 위험한 물질이라는 사실이 널리 알려지게 되었다.

화장품에 납 성분이 검출되는 것이 과거의 일만은 아니다. 오늘날에도 여전히 화장품에는 미량의 납 성분이 들어간다. 특히 립스틱은 납의 함유량이 높은 편이라 조심할 필요가 있다. 미국국립보건원에 따르면 여성들은 평생 최고 3킬로그램가량의 립스틱을 먹거나 흡수하는 것으로 조사되었다. 그런데 우리나라 식약처에서 규정하고 있는 화장품의 납 기준치는 식품류 기준치보다 최대 60배나 너그럽다. 립스틱같이 식품류에 애매하게 다리를 걸치고 있는 화장품의 경우 만성적인 납 중독의 가능성이 있는 셈이다.

안타까운 것은 납 중독의 폐해가 워낙 심각해 규제가 강화되는 추세이긴 하지만 양심에 털 난 사람들이 소비자의 눈을 피해 사용량을 더 높이고 있다는 사실이다. 특히나 아이들이 사용하는 용품에는 납 사용을 더욱 엄격하게 제한해야 하건만 어린이용 장난감, 식기, 의류 등에서 납이 기준치보다 수십 배 이상 검출되었다는 뉴스를 잊을 만하면 또 듣게 되니 정말 조심하는 수밖에 없다.

2014년 5월, MBC의 한 프로그램에서 70여 년의 전통을 자랑하는 국내 도자기 업계 1위 업체의 그릇 표면에 X선을 쏘아 분석한 결과, 납 성분이 무려 19만 7000피피엠(ppm)이나 검출되었다고 보도해 소비자들의 공분을 샀다. 이 업체는 인체에 해가 없는 무연 유약을 사용해 중금속으로부터 안전하다며 집중적으로 홍보해 왔던 터였다. 취재 결과, 한국 전통의 미를 살린 광택을 내려고 납이 함유된 유연 유약을 사용했단다. 방송 후 업체가 입장을 밝혔다. 용출 실험 결과[1], 식기 표면에 납이 포함되긴 했지만 식품에 미치는 영향은 미미하므로 방송이 편파적이라고. 식약처 또한 "납이 나와도 식품으로 옮지만 않으면 괜찮다"며 업체의 손을 들어주었으니, 나머지는 소비자가 판단할 노릇이라는 셈이다.

▌이 실험은 도자기 식기에 산성용액을 부은 뒤 24시간 이후 용해된 중금속의 양을 재는 방식으로 행해졌다. 우리나라에서 정한 도자기제의 납 용출 규격은 2ppm이다.

　판단에 조금 도움을 드리자면, 개인 공방을 하는 도예가들은 절대 유연 유약을 사용하지 않는다. 자신과 소비자 모두를 위해서. 다량의 납 사용으로 나라가 기울 정도로 타격을 받은 로마제국을 기억해야 하지 않을까.

xxxxx

차탈휘위크의 납 비드

이렇게 치명적인 매력을 지닌 납은 과연 언제부터 사용된 것일까. 사실 이에 대한 정보는 아직 전 세계적으로도 통일되어 있지 않다. 대부분의 금속 관련 자료들은 기원전 1500년, 3500년, 4000년, 5000년 등 각기 다르게 표기하고 있는 데다 그 범위도 참 넓어서 대충이라도 짐작하기가 참 난감하다.

　'한국의 브리태니커' 자리를 노리는 한 국내 인터넷 백과사전은 납이 구약성서에 언급되었을 정도로 오래전부터 알려졌다고 하면서

'기원전 1500년경'부터 사용되었다고 표기하고 있다. 실제로 모세 5경 중 제2서 출애굽기 15장 10절을 살펴보면 명백하게 납이 언급되어 있는 것을 확인할 수 있다.

> 주께서 바람을 일으키시매 바다(홍해)가 그들(이집트인)을 덮으니 그들
> 이 거센 물에 납 같이 잠겼나이다

오점은 여기에 있다. 납이 출애굽기에 언급된 것은 맞으나, 출애굽기의 집필 연대가 명확하게 결론이 나지 않았다는 사실이다. 그동안 학계에서는 다양한 주장들이 많았으나 대체로 기원전 1300년 이후, 즉 고대 이집트 제19왕조의 세 번째 파라오인 람세스 2세Ramses II, B.C. ?~B.C. 1213? 시대에 집필된 것으로 보았다. 그러나 최근 연구에 따르면 출애굽기는 기원전 400~600년에 집필되었을 가능성이 높다고 한다. 그러니 일단 출애굽기를 근거로 기원전 1500년경부터 인류가 납을 사용해 왔다는 주장은 분명 교정이 필요하다.

해외의 광물, 금속 관련 서적에는 납의 최초 사용을 기원전 3500년경으로 주장하는 자료가 가장 많다. 하지만 최근 이 내용은 모두 교체되고 있다. 납이 기원전 3500년경보다 훨씬 이전인 기원전 6500년경에 사용되었다는 고고학적 증거가 발견되었기 때문이다. 명백한 증거가 새로 확인되면 앞서 알려져 있던 모든 사실들은 그 순간부터 더이상 사실이 아니게 되는 것. 이것이야말로 과학의 매력이 아닐까. 그럼 최초의 납을 만나러 기원전 6500년경으로 떠나 보자.

오늘날 터키의 수도 앙카라로부터 남쪽으로 240킬로미터 떨어진

곳, 아나톨리아 고원의 남부에 있는 콘야 평원 위에는 20미터와 14미터 높이로 솟아오른 두 개의 언덕이 있다. 2012년 터키의 열한 번째 유네스코 세계문화유산으로 등재된 '차탈휘위크Çatalhöyük'다. 터키어로 '민속 언덕'을 의미하는 차탈휘위크는 유산 면적 37만 제곱미터, 완충 면적 111만 제곱미터의 가장 거대하고도 가장 보존이 잘된 신석기 유적지로 인정받는 곳이다. 또한 인류 최초의 '거대 취락 지역'이라는 타이틀도 쥐고 있다. 왜 도시가 아니고 거대 취락 지역이라고 애써 길게 부를까? 차탈휘위크는 인류가 중소 규모의 정착촌에서 거대 도시집적都市集積 형태로¹ 넘어가는 약 2000년간의 과도기적 단계의 거주지라는 의견이 다수의 지지를 얻고 있기 때문이다.

¹ 한정된 지역 내에서 여러 도시가 밀집되어 있는 상태를 말한다. 예를 들어 서울에서 남쪽으로 약 40킬로미터 내의 좁은 거리에 과천시, 안양시, 군포시, 의왕시, 시흥시, 안산시, 수원시 등의 여러 도시가 집중되어 있는데 이를 도시집적이라고 할 수 있다.

수천 년 동안 땅 아래 묻혀 있었던 차탈휘위크는 1958년 영국의 고고학자 제임스 멜라트^{James Mellaart, 1925~2012}에 의해 발견되었다. 1961년부터 본격적인 발굴 작업이 시작되어 1963년, 1965년 등 여러 차례에 걸쳐 대규모 조사가 진행되었다. 그 결과 150개 이상의 주거지와 사원, 벽화, 조각품, 석고 부조 등이 원형 상태 그대로 잘 보존된 것으로 밝혀져 신석기 문화 연구에 큰 역할을 했다. 1965년 제임스 멜라트가 유물을 밀반출하려다 추방당하며 30여 년간 발굴이 중단되고 유적이 폐쇄되는 고충도 있었지만 1996년 발굴이 재개된 뒤 150여 개의 주거지가 추가로 발견되는 큰 성과를 거두었다. 그리고 현재, 차탈휘위크는 관광과 발굴을 동시에 진행하며 터키의 대표적인 선사 유적지이자 관광지로 자리 잡았다.

그렇다면 이곳에서는 어떤 유물들이 발견되었을까. 도끼의 머리 부분, 지팡이의 손잡이, 곡물을 갈기 위해 제작된 맷돌, 흑요석으로 된 거울 등 시기적으로 볼 때 상당히 정교하고 기술적 완성도가 높은 유물들이 대표적으로 손꼽힌다. 그중에서도 가장 눈길을 끄는 것이 있었으니, 바로 납으로 제작된 비드! 녹여 만든 흔적이 뚜렷한 납 비드는 자연구리를 두들겨 만든 비드를 연상시킬 만큼 정교했다.

납은 일반적으로 구리, 아연, 은 등과 함께 화합물로 발견되기 때문에 납을 얻기 위해서는 녹여서 납만 추출하는 제련 과정을 꼭 거쳐야 한다. 그런데 이렇게 정교한 납 비드가 발견되었다는 것은 납이 함유된 광석을 용광로에 녹여서 적당한 크기의 납 덩어리로 만드는 공정이 차탈휘위크에선 이미 행해지고 있었다는 것을 의미한다. 그것도 언제? 기원전 6500년 전에! 납 비드의 제작 연대를 검사해 보니 지금

차탈휘위크의 동쪽 언덕 차탈휘위크는 두 개의 언덕으로 이루어진 유적이다. 사진의 중심에 있는 언덕은 두 언덕 중 동쪽에 있는 언덕으로 서쪽 언덕보다 더 높고 더 넓으며 더 오래전부터 사람이 살았다.

까지 기록된 어떠한 납 사용 연대보다 앞선 기원전 6500년 전으로 확인되었다. 인류 최초의 납 공예인이 차탈휘위크에 거주했다는 사실이 이로써 명백해진 것이다.

그런데 차탈휘위크를 인류 최초의 납 공예인이 출현한 곳으로만 기억하기에는 너무나 섭섭한 점이 많다. 앞서 이야기했지만 이곳은 가장 거대하고 가장 보존이 잘 된 신석기 유적지이자 인류 최초의 거대 취락 지역으로, 인류사에 의미 있는 발자취를 남긴 장소라고 볼 수 있기 때문이다.

그동안의 발굴 결과에 따르면 차탈휘위크는 동쪽 언덕 13.5만 제곱미터 지대에 약 3000명 이상 최대 8000명이 생활했던 것으로 추정

차탈휘위크 유적의 상상도 집들이 작은 틈새 없이 다닥다닥 붙어 있는 모습이 독특하다. 사람들은 옥상을 이용해 집과 집 사이를 다닌 것으로 추측된다.

차탈휘위크 사원 모형(위), **컴퓨터 그래픽으로 재현한 차탈휘위크 주택 내부**(아래) 발굴된 유적을 토대로 수천 년 전의 모습을 재현했다.

된다. 신석기를 통틀어 가장 거대한 인구 집단이 한 지역에 거주한 것. 2013년 서울 올림픽공원 체조경기장에서 열린 미국 아이돌 스타 저스틴 비버의 첫 내한 공연을 보던 관객이 약 8000여 명이었다고 하니 이들이 13.5만 제곱미터(4만 평) 정도의 언덕에서 모두 한데 모여 살았다고 상상해 보라. 집 한 채가 84제곱미터(25평)라고 치면 그 안에 다섯 명 정도가 거주했던 셈이다. 인류가 이제 막 번성하기 시작하던 시절, 돌도끼 들고 맨발로 뛰어다니던 신석기 시대라는 점을 감안할 때 굉장한 인구 규모였다는 걸 알 수 있다.

차탈휘위크 유적을 조금 더 구체적으로 살펴보면 특이한 집 모양에 주목하게 된다. 날씨가 추운 탓에 진흙 벽돌과 석고, 나무와 갈대 등을 사용해 여러 채가 서로 벽을 딱 붙이고 있는 구조로 집을 지어서 사방이 막혀 있는 상자와 같은 형태의 집을 완성했다. 출입문은 천정에 구멍을 뚫고 만들어 사다리를 통해 집 외부로 나갈 수 있었고 집과 집 사이는 옥상을 통해 이동했다.

집 안의 풍경도 신석기 시대치고는 매우 놀랍다. 보통 신석기 시대 거주지에는 집 자리 가운데를 둥글게 파서 화덕을 만든 데 비해, 차탈휘위크에서는 벽난로와 같은 형태의 화덕을 만들었다. 또한 벽을 장식하는 용도로 동물의 머리뼈를 걸어 놓거나 여러 형태의 벽화를 그렸다. 이밖에 집 밖에서도 거주민들이 곡물과 견과류 농사를 짓고 가축까지 길렀던 흔적이 뚜렷해 인간의 정착 생활 적응 과정에서 나타나는 사회 조직 및 문화 풍습의 발달 양상이 잘 관찰된다.

마지막으로 굉장히 미스터리한 점 한 가지. 차탈휘위크 유적은 두 언덕에 걸쳐 형성되었는데 더 높고 더 넓은 지대인 동쪽 언덕은 방사성 탄소 연대 측정 결과, 기원전 7400~6500년에 형성된 것으로 확인되었다. 그런데 서쪽 언덕은 기원전 6200~5500년, 즉 석기 시대에서 청동기 시대로 넘어가는 과도기인 금석병용 시대에 형성된 것으로 밝혀졌다. 그리고 신기하게도 두 유적지의 연대는 기원전 6200년 정도를 기점으로 이어진다.

학자들의 추측으로는 동쪽 언덕에서 1000년이 넘도록 생활하던 거주민들이 점차 서쪽 언덕으로 옮겨 가 또다시 약 1000년간 생활을 이어간 것 같다고 한다. 대체 그 큰 규모의 집단이 먼 곳도 아닌 바로 옆 언덕으로 굳이 옮겨 살게끔 만든 원인은 무엇이었을까? 이 미스터리가 풀리는 날이야말로 차탈휘위크 유적의 모든 것이 밝혀지는 날이 아닐지. 그러면 인류 최초의 납 공예품과 그것을 만든 사람들에 관한 이야기도 더욱 풍성해질 수 있을 것이다.

×××××

납의 두 얼굴이 가져올 미래

기원전 6500년 전, 차탈휘위크에서 납 비드가 발견된 것을 시작으로 납은 세계 전역에서 활발하게 사용되었다. 기원전 1400년경 고대 이집트에서는 납 성분의 유약을 바른 채색 도기 명판名板과 납땜을 이용해 상감한 장식을 만들었고, 고대 로마에서는 건축 자재에서부터 화장품, 감미료에 이르기까지 쓰지 않은 곳을 찾기 어려울 정도로 널리 활용되었다. 중세 유럽에서는 유리를 만들 때나 성당 스테인드글라스의 유리 조각을 연결할 때 이용되기도 했고, 세계사에 있어 중요한 역할을 한 활판인쇄술의 탄생에 결정적인 역할을 하기도 했다. 이는 구텐베르크가 납에 주석과 안티몬을 섞은 '삼원합금'으로 활자를 만들었기 때문인데 이 삼원합금은 현재에도 활자용으로 사용되고 있다.

이 외에도 납은 녹는 점이 섭씨 200도 이하인 이융합금, 열전도율이 크고 압력에 잘 견디는 베어링합금 등 여러 합금의 재료로도 인기가 높다. 또 축전지의 전극이나 무게 추, 탄환에도 쓰이며 특유의 높은 밀도 때문에 방사선까지 잘 막아 낼 수 있어 방사선의 노출을 방지하는 차폐재遮蔽材를 제조하는 데도 없어서는 안 되는 자원이다. 실제로 1986년에 일어난 체르노빌 원자력 발전소 사고 때는 방사능 차폐를 위해 원자로에 2400톤의 납을 투입했고 2011년 후쿠시마 원자력 발전소 사고 때도 역시 납을 이용해 방사능을 막았다.

어떻게 다루느냐에 따라 인류에게 치명적인 위험을 초래할 수도, 인류의 목숨을 구할 수도 있는 금속, 납. 그 활용이 무궁무진한 금속인 만큼 위험하다고 무

●
2011년에 일어난 후쿠시마 원자력 발전 사고 처참하게 파괴된 원전 3호기의 모습이다. 건물의 파괴로 방사성 물질이 누출됨에 따라 납과 콘크리트를 이용해 더 이상의 누출을 막았다.

작정 쓰지 않을 수는 없을 것이다. 그러니 이제, 지난 역사를 돌아보며 피해를 최소화하고 이득을 최대화하는 공존의 지혜를 함께 깨쳐야 할 때이지 않을까. 앞으로도 위험한 금속들과 인류의 아슬아슬한 줄다리기는 계속될 예정이다.

납 Pb ⁸²

지각 분포	지각 내 0.0014퍼센트가량 매장되어 있는 비교적 풍부한 원소다. 지각의 모든 원소 중 약 36번째로 많다.
발견 시기	기원전 6500년경
결정 구조	면심입방구조
녹는점	327.46℃
끓는점	1749℃
표준 원자량	207.2g/mol
광석	상업적으로 가장 중요하게 사용되는 납 광석은 방연석(PbS)이며, 이 외에 백연석($PbCO_3$), 황산연석($PbSO_4$), 녹연석($Pb_5(PO4)_3Cl$), 황연석($Pb_5(AsO_4)_3Cl$) 등이 있다.
용도	베어링합금, 땜납, 축전지의 전극에 사용된다. 또한 원자번호 및 밀도가 커서 X선 장비와 원자로 차폐제 등 방사선 방호재로서 사용된다.
모스 경도	1.5

납은 인류가 구리에 이어 두 번째로 사용하기 시작한 금속이다. 푸르스름한 잿빛을 띠는데 새로 자른 단면을 언뜻 보면 반짝거리는 게 마치 은 같다. 납인지 은인지 구분이 안 될 때는 구리로 시원하게 긁어 보자. 납은 구리에 긁힐 정도로 무르기 때문이다. 인체에 치명적인 피해를 끼치기 때문에 무섭게 느껴질 수도 있겠지만 납은 단지 인간을 포함한 생물체와 궁합이 조금 안 맞을 뿐, 기술적으로는 유용한 측면이 대단히 큰 금속이다. 전성과 연성이 크고 녹는점이 낮아서 가공이 쉽다. 밀도도 크고 부식도 잘 안 된다. 다른 금속을 조금 더해 합금을 만들면 단단하게 성질이 변하기도 한다. 이렇게 장점이 많다 보니 선사 시대부터 오늘날까지 다양한 용도로 활용되고 있는 것이 아닐까.

양인 김감불과 장례원 종 김검동이
납으로 은을 불리어 바치며 아뢰기를
"납 한 근으로 은 두 돈을 불릴 수 있는데,
납은 우리나라에서 나는 것이니
은을 넉넉히 쓸 수 있게 되었습니다……."

_ 조선왕조실록 연산군일기 1503년 5월 18일 중

3장

Silver
B.C. 5000년경

은

×××××

역 사 의
모 든
곳 에 서
빛 나 다

은은 고대부터 여러 지역에서 다양한 형태로 표기되었다. 먼저, 은의 영어 이름 'silver'는 앵글로-색슨어 'siolfor', 'seolfor' 등 여러 개의 단어에서 유래되었다. 은의 독일어 이름 'silber'는 아시리아어 'sarpu', 좀 더 정확하게는 'si-ra-pi-im(흰 금속)'에서 유래된 것이다. 로맨스어 계통에서 사용된 은의 표기는 'argent(프랑스어)', 'argento(이탈리아어)'이고, 'plata(스페인어)'는 산스크리트어인 'arjuna(빛)'과 'rajata(흰색)'에서 유래되었다. 그렇다면 은의 가장 오래된 표기는 무엇일까. 메소포타미아 지역에 있던 고대 도시국가 우르에서 사용된 'ku-Babbar'로, 이 단어는 'ku(깨끗한)'와 'Babbar(흰색)'의 합성어다. 두 번째로 오래된 표기는 고대 이집트에서 사용된 'KHAD'로서 흰색이라는 뜻이다. 마지막으로 원소기호를 살펴보자. 은의 원소기호 'Ag'는 은을 뜻하는 라틴어 'argentum'에서 나왔는데 그리스어로 '빛나는' 또는 '흰색'을 의미하는 'argos'에서 유래된 것이다. 이제 중요한 사실 한 가지를 깨달을 수 있을 것이다. 은이 어디에서 어떤 이름으로 불렸든 깨끗하고 희고 빛이 나는 아름다운 금속이라는 의미는 모두 동일했다는 것.

파라오조차 애타게 만든 금속

1940년 프랑스 출신 이집트 학자 피에르 몽테Pierre Montet, 1885~1966는 나일 강 삼각주 북동부에 위치한 고대 도시 타니스에서 파라오의 무덤을 발견했다. 고대 이집트 제21왕조의 파라오 프수센네스 1세Psusennes Ⅰ, B.C. 1047?~B.C. 1001?의 무덤이었다. 놀라운 사실은 아직 도굴되지 않은 무덤이었다는 것. 그때까지 발견된 파라오의 무덤 중 전혀 도굴이 안 된 무덤은 이곳이 최초였다. 피에르 몽테는 무덤 안으로 조심스럽게 발걸음을 옮겼고, 그곳에서 독특하고도 아름다운 유물을 하나 발견했다. 훗날 프수센네스 1세를 '실버 파라오'라는 별칭으로 불리게 한 유물, 바로 파라오의 미라가 담긴 은관銀棺이었다.

혹시 지금 '은관'이라는 사실에 실망하신 분이 있다면, 아마 텔레비전이나 박물관에서 본 번쩍이는 이집트 금관을 떠올렸기 때문일 것이다. 현재 금은 은의 70배에 달하는 가치를 지녔기 때문에 실망하는 것이 당연하다. 하지만 고대 이집트에서 금과 은의 가치는 지금과 상당히 달랐다는 신기한 사실을 알고 나면 그 실망이 가시지 않을까.

금속계의 능력자인 은은 고대부터 귀중한 금속, 즉 귀금속의 신분으로 극진히 모셔졌다. 특히 기원전 2500년경 이집트에 처음 소개되었을 때는 은이 금보다 더 귀하게 대접받기도 했다. 당시에는 금이 은으로 도금되는 굴욕을 겪었고, 은으로 만든 장식의 두께는 금으로 만든 것들보다 대부분 얇았다. 우주를 군림하는 신으로 숭배된 파라오조차 은 장신구를 원하는 만큼 착용하는 것에 한계가 있을 정도였다. 당시 이집트는 금 제련에 성공해 금을 자체적으로 생산할 수 있었지만 은은 소아시아로부터 수입해야만 했기 때문에 생긴 일이었다.

중왕국 시대(기원전 2133~1785년)에 이르러서야 비로소 유입량이 증가하면서 은은 금과 가치가 비슷해졌고 물물교환의 수단으로도 이용되었다.[1] 그러다 신왕국 시대(기원전 1575~1085년)에는 금과 은의 교환 비율이 1대 2로 고정되었다.

• 고대 이집트의 물물교환 시스템 •

품목	가치(비율)	기간
여자 노예 1명	은 4데벤	제18왕조, 기원전 1570~1293년
일반 남자 노예 1명	은 3데벤 1카이트	제21왕조, 기원전 1070~945년
청동 대접 1개	은 1과 3분의 2카이트	제18왕조
금 1카이트	구리 200카이트(1:200)	제18~20왕조, 기원전 1570~1070년
금 1카이트	은 2카이트(1:2)	제20왕조, 기원전 1185~1070년
은 1카이트	구리 10데벤(1:100)	제20왕조 초·중기
은 1카이트	구리 6데벤(1:60)	제20왕조 초·중기
은 1카이트	구리 33데벤(1:330)	프톨레마이오스 왕조, 기원전 305~30년

▶ 1데벤은 91그램이고, 10분의 1데벤은 1 카이트에 해당한다.

물론 "이상하네, 은이 금보다 더 귀한 금속이었다는데 나는 왜 은으로 된 이집트 유물을 본 기억이 없지?"라고 생각할 수도 있겠다. 답변을 하자면, 가장 큰 이유는 금에 비해 은이 흔치 않아서 사용할 엄두가 나지 않았기 때문이고 두 번째 이유는 지금껏 가장 잘 알려지고 많이 전시된 유물 중 상당수가 고대 이집트 파라오의 아이콘으로 자리매김한 제18왕조의 열두 번째 파라오 투탕카멘Tutankhamen, B.C. ?~B.C. 1352의 유물이기 때문이다.

투탕카멘의 무덤은 유물이 거의 온전한 형태로 남아 있는 몇 안 되는 파라오 무덤 중 하나다('거의' 온전한 이유는 무덤이 만들어진 초기에 도굴을 당했던 흔적이 남아 있기 때문이다). 투탕카멘의 무덤에서 발견된, 압도적인 포스를 자랑하는 유물들은 대부분 황금으로 만들어졌다. 황금을 칠한 대형 목관, 화려한 황금관(황금 무게 110킬로그램), 으리으리한 황금마스크(황금 무게 11킬로그램), 번쩍번쩍한 황금의자……. 이 외 자잘한 유물 수천 점들도 모두 황금으로 되어 있다.

하지만 이렇게 으리으리한 황금 유물들을 가지고 있는 투탕카멘의 무덤이 온전한 형태로 남을 수 있었던 것은 그가 힘없는 왕이었기 때문이다. 투탕카멘은 아홉 살이라는 어린 나이에 즉위해 9년 만에 요절하는 바람에 큰 권력을 갖지 못했다. 그래서 재위 기간에 대한 기

> ▌고대 이집트의 역사는 크게 다음과 같이 구분된다. 초기 왕조 시대(기원전 3000~2780년경), 이집트가 최초로 통일된 시기. 고왕국 시대(기원전 2780~2270년경), 거대한 피라미드 축조된 시기. 제1중간기(기원전 2263~2040년경), 내전으로 인해 혼란이 극심했던 시기. 중왕국 시대(기원전 2133~1785년경), 이집트가 재통일된 시기. 제2중간기(기원전 1785~1575년경), 분열로 인한 세력 약화로 힉소스인들이 이집트를 지배했던 시기. 신왕국 시대(기원전 1575~1085년), 이집트 제국이라고 불리는 시기로 이집트가 가장 번영했던 시기. 제3중간기(기원전 1085~664년) 외세의 침입으로 리비아, 누비아인들의 지배를 받은 시기. 이후 이집트는 약화된 세력을 회복하지 못하고 말기왕조 시대를 거쳐 그리스—로마계 왕조가 들어선다.

록이 많이 남아 있지 않고, 무덤의 규모도 비슷한 시기 다른 파라오들에 비해 매우 초라한 편이다. 투탕카멘의 사후 그의 작은 무덤은 사람들에게서 금세 잊혔고 200년 뒤 람세스 6세의 무덤을 만드는 과정에서 흙더미에 파묻혔는데, 그 덕분에 오히려 무분별한 도굴을 피할 수 있었다. 살아서는 투탕카멘보다 훨씬 큰 권력을 누렸던 파라오들의 무덤이 대부분 참혹하게 도굴당한 것을 보면, 세상사 끝까지 두고 볼 일이다.

2014년 10월 영국 BBC 방송을 통해 투탕카멘의 실제 모습이 컴퓨터 그래픽으로 복원되었다. 그는 뻐드렁니에 널찍한 여성의 골반을 가지고 있었다. 더구나 왼쪽 발목은 안쪽으로 심하게 휘어져 있는 선천성 기형이어서 혼자 힘으로는 일어나지도 못할 뿐만 아니라 전차도 탈 수 없었을 것으로 추측된다. '살아 있는 신'으로 추앙받는 파라오라고 해서 마치 할리우드 영화에 나오는 것처럼 근육질의 8등신 몸매에 검술을 타고났다거나 단순히 걷는 것만으로도 근엄한 분위기가 넘쳐흐르는 특별한 인물이 아니었던 것이다.

이런 투탕카멘의 모습은 그의 무덤에서 발견된 130여 개의 지팡이를 두고 '수많은 지팡이 = 파라오의 절대 권력'이라고 해석하던 역사학자들의 주장을 반박하는 증거이기도 하다. 고대 이집트 문화에서 지팡이가 왕권을 상징한 것은 맞지만 힘없는 왕이었던 투탕카멘의 무덤에 지팡이가 많았던 것은 불편한 한쪽 발을 대신하기 위한 실용적인 목적이 아니었을까. 아마도 그가 실제로 짚고 다니지 않았던 지팡이라고는 그의 무덤에서 발견된 황금 지팡이가 유일할지도 모른다.

이렇듯 작은 지팡이부터 대형 관까지 크기와 종류 같은 건 묻지도 따지지도 않고 황금을 펑펑 쓰던 고대 이집트에서 은으로 된 유물이 만들어진 것은 제3중간기(기원전 1085~664년) 시대에 접어 들면서부터였다. 이 시기에 시리아와 팔레스타인으로부터 은이 대량으로 유입되었고 자연스레 은의 가치도 조금씩 하락하기 시작한 것이다. 덕분에 제21왕조와 제22왕조의 몇몇 파라오는 은으로 제작된 관에 안치될 수 있었다.

앞서 소개한 프수센네스 1세의 무덤에서 발굴된 은관은 이집트 최초의 은관이었다. 프수센네스 1세의 관은 모두 네 겹으로 되어 있는데 가장 겉에는 석관이 있었고, 그 안에는 또 다른 작은 석관이, 세 번째에는 금관이, 그리고 네 번째인 가장 깊숙한 곳에 드디어 파라오의 미라가 담긴 은관이 놓여 있었다.

프수센네스 1세가 통치하던 때는 이집트 역사에서 무척이나 혼란스러웠던 시기였다. 파라오의 권력은 남과 북으로 양분되었고 외세의 침입도 활발

투탕카멘의 모습 미라에 컴퓨터 단층 촬영을 2000여 차례 실시해 구현한 실제와 가장 흡사한 모습

프수센네스 1세의 은관 은관과 함께 무덤에서 발견된 부장품들을 살펴보면 무척 세련된 기술로 금속을 다듬었음을 알 수 있다. 이는 프수센네스 1세가 누린 부와 권력을 보여 주는 증거다.

유골을 바탕으로 법의학 미술가가 재현한 프수센네스 1세의 모습 위풍당당한 풍채에 광대가 발달한 강한 인상의 소유자였을 것으로 추정된다. 하지만 신적인 존재로 군림했던 파라오가 의외로 평범하고 초로해 보인다는 점에서 그들도 우리와 같은 보통의 인간이었음을 알 수 있다.

했다. 그래서 이 무덤이 발굴되기 전까지 학자들은 이 시기 파라오들은 권력이 많이 약했을 것이라고 짐작했다. 하지만 프수센네스 1세의 무덤이 발굴되고 그의 은관이 세상의 빛을 보게 되자 상황이 바뀌었다. 아무리 가치가 하락했다지만 이집트에서 금만큼, 때로 금보다 더 귀한 취급을 받았던 은으로 관을 만들었다는 것은 관의 주인인 프수센네스 1세가 엄청난 부와 권력을 가진 인물이었음을 알려 주기 때문이었다. 실제 그의 미라를 감식한 결과 그가 80세 가까운 나이에 사망했다는 것이 밝혀졌는데 당시 이집트 사람들의 평균 수명이 35세였으니, 막강한 권력을 누리지 않았다면 그 나이까지 살아남긴 어려웠을 것이다.

이처럼 프수센네스 1세의 은관은 단순히 은으로 만든 관이라는 의미를 넘어서, 이집트 역사를 뒤바꿀 만한 중요한 단서임을 꼭 기억하자.

×××××

조선의 연금술사, 납에서 은을 만들다

은은 절대 권력으로 아쉬울 것 하나 없이 살았을 파라오에게 감히 '아쉬움'이라는 게 무엇인지를 알려 주었다. 대체 은을 구하기가 얼마나 어려웠기에 이렇게 '무엄한 금속'의 반열에 올랐을까? 일단, 은은 위장에 능숙하다. 자연에서 발견되는 은은 자연은 또는 은덩이라고 불리는데 이런 형태로는 굉장히 드물게 존재할 뿐이고 대부분은 다른 광석에 섞여 있다. 그러니 은을 얻기 위해서는 먼저 은이 섞여 있는 광석들을 잘 찾아내야 한다. 가장 일반적인 은 광석의 종류는 휘은석, 각은광, 담홍은석, 농홍은석이 있다. 종종 자연 상태에서 자연금과 자연은이 섞여 있는 합금 상태로 발견되기도 하는데, 은 함량이 30~70퍼센트 정도 되는 이런 합금을 '엘렉트럼electrum'이라고 부른다. 우리말로는 금과 은이 섞여서 은은한 노란빛의 호박, 그러니까 호박죽 쑤어 먹는 채소 호박 말고 속에 거미, 전갈 등이 박혀 있는 투명한 광물 호박琥珀의 빛깔이 난다고 해서 '호박금琥珀金'이라고 한다(오늘날에는 대부분의 은을 비철금속을 생산하며 나오는 부산물로 얻는다).

이렇게 은이 함유된 광석을 찾으면 그다음 단계는 무엇일까? 바로 제련이다. 순도 높은 은을 분리해 내는 제련은 질 좋은 은의 생산량을 늘리기 위해 꼭 필요한 기술이다. 은 제련에 대한 기록은 성경에서부터 세계 각 지역의 유적과 기록물에서 다양하게 찾아볼 수 있지만 멀리 갈 필요도 없이 우리나라의 기록만 찾아봐도 충분하다. 조선 시대 우리나라에는 세계적 수준의 은 제련법 '단천연은법端川鍊銀法'이 있었기 때문. 연산군 재위 9년이 되던 1503년 5월 18일 조선왕조실록 연산군일기에는 다음과 같은 기록이 남아 있다.

양인良人 김감불金甘佛과 장례원掌隷院 종 김검동金儉同이, 납鉛鐵으로 은銀을 불리어 바치며 아뢰기를, "납 한 근으로 은 두 돈을 불릴 수 있는데, 납은 우리나라에서 나는 것이니, 은을 넉넉히 쓸 수 있게 되었습니다. 불리는 법은 무쇠 화로나 냄비 안에 매운재를 둘러 놓고 납을 조각조각 끊어서 그 안에 채운 다음 깨어진 질그릇으로 사방을 덮고, 숯을 위아래로 피워 녹입니다"하니, 전교하기를, "시험해 보라"하였다.

조선의 기술자였던 김감불과 김검동은 함경도 단천端川에서 채굴되는 납이 포함된 은을 제련하기 위해 연구를 거듭하고 있었다. 연구 끝에 두 사람은 은과 납의 녹는 점과 끓는 점, 비중의 분리를 이용해 건식제련법의 일종인 단천연은법을 만들어 내는 데 성공했다. 이는 당시 세계 최고의 은 제련법 중 하나로 중국이나 일본, 또는 서양에서 사용하던 제련법에 비해 더 순도 높은 은을 추출할 수 있었다. 실제로 단천연은법 때문에 함경도 단천은 우리나라 최고의 은 광산으로 성장할 수 있었다.

단천연은법은 중국과 일본에 전해져 큰 영향을 끼치기도 했다.[1] 특히 일본에는 역사의 전환점을 마련할 만한 영향을 주었다고 할 수 있다. 16세기 이전 일본에서는 은이 거의 생산되지 않았다. 은 광산이 없었던 것이 아니라 은 광석을 제련할 기술이 없었던 것. 그런데 1533년 조선의 제련 기술이 일본에 전해지면서 일본의 은광이 본격적으로 개발되기 시작했고, 17세기에 이르러 일본의 은 생산량은 전 세계 생산량의 3분의 1을 차지할 정도로 크게 늘어났다.

은 생산의 폭발적인 증가는 활발한 교역으

조선의 은 제련 기술이 일본으로 넘어간 것은 여러 가지 사료를 통해 확인되는 사실이다. 조선왕조실록 중종 34년 8월 10일에 '전주 판관 유서종이 왜노倭奴와 사사로이 통해서, 연철을 많이 사다가 자기 집에서 불려 은으로 만드는가 하면 왜노에게 그 방법을 전습하였으니, 그 죄가 막중합니다. 철저히 조사해 법대로 죄를 정하소서'라는 구절이 나온다. 그리고 일본 에도 시대에 쓰인 『이와미 광산 옛 기록』이라는 책에도 '하이후키법(일본의 은 제련법)은 1533년 지금의 후쿠오카인 하카타의 거상 가미야가 조선 반도로부터 초청한 경수와 종단이란 기술자에 의해 이와미 은 광산에 최초로 도입되었다'라는 구절이 나온다.

로 이어졌다. 당시 은은 국제적인 화폐로 통용되었기 때문에 일본은 막대한 은을 바탕으로 네덜란드와 같은 외국과의 교역을 주도할 수 있었다. 이전까지는 세계 무대에서 고립된 일개 섬나라에 불과했던 일본은 은을 매개로 하여 아시아, 더 나아가 세계 무역 네트워크의 중요한 거점으로 부상하게 된 것이다.

　　다만 비극적인 사실은 일본의 은 생산과 그에 따른 발전이 우리나라를 침략할 발판이 되었다는 점이다. 단천연은법이 일본으로 건너간 지 60여 년이 지난 1592년, 혼란스러웠던 일본을 통일한 도요토미 히데요시는 일본 최대의 은 광산인 이와미 광산에서 생산된 은을 기반으로 조선을 침략해 전쟁을 일으켰다. 바로 임진왜란이다. 7년에 걸친 이 전쟁으로 조선은 국토가 황폐해지고 인구가 큰 폭으로 감소하는 등 엄청난 피해를 입었다. 일본의 야심은 여기서 그치지 않았다. 막대한 은 생산량 덕분에 일본은 아시아의 다른 어떤 국가보다 빠른 속도로 근대 국가로 발전했고, 이는 훗날 제국주의 국가로 팽창하며 중국과 우리나라 등 주변국을 식민지로 삼는 바탕이 된다.

　　물론 일본의 근대화가 은 생산만으로 이루어진 것은 아니다. 서양

「울산성 전투도」 병풍 임진왜란 최대의 승부처였던 13일간(1597년 12월 23일~1598년 1월 4일)의 울산성 전투 장면을 묘사한 그림

의 문물과 근대학문을 발 빠르게 받아들인 점 또한 주요한 원인이었다. 하지만 우리나라에서 건너간 은 제련법이 근대 국가로의 발전에 결정적인 역할을 했다는 점, 이는 확실한 사실이며 35년간 일본의 지배를 받으며 가혹한 식민지 생활을 견뎌야 했던 우리에게 그래서 더욱 비극으로 다가온다.

xxxx

최초의 은이 빛나는 곳

오늘날 대부분의 금속 관련 교재나 자료에서는 고고학적 증거를 바탕으로 인류가 은을 최초로 사용한 시기를 기원전 4000년경으로 추정하고 있다. 그렇다면 금의 최초 사용 시기가 기원전 4800년경이니, 인류의 금속 사용 순서는 '구리→납→금→은' 이렇게 된다. 일부 주장에 따르면 자연은이나 은덩이의 매장량이 금에 비해 훨씬 적기도 하거니와, 금은 노란색인 데 비해 은은 상대적으로 눈에 잘 띄지 않는 흰색이기 때문에 금보다 늦게 사용되었을 것이라고도 한다. 게다가 은은 대체로 다른 금속 광석에 섞여 있어서 제련 과정이 반드시 필요하기에, 자연에서 광석 상태로 존재하는 경우가 많은 금보다 더 늦게 사용되었을 것이라는 주장도 있다.

그런데 터키 대부분을 차지하는 소아시아 전역과 에게 해의 섬에서 청동기 시대로 진입하던 기원전 4000년경에 은을 대량으로 제련했던 흔적이 발견되었다. 방연석이라고 불리는, 납이 섞인 은 광석을 녹인 뒤 그 속에 소나 양 같은 동물의 뼈를 태운 가루를 넣어 납의 산화물을 제거한 후 은을 얻는 방법을 '회취법灰吹法'이라고 하는데 이 방식으로 은을 제련한 후 남겨진 거대한 찌꺼기 더미가 발견된 것이다. 은을 대량으로 제련한 흔적이라면, 이미 은 제련법이 상당히 익숙해진 상황이라는 의미일 터. 아마도 기원전 4000년보다 더 오래전, 이곳 터키에서 멀지 않은 어딘가에 은 제련법을 최초로 개발해 전파한 원조 은 제련 달인의 흔적이 묻혀 있진 않을까. 인류가 최초로 은을 사용한 시기를 더 앞당기기 위한 탐사를 시작해 보자.

고고학자들에게 참으로 은혜로운 땅, 터키는 가히 '인류 문명의 박물관'이다. 앞에서 살펴본 '차탈휘위크'에 이어 이번에 살펴볼 '도무즈테페Domuztepe(터키어로 '돼지 언덕'을 의미한다)'도 터키 남동부에 위치해 있으니 말이다. 압도적인 규모는 아니지만 속이 꽉 찬 이 유적도 고고학자들에게 로또 같은 행운을 안겨 주었다. 1995년부터 2011년까지 이루어진 발굴 조사에 따르면 총 20만 제곱미터 규모의 도무즈테페는 후기 신석기 시대인 기원전 6500~5500년까지 번성했던 취락 지역으로 인구는 약 3000명이었을 거라고 추산된다. 이 정도 규모의 인구가 모여 살았다는 것은 채집과 수렵뿐만 아니라 목축과 농경 문화가 정착되어 식량 생산량이 충분했다는 것을 의미한다.

실제로 도무즈테페에서는 사슴, 곰, 표범과 같은 야생동물과 소,

●
터키 도무즈테페 유적의 위치

돼지, 양, 염소와 같은 가축을 포함해 20여 종에 달하는 동물 뼈가 함께 발견되었다. 원시 밀 종류와 보리, 요즘 '슈퍼푸드'로 각광받고 있는 렌즈콩과 아마 씨앗, 완두콩, 아몬드, 무화과, 피스타치오, 자두, 체리도 재배되었다고 하니, 종류별로 접시에 담아 두면 최신 유행하는 연예인 다이어트 식단으로 보일지도 모르겠다. 그런데 이곳에 상상도 못 할 반전 메뉴가 있었다. 혹시 지금 맛있게 식사 중이시라면 책을 잠시 덮어 두시길.

1997년부터 2003년 사이, 도무즈테페에서는 내용물이 복잡 다양한 집단 매장의 흔적이 발굴되었다. '죽음 구덩이'라고 불리는 이 매장지는 여러 층이 몇 주간에 걸쳐 쌓인 것으로 보였는데 가장 밑에는 주로 동물 뼈가 층을 이루고 있었다. 아마 큰 축제를 열어 고기를 맛있게 즐긴 후 분리수거하듯 모아서 묻은 것 같았다. 그리고 그 위층에는 동물뿐만 아니라 최대 40구 정도 되는 사람의 유골이 흩어져 있었다. 그런데 좀 이상했다. 유골의 몸통 부분이 모두 심하게 깨져 있었다. 누군가 일부러 내려친 듯이.

캘리포니아대학의 고인류학자인 팀 화이트 교수에 따르면 이곳에서는 아마도 식인 축제가 행해진 것 같다고 한다. 식인 풍습은 구석기 시대가 시작되기 이전부터 인간 사회에서 일반적이었다고 하니 놀라운 일은 아니라는 것. 다이어트 식단이고 뭐고 입맛은 싹 가셨지만, 과연 축구장 100만 개 만큼이나 넓은 냉철함으로 인간의 고대 풍습을 사실 그대로 인정한 '학자'다운 시각이다. 때때로 21세기를 살아감에도 불구하고 '인육 캡슐'이 유통되고 있다는 뉴스를 듣곤 하는데 과거 시대로의 회귀인지 참으로 어리석고도 끔찍한 현상이다.

도무즈테페에서 발굴된 유물의 수는 모두 76만 3187점이나 된다. 동물 뼈 1만 5156점, 인간 뼈 3688점, 작은 조각 유물 2949점 등이다. 이 유물들 중에 우리가 찾던 것도 있었다. 바로 은으로 만든 비드다. 1999년 9월 7일 발

● 도무즈테페에서 발굴된 인류 최초의 은 비드

견된 이 은 비드는 기원전 5000년경에 제작되었는데 자연은을 재료로 하며 열처리에 단금ǀ 과정까지 거친 것으로 보인다. 당시로서는 분명 최첨단 기술이었으리라. 이 놀라운 유물이 만약 단독으로 사용되었다면 펜던트가 되었을 것이고, 여러 개로 사용되었다면 끈으로 엮어서 목걸이나 팔찌 같은 장신구가 되었을 것이다.

이 은 비드의 무게는 고작 0.4그램으로 겨우 티백 한 개 정도의 무게에 불과하지만 인류의 금속 연대기를 새로 쓰게 만들었다. 이 유물 덕분에 인류가 최초로 은을 사용한 시점이 기존에 알려진 기록보다 1000년 이상 앞당겨졌기 때문이다. 고고학자들이 바로 이런 때 쾌감을 느끼는 것이 아닐까. 인류의 세 번째 금속은 금이 아니라 은이라는 것이 명확해지는 순간이다.

ǀ 단금鍛金과 야금冶金은 비슷해 보이는 단어지만 뜻은 완전히 다르다. 단금이란 금속을 두드려서 원하는 형태로 만드는 가공 방법으로 주로 철에 많이 사용되는 방법이다. 그리고 야금이란 광석에서 금속을 골라내고 불순물을 솎아 내는 일을 말한다. 야금 과정이 선행되어야 단금 과정으로 들어갈 수 있다는 사실! 두 단어는 앞으로도 지속해서 등장할 예정이니 꼭 기억하도록 하자.

×××××

사람을 살리는 금속

2장에서 이야기한 납은 인체에 치명적인 피해를 끼치며 사람을 저승 길로 안내하는 금속이었다. 그런데 납과 반대로 은은 고대부터 의학적 으로 활용되며 이승의 끈을 길게 늘여 주었다는 사실을 알고 계신지.

인류 역사상 가장 유명한 의사이자 의학의 대명사인 히포크라테 스Hippocrates, B.C. 460~B.C. 377?는 은이 질병을 치료하고 예방하는 성질을 가 지고 있다고 기록했다. 또한, '역사의 아버지'라 불리는 헤로도토스 Herodotos, B.C. 484?~B.C. 435?와 로마의 박물학자 대★플리니우스Pliny the Elder, 23~79 그리고 독일의 역사가인 아그리콜라Agricola, 1494~1555는 공통으로 '고대 이집트에서 상처에 은판을 덮어 치료했다'는 기록을 남겼다.

오늘날의 시리아 지역에 있었던 고대 도시 페니키아에서는 물, 포 도주, 식초를 은제 용기에 보관해 부패하는 것을 막았다. 이는 은 특 유의 강력한 항균력을 활용한 것이다. 은의 이러한 성질은 중세에 재 발견되어 음식과 물이 부패하지 않도록 저장하고, 화상이나 상처를 치료하는 데 널리 사용되었다. 실제로 18세기 후반, 선원들 사이에서 는 은화를 넣은 물이 그렇지 않은 물에 비해 신선도가 훨씬 오랫동안 유지된다는 사실이 유용한 상식으로 통했다. 또 미국 서부 개척 시대 (1860~1890년)에는 우유를 신선하게 유지하기 위해 우유 통에 은화를 집어넣기도 했다. 1920년 미국식품의약국(FDA)은 항균제로 은 용액 을 사용하는 것을 허가할 정도로 은의 항균력을 높이 평가했다.

19세기 과학의 발전과 더불어 은의 의학적 효능이 체계적으로 입증되기 시작했다. 은판 위에 각종 세균을 올려놓았더니 신경마비를 일으킬 수 있는 디프테리아균은 3일 만에 죽었고 식중독의 주요 범인 중 하나인 포도상구균은 2일, 전신을 쇠약하게 만드는 장티푸스균은 18시간 만에 죽는 것으로 확인되었다. 여기서 세균의 이름을 모두 다 언급하지 못해 아쉽지만 실제로 은은 650가지 이상의 세균을 죽일 수 있다.

이게 어떻게 가능한 것일까? 은에서 발생한 이온은 세균의 세포 벽 안에 들어가 세포막을 손상시킨다. 또 세균의 단백질 성분에 변화를 일으켜 세포의 활성화를 막는다. 이 과정에서 결국 세포는 파괴되고 만다. 다만 은은 어디까지나 항균제다.[*] 세포 분열을 하는 세균에게만 통할 뿐, 애초에 세포벽이 없는 바이러스는 무찌를 수 없다.

그렇다면 최근 인기를 끌고 있는 은나노 제품이 광고에서처럼 감기를 예방할 수 있을까. 정답은 '아니오'다. 감기는 세균이 아니라 바이러스가 원인이기 때문이다. 안타깝게도 감기 바이러스는 아직 우리 인류가 완전히 정복하지 못한 관계로 시중의 어떠한 약도 소용이 없으니 감기에 걸렸을 땐 일단 바이러스와 열심히 싸우고 있는 자신의 면역 체계를 응원해 주는 길이 최선이다. 은나노 제품을 감기 예방 목적으로 사용해 보았자 이득을 보는 쪽은 감기 바이러스와 제품 판매업자 둘뿐이다.

[*] 널리 사용하는 단어인 '항생제'라고 기술하려니 왠지 은장도로 허벅지를 콕콕 찌르는 심정이 들어 굳이 더 정확한 단어인 '항균제抗菌劑(페니실린과 같이 세균성 질병의 치료에 쓰이는 약제)'라고 기술하였음을 밝힌다. 자신의 생업이 의학이나 약학과 관련 없는 한, 두 단어를 정확한 구분 없이 써도 무관하겠지만 엄격한 의미에서 '항생제抗生劑'는 '미생물(세균, 바이러스, 곰팡이균, 리케차, 원생동물)에서 얻은 물질 중 다른 특정 미생물의 성장이나 생존을 막을 수 있는 물질'을 의미하므로 세균만 죽이는 은의 역할을 의미하는 단어로 사용하기에는 정확한 표현이라고 할 수 없다. 참고로, 항균제는 일반의약품이어서 약국에서 쉽게 구할 수 있지만 항생제는 전문의약품이므로 의사의 처방전이 반드시 필요하다.

×××××

왕 숟가락, 은 숟가락

서양에서는 고대부터 일찌감치 인정받은 은의 의학적 효능. 그렇다면 우리나라에서는 어땠을까? 우리나라에서도 예부터 은의 효능을 알고 있었을까?

물론 알고 있었다. 조선 시대 왕이 사용했던 식기는 대부분은 은 아니면 도자기로 된 식기였다. 특히 사람의 입이 가장 많이 닿는 식기 인 수저는 항상 '은'으로 만든 은수저를 썼다. 음식에 독이 들어갔는지 를 감별할 수 있는 은수저의 능력을 알고 있었기 때문. 나쁜 세균을 막 아 주는 능력뿐 아니라 독을 감별하는 능력까지 갖춘 '금속계의 나이 팅게일'이라는 별명에 딱 맞는 활약이다.

사극의 명대사인 "죄인은 사약을 들라!"와 함께 등장하는 흰 사발 속 독약의 주재료는 바로 비소와 황을 섞어 만든 독극물 '비상'이다. 동 서양을 막론하고 예부터 사용되어 온 극약 중의 극약. 그런데 비상은 은이 닿으면 즉각 화학 반응을 일으켜 검은 황화은이 발생한다. 그리 고 검은 황화은은 즉시 은수저에 다닥다닥 붙어 수저의 색을 검게 만 든다. 이 때문에 예부터 은수저가 독을 감별하는 도구로 불렸던 것. 그 러니 "은은 독에 반응한다"는 것이 오늘날까지 상식으로 통하고 있다.

하지만 650여 가지의 세균을 막아 내며 강한 항균력을 보여 주는 것과는 다르게 독을 감별하는 은의 능력은 그다지 탁월하지 않다. 정 확히 이야기하자면 "은은 독성 물질인 황화합물과 반응한다"라고 해 야 빈틈없이 안전한 상식이 된다. 왜냐하면 황화합물과 상관없는 독도 많기 때문이다. 예를 들어 가끔 독극물 살해 사건에 등장하는 청산가리(사이안화칼륨) 같은 경우는 황화합물이 아니므로 은수저를 담가서 아무리 휘저어도 색이 변하지 않는다. 또 은수저를 맹신하시는 어르신 중에 산에서 야생 버섯을 채취한 후 독성을 판별한다며 버섯을 데쳐 낸 물에 은수저를 담갔다가 색이 변하지 않으면 "OK!" 하고 맛있게 드시는 경우가 있는데 은은 독버섯의 독에는 반응하지 않으니 자칫 독버섯 중독으로 사망에까지 이를 수 있다.

서양에서도 은의 독소 반응, 살균 작용과 같은 특성은 잘 알려졌기에 은은 식기의 재료로 두루두루 쓰였다. 물론 은 제품의 가격이 비싸다 보니 주로 부유층에서 사용했지만.

이와 관련한 흥미로운 사실 한 가지. 우리나라에서 언제부터인가 자주 사용되고 있는 '은수저(금수저)를 입에 물고 태어나다'라는 표현이 있다. 이 말은 본래 'Born with a silver spoon in one's mouth'라는 영어 관용구에서 유래한 것으로 '유복한 가정에서 태어나다'라는 뜻이다. 그런데 여기서 사용되는 'silver spoon(은수저)'이라는 표현은 언제부터,

동양의 은식기(위), 서양의 은식기(아래)

누구에 의해 쓰인 것일까.

지금으로부터 약 300년 전인 1719년, 영국의 소설가이자 극작가이며 번역가였던 피터 안소니 모[Peter Anthony Motteux, 1663~1718]가 영어로 번역한 스페인어 소설에서 그 출처를 찾을 수 있다. 소설에 등장하는 'silver spoon'과 관련된 표현은 아래와 같다.

> "엄마, 테레사, 반짝인다고 해서 다 금은 아니잖아. 모든 사람들이 입에 은수저를 물고 태어나진 않았어"라고 산초가 말했다.

눈치가 빠르다면 '스페인 소설'과 '산초'라는 이름으로 벌써 소설의 제목을 알아냈을지도 모르겠다. 이 소설의 원작은 17세기 초에 스페인 작가 세르반테스[Miguel de Cervantes Saavedra, 1547~1616]가 쓴 그의 걸작 『돈키호테』다.▮

그런데 이 시기 우리나라에도 유명한 소설이 하나 탄생했다. 서자庶子로 태어나 '호부호형呼父呼兄'하지 못한 주인공 '길동'의 이야기를 담은 최초의 한글 소설 『홍길동전』이 바로 그것이다. 따라서 '은수저를 물고 태어나다'라는 영어 표현과 '아버지를 아버지라 부르지 못하고'라는 우리말 표현은 비슷한 시기에 등장했다는 사실. 어딘지 의미심장하지 않은가.

▮ 소설 『돈키호테』의 산초 판사는 돈키호테의 꼬임에 빠져 주종관계를 맺고 늘 함께 다니게 된 시골 출신 종자從者다. 이상적인 성격의 돈키호테와 대조되는 현실적인 성격의 인물이어서 돈키호테와 충돌하는 장면을 연출하는 등 소설 속에서 감초 역할을 톡톡히 하는 중요 인물이다.

xxxx
우리 곁의 다양한 은

인류 역사의 세 번째 금속 은은 구리나 금과 같이 전성과 연성, 내식성(부식에 강한 성질)이 우수하다. 실제로 은은 모든 금속 중에서 금 다음으로 전성과 연성이 좋다. 망치 하나를 들고 은 1그램을 원 없이 두들기면 최고 0.000025센티미터까지 얇게 만들 수 있을 정도다. 오늘날에는 은의 30퍼센트만 장신구, 화폐 등 전통적인 용도로 사용하고 나머지는 산업용으로 사용하는데 그 용도는 사진, 전기, 전자, 화학, 금속, 의료 등 아주 다양하다.

사진의 경우, 필름을 현상하기 위해서는 아주 미량의 은이 필수적으로 사용된다. 이 때문에 1998년까지만 해도 사진 분야에 사용된 은의 양이 전체 은 소비량의 31퍼센트를 차지했다. 하지만 디지털카메라의 등장으로 2010년에는 7퍼센트로 낮아졌고 앞으로도 계속 줄어들 전망이다. 사진과 달리 전자 공업에서는 은이 여전히 필수적으로 활용되고 있다. 순은은 상온에서 열전도율과 전기전도율이 금속 중 가장 높아서 금의 약 1.5배이고, 일반 전선에 많이 사용하는 구리의 1.05배다. 그래서 아주 정교한 기계 장치에는 조금 비싸도 은으로 만든 전선을 사용한다. 이 외에 은은 인쇄 회로 기판, 축전기 등 전자 부품의 전도체, 건전지 재료 등으로도 쓰이고 있다.

잠깐! 지금 은을 얻기 위해 집에 있는 건전지를 해체하려고 한 분이 계시다면 당장 멈추시라. 은으로 만든 산화은 건전지의 경우 무게당 에너지 밀도가 높고 장시간 사용이 가능한 만큼 가격이 비싸기에

역사의 모든 곳에서 빛나다 | **97**

보청기나 시계처럼 오래 지속되어야 하는 제품에만 주로 들어간다. 우리가 흔히 접하는 일회용 건전지와는 가격부터 모양, 용도까지 모두 다르다. 그러니 집에 있는 일회용 건전지를 분해해 볼 생각은 애초에 하지 마시길.

장신구, 화폐, 식기, 치료제, 산업 자재 등 손꼽을 수 없을 정도로 다양한 목적으로 활용되었고 지금도 널리 활용되고 있는 은. 금과 함께 귀금속으로 사랑받으면서도 산업 전반에 걸쳐 훨씬 폭넓게 사용되고 있으니 그야말로 금속계의 팔방미인이라 할 수 있다. 은의 역사를 살펴보면 이집트 파라오부터 질병에 걸린 환자에 이르기까지 높고 낮음 없이 여러 영역에 걸친 세계사를 두루 알 수 있다. 이 또한 은의 쓰임이라고 볼 수 있을 테니, 이토록 광범위한 쓰임을 가진 금속이 또 있을까. 앞으로도 은이 우리 삶 속에 어떻게 녹아들지, 귀추가 주목되는 바이다.

은 Ag ^{47}

분포	지각 내 0.079ppm가량 매장되어 있는 희귀한 원소다.
발견 시기	기원전 5000년경
결정 구조	면심입방구조

녹는점	961.78℃
끓는점	2162℃
표준 원자량	107.8682g/mol
광석	휘은석(Ag_2S) 중 순수한 것은 87.1퍼센트의 은을 함유하며, 취은석($Ag_2S \cdot Sb_2S_3$) 중 순수한 것은 68.5퍼센트의 은을 함유한다. 은은 금속 상으로는 금과 합금 상태로만 산출되며 그 밖에 납·구리·아연 등의 광물에 함유될 때가 많다.
용도	금융 투자 목적, 화폐 주조, 보석, 장신구, 귀금속, 공예 장식품, 치아 보철, 은도금, 의약품 등에 이용된다. 열 및 전기전도율이 금속 중 가장 높기 때문에 매우 정교한 기계 장치에도 은 전선을 사용한다.
모스 경도	2.5

귀금속인 은은 어떻게 합금하느냐에 따라 여러 가지 명칭으로 불린다. 전체 중량 중 은이 95.84퍼센트 이상인 합금은 '브리타니아 실버', 은이 95퍼센트이고 동이 5퍼센트인 합금은 멕시칸 실버, 적어도 92.5퍼센트의 은이 포함된 합금은 스털링 실버, 90퍼센트의 은과 10퍼센트의 구리가 섞인 합금은 코인 실버다. 은은 변색이 잘되는 금속으로도 유명한데 변색의 원인은 공기 중에 있는 유황 가스 때문이다. 황과 반응을 잘하는 은의 특성상 공기 중에 미량의 황이 있어도 화학반응을 일으켜 색이 변하는 것. 유황온천 같은 곳에 은을 넣으면 색이 진보라색으로 변하기도 하니, 은 제품을 오래 쓸 생각이라면 주의하도록 하자.

올 여름 안으로 금을 보내 준다면
당신(아멘호테프 3세)과의 결혼을 위해
제 딸을 드리겠소이다. (중략)
당신 땅에서 금은 먼지와 같지 않습니까.

_ 아마르나 19번 서신 중

4장

Gold

B.C. 4700년경

금

××××

부   를
빛 내 고
명 예 를
드 높 이 다

금 이라는 말에는 여러 뜻이 있다. 우선 금속 중 하나, 우리가 흔히 알고 있는 누런빛의 황금이 가장 대표적이다. 또한 '금속金屬'이라는 말에서 알 수 있듯이, 광물에서 나오는 여러 쇠붙이 전체를 총칭하기도 한다. 오랫동안 금이 화폐금속으로 사용되었기에 돈, 화폐라는 뜻도 가지고 있어서 수표를 보면 금액의 가장 앞부분에 '금일십만원정'과 같이 '금'이라는 말이 적혀 있기도 하다. 그렇다면 금을 뜻하는 한자 '金'은 어떻게 탄생했을까? 크게 두 가지 설이 있다. 두 개의 쇳덩이와 이를 녹이는 도가니의 모습에서 탄생한 상형문자라는 설, 그리고 '금'이라 발음되는 한자 '今'과 '흙土 속에 두 개의 점으로 표현되는 광물을 담고 있다'는 뜻이 합해져 만들어진 형성문자라는 설이다. 그렇다면 영어에서는 어떨까? 금을 나타내는 영어 'gold'는 '노란색', '빛나는', '반짝거리는' 등을 뜻하는 인도-유럽어족의 공통 조어 'ghel —'이 게르만 조어 'gulþą'로 변하며 고대 영어에 영향을 끼쳐 만들어진 단어다. 또한 금을 뜻하는 원소기호 Au는 빛나는 돌(금)을 뜻하는 라틴어 'aurum'에서 기원한 것인데 이 단어도 '빛나는 새벽'을 뜻하는 'aurora(오로라)'에서 유래했다고 하니, 금의 반짝임은 예나 지금이나 변함이 없는 듯하다.

스마우그의 황금 산

외로운 산 아래 자리 잡은 장인 종족 난쟁이들의 왕국 에레보르. 그곳은 황금 광맥이 강물처럼 흐르고, 바위틈 곳곳에 보석이 박혀 있는 부유하고 아름다운 나라다. 그러나 평화도 잠시, 거대하고 탐욕스러운 화룡(fire dragon) 스마우그가 왕국을 공격한다. 스마우그의 강력한 힘을 이기지 못한 난쟁이들은 나라를 빼앗기고 뿔뿔이 흩어진다. 그들은 과연 보물을 차지한 채 눌러앉은 스마우그를 물리치고 나라를 되찾을 수 있을까?

보고만 있어도 절로 배부를 정도로 금덩이가 엄청나게 쌓여 있는 모습을 상상해 본 적 있는가. 2013년에 개봉한 판타지 영화 「호빗: 스마우그의 폐허」에는 상상 이상으로 어마어마한 양의 금이 등장한다. 영화에 등장하는 화룡 스마우그는 우리 인간 못지않게 금과 보석에 대한 집착이 광적이라 난쟁이들을 내쫓고 에레보르 성의 막대한 황금을 차지하는데, 이 성 안에 쌓여 있는 금은 그야말로 '금의 산'이라 불릴 만한 규모. 컴퓨터 그래픽으로 만들어 낸 영상이라는 것을 뻔히 알면서도 두 눈이 휘둥그레진다.

그렇다면 에레보르 성 안의 금을 다 합치면 과연 얼마나 될까. 괴짜 같은 호기심이지만 진짜 계산을 해 본 사람이 있다. 미국 사우스이스턴 루이지애나대학의 물리학과 교수인 레트 알랭Rhett Allain이 그 주인공이다. 레트 알랭 교수는 스마우그가 등장하는 장면에 자주 나오는 주인공, 호빗을 기준으로 '금의 산'의 규모를 추측했는데 미국의 월간지 《와이어드》의 블로그를 통해 밝힌 추정량은 자그마치 2690톤!■ 얼마나 많은 양인지 실감이 나지 않는 사람들을 위해 가장 확실한 예를 들어 보겠다. 지금 당장 이 금을 모두 팔아 버리면 얼마를 받을 수 있을까. 2015년 1월 30일 기준으로 금 시세는 1킬로그램당 4435만 5380원이다. 이를 레트 알랭 교수가 계산한 2690톤에 적용하면 에레보르 성 안의 금은 119조 3159억 7220만 원에 달한다. 우리나라 2015년 한 해 국가 예산이 375.4조라고 하니, 스마우그는 우리나라 국가 예산의 3분의 1에 달하는 금을 깔고 앉아 있는 것이다. 정말 어마어마한 양이다.

그곳에선 금이 마치 먼지 같더라

지금으로부터 3500여 년 전, 「호빗」에 나오는 에레보르처럼 엄청난 금을 보유한 것으로 유명한 나라가 있었다. 채굴 기술의 차이가 있기에 황금의 양을 동일한 기준으로 비교하긴 힘들지만 당시 주변 국가에 '금이 먼지처럼 많이 있는 나라'라고까지 알려진 곳이었다. 황금 하면 가장 먼저 떠오르는 고대 국가인 이곳은 어디일까.

과거 이 질문에 "엘도라도요!"라는 꽤 용기 있는 답변을 들은 적이 있다. 하지만 엘도라도가 '금가루를 바른 사람', '황금의 나라'라는 의미로 유명해졌긴 해도, 실제로는 아직 실체가 밝혀지지 않은 전설 속 장소일 뿐이다. 그러니 제외하도록.

이렇게 엘도라도를 제외한다면, 아마 앞선 질문에 대부분의 독자들은 고대 이집트를 떠올렸으리라. 텔레비전, 영화, 서적, 전시회를 통해 온갖 종류의 장신구며 마스크 등 고대 이집트의 황금 유물을 자주 접해 왔기 때문일 것이다. 이미 앞에서도 은을 이야기하며 투탕카멘의 무덤 안에서 나온 황금 유물들을 다루지 않았던가. 고대 이집트인들은 금이 태양과 관련된 신성하고 불멸하는 금속이라고 생각했다. 그들은 파라오를 '황금 호루스(태양의 신)'라고 칭했고 신들의 피부가 황금으로 되어 있다고 믿었다.

실제로 고대 이집트는 금 생산의 중심지였으며 매장량이 상당했다. 1887년, 이집트의 카이로 남쪽 약 300킬로미터 지점의 텔 엘아마르나Tell el-Amarna에서 발견된 380여 개의 고대 외교문서에 그 기록이 남아 있다. 지역명을 본떠 '아마르나 서신Amarna letters'으로 알려진 이 유물은 상당수가 유럽으로 옮겨져, 현재 베를린국립미술관의 고대 중동 전시관에 200개, 대영박물관에 80개, 옥스퍼드대학에 20개가 소장되어 있다.

아마르나 서신의 생김새는 요즘의 태블릿 컴퓨터를 떠올리게 한다. 종이가 아니라 점토를 이겨서 그 위에 글을 쓰고 햇볕에 말린 점토판 문서라서 그렇다. 각각의 서신마다 질서 있게 번호가 매겨져 있는데 1번부터 14번까지 14개 서신은 바빌로니아 왕과 이집트 파라오 사이에 오간 것이다. 그중 3번 서신에 적힌 내용이 무엇인지 살펴보자. 바빌로니아 왕 카다쉬만 엔릴 1세Kadashman Enlil I, B.C. ?~ B.C. 1360가 이집트 제18왕조 제9대 파라오 아멘호테프 3세Amenhotep III, B.C. 1401~B.C. 1349에게 보낸 서신으로, 다음과 같은 말이 쓰여 있었다.

> 최대한 많은 양의 금을 이번 여름이 끝나기 전에 신속히 보내 주십시오. 제가 추진 중인 건물 프로젝트를 완료할 수 있도록 말입니다. 올 여름 안으로 금을 보내 준다면 당신과의 결혼을 위해 제 딸을 드리겠소이다. (중략) 당신 땅에서 금은 먼지와 같지 않습니까.

바빌로니아 왕이 파라오에게 자신의 딸과 이집트의 금을 교환하자고 제안하는 내용이다. 이집트에 금이 얼마나 많아 보였기에 모래도 아닌 '먼지'로 묘사했을까.

그런데 바빌로니아 왕에게만 이집트가 금 부자로 보였던 것이 아니었나 보다. 19번 서신에는 기원전 1300년경 미탄니 왕국의 왕 투슈라타^{Tushratta, B.C. ?~B.C. 1350}가 아멘호테프 3세에게 금을 요구하는 내용이 나온다. 이 서신을 이루고 있는 총 13개의 문단 안에 금과 관련된 단어가 21번이나 등장한다. 전체적인 내용도 바빌로니아의 왕 카다쉬만 엔릴 1세가 보낸 서신과 유사해서, 투슈라타는 자신의 딸 타두기파를 아멘호테프 3세와 결혼시키고 금을 받겠다고 제안한다. 아멘호테프 3세가 그 제안을 받아들여 예비신부 타두기파는 이집트에 가게 되었다. 그런데 도착해 보니 예비신랑 아멘호테프 3세는 이미 저승으로 떠나 버린 것이 아닌가. 결국 타두기파는 아멘호테프 3세 대신 그의 아들 아멘호테프 4세와 결혼식을 올렸다.

또 바빌로니아의 왕 부르나부리아스 1세^{Burnaburiash I, B.C. 15C}가 아멘호테프 4세^{Amenhotep IV, B.C. 1379~B.C. 1362}와 주고받은 7번 서신과 9번 서신도 비슷한 내용이다. 부르나부리아스 1세 역시 자신의 딸을 줄 테니 금을 달라고 집요하게 요청한다.

이처럼 이집트 주변국의 왕들은 이집트로부터 금을 얻어 내기 위해 기꺼이 자신들의 딸을 이집트에 시집보냈다. '금쪽같은 딸'이 맞는 건지 '딸같이 귀한 금쪽'이 맞는 건지, 아무튼 이집트의 황금

아마르나 19번 서신 미탄니의 왕 투슈라타가 아멘호테프 3세에게 금을 보내 달라는 내용이 주를 이루고 있다.

이집트 동부 사막 지역의
고대 금광(☆) 위치(지금의
이집트 지도 기준)

보따리에 침 흘리는 왕들은 한둘이 아니었다.

이집트가 꿰찬 황금 보따리가 어느 정도였느냐 하면, 이집트 동부 사막을 끼고 있는 누비아 지역에 집중된 이집트의 금 광산은 그 규모부터가 대단했다. 나일 강 상류에서 시작해 제1폭포를 지나 현재 수단 북동부에 있는 제4폭포에 이르는 지역까지 약 250개의 금 광산이 펼쳐져 있었다. 누비아 지역의 연간 금 생산량은 1톤가량이었다. 요즘이라면 "허, 그렇게 넓은 데서 1톤쯤이야"라고 콧방귀 뀔지도 모르겠지만 그 당시 광부들의 손에 쥐어진 최신 장비라고는 돌망치, 돌쟁기뿐이었다. 열악한 채광 장비와 기술 수준을 감안할 때 1톤은 적지 않은 양이다. 더구나 금의 순도도 17~23.5K로 꽤 높은 편이었다.

참고할 사실 한 가지 더. 앞선 3장에서 이야기한 대로 투탕카멘은 권력이 크지 않았던 탓에 거의 도굴되지 않은 무덤을 후세에게 전해 줄 수 있었다. 그런 투탕카멘의 무덤에서 출토된 금의 양은 관 하나에서만 100킬로그램이 넘는 정도. 그렇다면 투탕카멘과 비교할 수 없이 막강한 권력을 누렸던 파라오들의 무덤이 도굴되지 않고 온전한 모습으로 발굴되었다면 어땠을까? 아마 무덤 내부가 황금 유물로 가득 차 있었을지도 모른다. 파라오의 무덤을 바빌로니아 왕이 봤더라면 분명이렇게 소리치지 않았을까.

"보시오, 내가 분명히 이집트엔 황금이 먼지 같이 쌓여 있을 거라고 장담하지 않았소!"

×××××

바르나의 무덤 43호

여기 바빌로니아 왕이 부러워할 만한 사람이 또 있다. 다름 아닌 '무덤 43호'를 차지하고 누워 있던 어느 고대 불가리아인이다. 그는 바빌로니아 왕보다 훨씬 앞선 3000년 전에 인류 최초로 금을 사용하였으며, 온갖 금 장신구를 다 만들어 전신을 치장한 것은 물론이거니와 은밀한 그곳까지 둘러싼 채 저승길에 올랐던 사람이다.

1972년 10월, 불가리아 동부 흑해에 인접한 항구도시 바르나^{Varna}

에서 전선을 지하에 묻으려고 열심히 땅을 파던 굴삭기 기사에 의해 우연히 거대 유적지가 발견되었다. 그곳은 고대 집단 매장지, 즉 고대 판 공동묘지였다. 1972년 발견 즉시 시작된 발굴은 20여 년이나 이어져 1991년에야 마무리되었는데, 그럼에도 그 규모가 워낙 방대해서 여전히 30퍼센트는 미발굴 상태로 남아 있다.

'바르나 문명Varna Civilization' 또는 '바르나 네크로폴리스Varna Necropolis' 라고 이름 붙여진 이곳에서는 총 294개의 무덤이 발굴되었고 석기, 토기, 비드, 조개껍질 등 2만 5000여 점의 유물이 출토되었다. 정교하게 만든 부싯돌, 거울로 사용되었던 흑요석, 각종 도구 등의 날(칼날)도 눈에 띄었지만 그중에서도 가장 눈길을 사로잡은 것은 고대의 유물이라고 하기에는 놀라우리만치 복잡한 야금 과정을 거친 금과 구리 그릇이었다. 이 그릇은 장례를 치를 때 죽은 이와 영원히 함께하도록 땅속에 같이 묻는 부장품으로 바르나 유적지에서 나온 순금 부장품은 무려 3000여 점, 총 6킬로그램에 달했다.

특히 무덤 43호에서는 당시 아주 부유했던 것으로 보이는 패셔니스타의 유골이 발견되었는데 목에는 금목걸이, 팔에는 금팔찌, 귀에는 금귀고리를 하고 있었고 손에는 금 손잡이로 된 도끼를 쥐고 있었으며 유골 주변에는 크고 작은 둥글넓적한 금 장식품 수십 개가 나란히 놓여 있었다. 이 유골은 키 170센티미터가량의 남성이었던 것으로 보인다. 그가 남성이었다는 결정적인 증거가 있으니, 음경을 둘러싸는 용도였다고 추측할 수밖에 없는 금으로 만든 싸개가 그 자리에 놓여 있었기 때문.

이 외에도 함께 발견된 부장품을 모두 합한 수는 무려 990여 개에 달했고 여기서 금으로 된 유물은 총 1,516킬로그램이었다. 동시대 전 세계의 모든 유적지에서 발견된 금의 전체 양보다도 더 많은 금이 '무덤 43호'의 주인공, 당대 최고의 패션 리더와 함께 매장되어 있었던 것이다. 장신구들의 면면을 살펴보면 세공 수준이 현대의 기술에 버금갈 정도로 뛰어나서 당시에 이미 금을 다루는 기술이 상당히 발전되어 있었음을 알 수 있다. 그의 취향을 절대 낮게 평가할 수 없는 이유다.

2004년 방사성탄소연대측정법을 실시한 결과 바르나 유적지의 생성 시기는 기원전 4800~4200년으로 밝혀졌다. 바르나 문명은 잘 알려진 세계 4대 문명보다도 더 이전에, 특히 4대 문명 중 가장 빠른

•
불가리아 바르나 유적의 위치

바르나 유적지에서 출토된 인류 최초의 금장식 유물들(위),
금 장신구에 둘러싸인 무덤 43호의 유골(아래)

메소포타미아 문명보다 수백 년도 더
전에 형성된 새로운 문명인 것으로 밝
혀졌다. 세계 4대 문명 외에도 다른 고
대 문명들이 여러 시대에 걸쳐 흥망성
쇠를 이어 왔다는 일부 고고학자들의 주장을 뒷받침할 수 있는 결정
적인 증거인 것이다. 이 사실은 금이 기존에 알려진 것보다도 훨씬 더
일찍부터 사용되어 인류의 네 번째 금속으로 자리매김했다는 의미이
기도 하다. 현재 바르나 유적지는 유럽의 금석병용 문명의 발상지로
인정받고 있다.

지금까지 살펴본 구리, 납, 은 그리고 금이 인류의 최초의 금속이 될 수 있었던 공통된 이유는 간단명료하다. 내식성, 전성, 연성 중 적어도 하나 이상씩은 괜찮은 부분이 있었기 때문이다. 다른 금속들에 비해 내식성이 좋아서 공기나 수분에 의해 잘 부식되지 않았거나, 전성이나 연성이 좋은 덕분에 가공하기가 쉬웠던 것. 반면 너무 잘 펴지고 잘 늘어나다 보니 생활용품이나 무기의 재료로는 빵점이었다. 때문에 고대 사회에서 이 금속들은 대부분 장신구로밖에 활용되지 못했다.

만약 바르나 문명에서 금붙이가 밥그릇이나 무기로도 유용하게 쓰일 수 있었다면? 아마 무덤 43호의 주인은 그 많은 금을 모조리 장신구로만 만들기에 눈치가 보였을지도 모르겠다.

xxxxx

강물에서 금을 주운 황금의 나라

만약 길에서 주인 없는 금을 줍는다면 얼마나 횡재겠는가! 실제로 이런 행운을 맛보기 위해 취미 삼아 금을 찾으러 전국을 누비는 사람들이 조금씩 늘고 있다고 한다. 오로지 재수만 믿고 휘뚜루마뚜루 길을 휘젓고 다니는 것이 아니라, 금에 대한 기본적인 지식을 갖춘 후 금광으로 이름을 떨쳤던 지역이나 그 부근에 가서 금 채취를 시작하는 것이다. 간단한 도구는 물론, 저려 오는 다리와 뻣뻣해지는 허리를 과감히 무시할 수 있는 인내와, 직감적으로 금의 부르심을 받는 행운도 필수다. 금을 찾기 위해 만반의 준비가 된 이들은 개울가에 쭈그리고 앉은 채 커다란 세숫대야나 빨래판을 들고 물을 요리조리 빙글빙글 흔들어 보면서 금의 조그만 반짝임을 찾기 위해 레이저 눈빛을 쏜다.

이들이 채취하고 있는 금은 '사금沙金'으로, 금광석이 풍화 침식되어 강가나 물 밑의 모래와 자갈에 섞여 있는 것이다. 금은 모래보다 밀도가 커서 밑에 가라앉게 되므로 위에 있는 모래가 물에 쓸려 나가고 나면 남아 있는 금 알갱이를 건질 수 있다. 그런데 이렇게 얻는 사금은 대부분 순금이 아니라 보통 6~10퍼센트의 은이 포함된, 금과 은의 합금이라는 사실.

이런 금 알갱이들을 모아서 언제 큰 부자가 되겠냐며 투덜거리거나, 사금 채취는 외국에서나 할 수 있는 일 아니냐고 볼멘소리를 내는 분들을 위해 놀라운 사실을 한 가지 알려 드리겠다. 사금 채취를 통해 '황금의 나라'라고 불릴 정도로 엄청난 금 제품을 생산한 나라가 있었고, 그 나라가 바로 이 땅에 존재했다는 사실! 바로 2000년 전 경주를 수도로 삼고 세워진 나라, 신라다.

신라는 한반도의 끝자락에 자리 잡았던 고대의 왕국으로 오늘날 우리에게 불국사와 거대한 무덤들(대릉원), 화려한 금 유물 정도로만 기억된다. 하지만 신라는 당대 최고로 번성한 나라 중 하나였다. 일연이 지은 『삼국유사』에는 신라의 전성기, 수도 서라벌(경주)에 17만 8936호나 되는 호구戶口(호적상 집의 수효)가 있었다고 적혀 있다. 한 집에 사는 식구를 다섯 명으로만 계산해도 90만이 넘는 인구였던 것. 신라 전성기인 8세기경 인구 100만이 넘었던 도시는 전 세계를 통틀어

한 손으로 꼽을 만큼이었다는 점을 생각해 볼 때 신라는 당시 세계적으로 보기 드문 번영을 누리던 국가였다.

이러한 사실을 더욱 확실하게 증명해 주는 것이 바로 신라의 금 유물이다. 신라의 유물은 찬란하게 빛나는 금관부터 금제 허리띠, 금 귀고리, 금목걸이 등 이 땅에 존재했던 그 어느 나라도 따라갈 수 없을 정도로 화려하고 그 양도 많다. 더구나 지금까지 전 세계에서 발견된 고대 사회의 금관은 십여 개뿐인데 그중 여섯 개가 신라의 금관이다.

그런데 놀랍게도 경주와 그 인근 지역에는 지금도 그렇지만, 아주 예전에도 금광이 존재한 적이 전혀 없다. 도대체 신라의 그 많은 금은 다 어디에서 왔을까. 당연히 '수입한 거 아냐?'라고 생각할 수 있겠지만, 수입한 것도 아니다. 신라가 당나라에 금을 수출한 기록은 있어도 수입한 기록은 존재하지 않는다. 신라의 금 출처에 대한 의문은 학계에서도 오래전부터 풀리지 않는 수수께끼였다. 그러다 2014년 6월, 수수께끼를 풀어줄 가장 유력한 연구 결과가 발표되었다.

「신라 황금에 대한 소고: 경주 및 인근 지역에서 채취한 사금을 중심으로」라는 논문에 따르면 신라의 금 생산은 금광 운영이나 외부로부터의 수입이 아니라 사금 채취에 의존했다고 한다. 신라가 화려한 금 유물을 남길 수 있었던 배경에는 당시에 이루어진 대대적인 사금 산출지 탐색과 대규모 인력을 동원한 활발한 채취 활동, 제련과 세공술의 뛰어난 발전이 있었다고 주장하는 것.

논문에서는 이 주장을 입증하기 위해 경주와 그 인근 지역에서 직접 사금 채취를 시도해 얻은 조사 결과를 제시한다. 놀랍게도 사금 채취의 결과, 경주 지역 10곳에서 모두 순도 70~80퍼센트에 이르는,

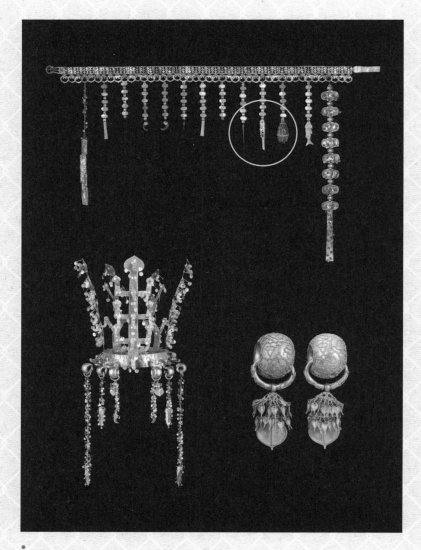

신라의 황금 유물들 신라의 금제 허리띠(위), 금관(아래 왼쪽), 금귀고리(아래 오른쪽)이다. 사진의 동그라미 친 부분은 과거 족집게, 황금 실타래, 약통(왼쪽부터) 등으로 추정하며 장수나 다산의 상징물로 해석했는데 최근에는 사금 채취 도구, 금을 긁어모으는 솔, 사금을 담는 통 등으로 재해석하고 있다.

18K 정도의 사금을 얻을 수 있었다. 신라 왕궁이었던 경주 월성 앞 하천에서만 100여 점, 경주 지역 전체에서는 200여 점에 이를 정도. 사금 한 점의 크기가 워낙 모래 알갱이처럼 작기 때문에 채취한 사금의 총 중량은 적었지만 신라시대 때에는 현재보다 강폭도 넓었거니와, 저수지나 보 등의 인공 구조물이 없었기에 사금 채취 환경이 훨씬 나았을 것은 당연지사. 당시에는 사금만으로 나라의 금 수요를 모두 충당하고도 남아 수출까지 했을 가능성이 크다. 일제강점기 조선총독부 자료에 따르면 1900년대 초반까지 월성을 비롯한 경주 지역 네 곳에서 상당한 양의 사금을 채취할 수 있었다고 하니, 이 논문의 주장에 더욱 무게가 실린다.

실제로 2015년 3월, 경주 월성 앞 하천에서 국내에서는 처음으로 희귀 사금이 발견되었다. 지금까지 발견된 대부분의 사금은 얇은 금박이 떨어져 나온 것 같이 생긴 납작한 나뭇잎 모양이었는데, 이번에 발견된 사금은 동글동글한 구슬 모양이었다. 이는 '구상사금'이라 불리는데, 순도도 일반 사금보다 20퍼센트가량 높아 전 세계적으로 매우 귀하다. 게다가 그 모양새가 구슬 같아서 따로 가공하지 않아도 장식품으로 바로 사용할 수 있을 정도다. 신라시대의 금장식품 중 동그란 형태가 많은 이유도 구상사금의 원형을 잘 활용했기 때문이 아닐까.

요즘이야 사금 채취에 사용할 수 있는 도구들이 다양하지만, 그 옛날 신라인들은 사금을 어떻게 채취했을까. 그 해답은 당시 만들어진 금제 허리띠, 더 정확하게는 허리띠에 달려 있던 장식품에 숨어 있었다. 천마총과 금관총에서 발견된 금제 허리띠에는 여러 모양의 장식품이 달려 있는데 그 모양새로 보아 숫돌과 족집게, 약통, 황금 실타래 등으로 여겨졌다. 장수나 다산 등을 염원하는 주술적인 의미로 해석했기 때문이다. 하지만 이번 구상사금의 발견을 통해 족집게는 사금을 채취하는 도구로, 황금 실타래는 금을 긁어모으는 솔로, 약통은 사금을 담아두는 통으로 재해석할 수 있게 됐다. 예나 지금이나 오래 살고, 많이 낳기 위한 기본 요건은 바로 넉넉한 재물! 금제 허리띠의 장식품이 장수와 다산을 위한 주술적 의미에서 현실적 의미로 재해석된 셈이다.

아직 다 밝혀지지 않은 것이 많은 황금의 나라, 신라. 신라의 금에 대한 비밀이 베일을 벗는다면, 신비에 싸인 고대 왕국 신라는 더 화려하게 비상할 수 있지 않을까. 앞으로의 연구 결과가 자못 기다려진다.

×××××

몰리아굴의 금덩이

사금을 채취하는 것은 광산에서 금을 캐는 것처럼 전문적인 장비나 대규모 자본이 필요하지 않다. 하지만 그보다 쉴 새 없이 팔을 움직여야 하기 때문에 몸이 고달픈 방법이라고 할 수 있다. 하지만 금을 채취하는 방법은 사금 채취 외에도 또 있다. 금을 채취하고는 싶으나 몸이 좀체 마음대로 잘 움직여 주지 않는 사람들을 위한 방법으로 도구가 필요 없을 만큼 쉬운 데다가 금의 순도도 굉장히 높다. 대신 하늘이 내리신 천운을 받는 것은 기본이고, 인내심 하나만큼은 초우주적으로 광활해야 하며, 노랗게 번쩍이는 것에는 자연스레 눈동자가 내리꽂혀야 할 만큼 안구의 금 친화력이 높아야 한다. 바로, 자연 어딘가에 그냥 멀뚱히 자리 잡고 있을 금덩이를 찾는 것이다. 이 금들은 보통 순도가 20~22K로 굉장히 높고 크기도 상당한 편이다.

실제로 1869년 2월 5일 호주 빅토리아 주에 있는 '몰리아굴Moliagul'이라는 작은 마을에서 세계 최대의 금덩이가 발견되었다. 그것도 땅속 깊숙한 동굴 안에서도 아닌, 고작 땅 아래 3센티미터의 깊이에서!

'웰컴 스트레인저Welcome, Stranger(반가워요, 이방인)'라고 이름 붙여진 이 금덩이는 그 크기가 무려 가로 61센티미터, 세로 31센티미터였으며 무게는 71,018킬로그램에 달해 성인 남성의 체중과 비슷할 정도였다. 발견 당시인 19세기 중반에는 이 금덩이의 엄청난 크기와 무게에 맞는 저울이 없어서 일단 세 조각으로 절단한 후 무게를 측정했다. 웰컴 스트레인저는 당시 9381파운드에 판매되었는데 오늘날 우리 돈 기준으로 약 43억 원에 달한다. 로또 1등 당첨자도 한없이 부러워할 만한 금덩이다.

이 글을 읽고서 혹시 삽 하나 둘러메고 몰리아굴로 가야겠다는 생각이 든다면 빨리 접는 게 좋겠다. 거기 가 본들 금덩이는커녕 웰컴 스트레인저 기념탑만 덩그러니 서 있을 뿐이다. 대체 어떻게 생겼는지 구경이라도 하고 싶다면 멜번주립박물관에 전시된 모형이 있으니 금 사냥 대신 박물관 관람을 하는 것을 적극 추천한다.

××××××

이보다 더 욕망할 수 없다

16세기 영국의 극작가 셰익스피어는 「아테네의 타이먼」이라는 희곡에서 황금에 눈이 먼 인간의 모습을 이렇게 표현했다.

> 오! 금! 황색의 휘황찬란한 귀중한 황금이여! 이것만 있으면 검은 것도 희게, 추한 것도 아름답게, 악한 것도 착하게, 천한 것도 귀하게, 늙은이도 젊게, 겁쟁이도 용감하게 만들 수 있구나. 신들이여, 이것은 웬일인가? 이 물건은 당신들의 제관이든 하인이든 모두 다 끌어갈 수 있으며 아직은 살 수 있는 병자의 머리맡에서 베개를 빼가기도 하니⋯⋯ 이 황색의 노예⋯⋯.

이 문장은 금에 대한 인간의 탐욕과 욕망을 적나라하게 드러내는 명문으로 평가받는다. 금을 갈망하는 인간의 모습은 최초의 금이 사용된 기원전 4000년 바르나 문명에서부터 고대 이집트와 신라, 16세기 영국에 이르기까지 마찬가지였던 것. 이처럼 한결같은 금에 대한 욕망은 세계사에서 가장 잔인한 장면을 탄생시키기도 했다.

15세기 유럽의 수많은 탐험가들이 신대륙을 찾아 떠났다. 오스만 제국의 대두로 동방항로가 막힘에 따라 동양에 이르는 새로운 항로를 발견하고자 일어난 일이었다. 르네상스를 거치며 항해기술과 지리에 관한 지식이 발달한 것도 중요한 바탕이 되었다. 거기다 당시 중국에까지 갔다 온 마르코폴로가 쓴 『동방견문록』이 유럽 사회를 강타하며 많은 사람들에게 동방에 대한 환상을 심어 주었다. 『동방견문록』에서 마르코폴로는 인도와 지팡구(지금의 일본)를 황금의 나라로 묘사했는데 '이들 나라의 궁전은 모두 금으로 돼 있으며 마루는 손가락 두 마디 두께나 되는 황금으로 만들어져 있다'라고 소개했다. 책을 읽은 많은 유럽인들은 동방의 금에 열광했고 이는 신대륙 발견의 큰 원동력으로 작용했다. 실제 유럽인으로서 아메리카 대륙을 처음 발견한 콜럼버스는 『동방견문록』에 매우 심취해 "황금을 가져오겠다!"고 선언하며 대서양을 건너갔다고 하니 당시의 열기를 짐작할 만하다.

하지만 그 열기는 끔찍한 결과를 낳았다. 아메리카 대륙에 도착한 유럽인들은 그곳에 있는 막대한 금에 눈이 멀어 인간의 손으로 행했

아이다호에서 벌어진 인디언 여인과 아이들의 학살 1868년 8월 《프랭크 레슬리의 삽화 신문》에 실린 아메리카 인디언 학살의 모습을 담은 삽화. 총은 든 백인들의 모습과 바닥에 쓰러져 있는 인디언들의 모습이 극렬한 대비를 이룬다.

다고 할 수 없을 정도의 잔인한 학살을 저질렀다. 유럽 각국에서 파견한 군대는 어른 아이 가리지 않고 원주민을 학살했고, 문명을 파괴했으며, 그들의 목숨 값으로 금을 빼앗았다. 신대륙 발견 이후 학살당한 원주민의 수가 어림잡아 1억 명에 가깝다고 하니, 이는 세계사에 유래 없는 인종학살이다. 금을 향한 욕망이 학살의 중요한 배경이 되었다는 것은 부인할 수 없는 사실이다.

그렇다면 과거에 비해 귀금속이 다양화되고 보편화된 지금도 금을 향한 열망이 여전할까. 전 세계에서 한 해 동안 생산된 금의 10퍼센트만 산업용으로 이용되며, 40퍼센트는 투자용으로, 나머지 50퍼센트는 보석과 장신구로 이용된다. 2013년 총 소비자 수요는 2012년 대비 21퍼센트 증가한 3864톤이었는데, 이중 투자 목적의 골드바와 코인에 대한 수요는 28퍼센트 증가한 1654톤으로 사상 최고치를 기록했고, 귀금속에 대한 수요는 17퍼센트 증가한 2209톤을 기록했다. 금은 오늘날에도 여전히 최고의 귀금속으로 대우받으며 사람들의 애정 공세를 한 몸에 받고 있는 것.

금으로 가장 열심히 몸치장을 하는 국가라면 단연 인도를 꼽을 수 있다. 인도에서 소비되는 대부분의 금은 투자보다는 결혼 예물 및 장신구 제작에 사용된다. 인도인들의 금 사랑은 정말이지 대단해서 오래 전부터 전 세계 금 소비량의 3분의 1을 차지했고 그만큼 금 수입량도 가장 많았다. 다만 최근 인도 정부가 경상수지 적자의 주범으로 금을 지목함에 따라 수입 규제를 강화해 수입량이 다소 떨어지긴 했다. 세계금위원회에 따르면, 인도의 금 소비는 2012년 864톤으로 세계 1위를 차지했으나 2013년에는 더 많아진 975톤을 소비하였음에도 세계

금 셔츠를 입은 인도의 사업가 한화로 약 2억 원에 달하는 금 셔츠를 입은 인도의 사업가와 그의 경호원들. 금 셔츠는 20명의 장인이 3200시간을 들여 만든 것으로, 무게가 4킬로그램에 달하지만 착용감이 편하고 드라이클리닝도 가능하다고 한다.

2위로 물러났다. 그러나 어둠의 세계를 통해 밀수입된 300여 톤이 있다 하니, 이를 합산한다면 무려 1000톤 이상의 어마어마한 양을 한 해 동안 소비한 셈이다. 비공식적으로는 여전히 세계 1위를 지킨 셈이다.

2013년 공식적인 세계 금 소비량 1위의 자리를 가져간 국가는 중국이다. 중국의 금 소비량은 2012년 725톤으로 세계 2위에 머물렀으나 2013년에는 1066톤으로 인도를 넘어섰다. 인도와 마찬가지로 중국에서도 금이 보석과 장신구 제작에 가장 많이 쓰였고, 그 양은 무려 716.5톤에 달했다. 골드바 및 골드 코인 제작에도 375톤이나 사용했다. 하지만 이와 대조적으로 산업용으로는 48.7톤에 그쳤다.

인도와 중국 외에 터키, 태국 등도 민간의 금 수요가 대단히 높은 편으로, 이들 국가의 국민들은 금으로 몸치장하기를 유난히 좋아한다는 공통점을 가지고 있다. 이처럼 오늘날까지도 금이 보석과 장신구로서 끊임없이 사랑받아 온 것을 보면 화려한 금빛으로 몸을 치장하

고 부를 과시하고자 하는 인간의 욕구가 얼마나 원초적인 것인지 새
삼 깨닫게 된다.

××××××

세상에서 금이 가장 많은 곳

금은 기원전 7세기경 은과 혼합되어 처음으로 화폐의 역할을 하기 시
작했다. 그 후 고대 그리스와 마케도니아제국, 로마제국 등 세계 여러
곳에서 최고 가치의 화폐로 광범위하게 사용되었다. 어느 나라에 가
도 그 가치를 인정받는 금속이라는 특성 덕분에 금은 가장 안정적으
로 통용되는 화폐로서 오랫동안 사랑받았다.

　금의 위력은 근대에 들어서도 여전했다. 13세기 원나라에 최초의
종이화폐가 출현하고 그 후로 점차 유럽에서까지 폭넓게 이용되어 나
갔지만, 종이화폐의 가치를 완전히 믿을 수 없었기에 '금 본위제'가 채
택되었다. 1816년 영국이 금에 종이화폐의 가치를 고정해 경제를 운
용한 것을 시작으로 20세기 초까지 모든 국가의 통화를 금과 동일 비
율로 고정했던 것. 그러나 이러한 금 본위제는 제1차 세계대전 이후
막을 내리게 된다. 전쟁에 막대한 돈이 필요하자 각국 정부는 무작위
로 돈을 찍어 냈고 그 탓에 종이화폐의 가치가 너무 떨어져 금과 동일
비율로 가치를 유지할 수 없었기 때문이었다. 이에 독일, 영국, 미국이
순서대로 금 본위제를 포기했고 오늘날 세계는 각국의 외환 수급에

따라 변동하는 '변동환율제도'를 선택하고 있다.

그렇다면 현재 금은 화폐로서의 가치를 가지고 있지 않는 것일까. 그렇지 않다. 금은 여전히 곧바로 화폐로 사용할 수 있는 위치에 있고, 특히 요즘처럼 화폐의 가치가 하루가 다르게 널뛰듯 하고 있는 시기일수록 금의 안정적 가치는 더욱 빛을 발하고 있다. 이 때문에 각국의 중앙은행은 경기 불안이 계속될수록 금 보유량을 늘리면 늘렸지 절대 줄이지 않는다. 그래서 금 보유량은 그 나라의 경제력과 어느 정도 직결된다고 볼 수 있다.

2013년 7월 세계금위원회(WGC, World Gold Council)는 세계 100개국 중앙은행의 금 보유량을 집계해 발표했다. 그 결과, 1위는 총 8133.5톤의 금을 보유한 미국 중앙은행이었다. 영화 「호빗」에 나오는 화룡 스마우그가 차지한 금의 세 배쯤 되는 엄청난 양이 되겠다. 그 뒤를 이어 2위를 차지한 곳은 유럽 최고의 경제 대국인 독일의 중앙은행으로 고작(?) 3351.3톤을 보유하고 있다. 2위라고는 하지만 1위인 미국 중앙은행의 절반에도 못 미칠 정도의 규모다. 미국 중앙은행의 금 보유량이 그만큼 어마어마한 규모라는 것을 단적으로 보여 준다.

그렇다면 그 많은 미국 중앙은행의 금은 다 어디에 있는 것일까. 각 나라마다 중앙은행이 보유한 금의 위치는 최고 기밀이기 때문에 정확하게 밝혀지진 않았지만, 지금까지 추측되는 장소들 중 가장 유력한 곳을 알려 드리겠다. 바로 미국 켄터키 주 군부대 안에 있는 포트 녹스Fort Knox 기지. 삼엄한 경비에 둘러싸인 이곳은 미국 중앙은행의 금괴 대부분이 보관되어 있다고 소문이 파다한 장소다.

혹시 지금 속으로 '내가 알고 있는 그곳이 아닌데?'라고 생각한 분이 있으신지. 사실 미국에서, 아니 세계에서 가장 많은 금괴를 보유하고 있는 곳으로 널리 알려진 장소는 뉴욕 맨해튼에 있는 뉴욕 연방준비은행의 지하 금고다. 전 세계 금의 20퍼센트 이상이 이곳에 있다고 한다. 다만 이곳에 보관된 금은 국제 금융기관이나 독일, 네덜란드 등 외국 중앙은행의 것이 95퍼센트 이상을 차지하고 있어, 미국 중앙정부의 금은 5퍼센트 이하에 불과하다고 한다.

포트 녹스와 뉴욕 연방준비은행의 지하 금고, 둘 중 어느 곳에 더 많은 금이 보관되어 있는지는 아무도 모른다. 이 두 곳에 아예 금이 없다고 주장하는 사람들도 있으니. 하지만 현실적으로 가장 금이 많은 곳은 그 두 곳 중 하나이지 않을까. 아니 땐 굴뚝에 연기 날리 없지 않은가.

이쯤에서 중요하게 짚고 넘어가야 할 점이 있다. 왜 세계 각국은 자국이 아닌 뉴욕에 금을 보관하는 걸까? 이에 대한 대답은 우리나라

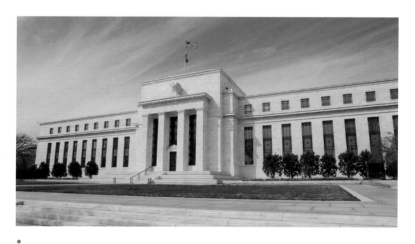

뉴욕 연방준비은행 미국에는 12개의 중앙은행이 있고 이 중앙은행들이 모여 연방은행 시스템을 이루는데 뉴역 연방준비은행은 그 대표격이라고 할 수 있다.

의 사례를 통해 찾을 수 있다.

우리나라의 중앙은행인 한국은행이 보유한 금의 양은 세계 34위로 104.4톤 정도이다. 미국, 독일 등과 비교하자면 많이 소박한 규모지만 100개국 중 나름 상위 50퍼센트에는 들었으니 그게 어디랴, 순위 경쟁에 너무 욕심 부리지는 말자. 그런데 한국은행이 가진 104.4톤의 금은 정작 우리나라에 없다. 정확한 비용은 공개되지 않았지만 보관료까지 지불하면서 영국의 중앙은행인 잉글랜드 은행에 맡겨 놓고 있다. 우리나라에 금 도둑이 많아서 이러는 것은 아니다. 영국에는 런던 금속거래소라는 커다란 금속거래 시장이 있는데, 그곳에서 금을 국제 투자은행들에 빌려 주고 이자를 받는 대여 거래 등으로 활용할 수 있기 때문이다. 무게도 무겁고 보관하기 어려운 금을 자국 내에 꽁꽁 숨겨 두기보다는 이렇게 국제적인 금융중심지에 놔두는 것이 거래와 자산 운용에 편리한 것이다. 뉴욕 연방준비은행에 자국의 금을 보관하는 나라들도 이와 같은 경우라고 보면 된다.

사실 한국은행도 1909년 설립 당시에는 서울 본점의 지하금고에 금을 보관했다. 그런데 1950년 6월 25일 새벽, 갑작스러운 북한의 남침으로 전쟁이 발발하자 금을 급하게 옮기게 되었다. 이틀 뒤 순금 1070킬로그램과 은 2513킬로그램을 89개의 상자에 담아 트럭에 싣고 일단 경남 진해의 해군통제부로 이송한 후, 부산을 거쳐 미국 연방준비은행으로 보냈다. 금도 전쟁을 피해 피란을 간 셈이다. 하지만 당시 상황이 너무 급박했고 운송력도 부족했기에 순금 260킬로그램과 은 1만 5970킬로그램은 서울 본점에 남겨졌는데 결국 북한 인민군에게 약탈당하고 말았다.

휴전 이후, 미국에 맡겨 둔 금이라도 무사히 돌려받아 다시 서울 본점의 지하금고에 두었다가 1980년대 후반부터 조금씩 잉글랜드 은행으로 옮겨 보관하기 시작해 2004년에는 모든 금을 옮기는 작업이 완료되었다.

✕✕✕✕

'금 모으기 운동'에 울고 떠난 그 남자

"남편은 팔아도 금은 못 팔아요."

웃어야 할지 남편을 위로해야 할지 참 애매하기 짝이 없다. 비시누 프라카시Vishnu Prakash 주한 인도 대사가 1998년 아시아 외환위기 당시 한국인들의 자발적인 '금 모으기 운동'을 보고 큰 충격을 받아 아내에게 '곤경에 빠진 남편을 위해 금을 내놓을 수 있는지' 질문했더니 돌아온 답변이었다. 인도인의 금에 대한 강한 애착도 느낄 수 있지만 당시 외국인들이 우리나라의 금 모으기 운동에 얼마나 놀랐는지 알 수 있다.

'파산', '부도'라는 단어는 보기만 해도 가슴을 철렁하게 만든다. 특히나 1998년 우리나라 외환 보유고가 바닥을 드러내 결국 국제통화기금(IMF, International Monetary Fund)에 구제금융을 요청해야 했던 그때의 아픔을 몸소 겪은 사람들이라면 더욱더. 부도와 파산의 주체가 개인과 기업을 넘어 결국 국가 자체가 될 수도 있다는 충격은 전

국민을 강타했다. 초등학생들의 어린이날 선물이 뚝 끊겼고, 중고등학생들은 수학여행을 반납했으며, 유학생들은 학업을 중도포기한 채 짐을 싸서 돌아왔고, 직위고하를 떠나 수많은 직장인들이 회사 자체를 잃었다. 초고속으로 잘 나가던 신흥 경제대국 대한민국이 갑작스러운 경제 위기로 IMF 최대 규모의 구제금융을 받게 된 것은 외국인들을 깜짝 놀라게 했다. 하지만 그들을 더 놀라게 한 것은 그 이후에 일어난 일들이었다.

1997년 12월 3일 IMF는 지원 프로그램 전체에 걸쳐 총 570억 달러의 외환을 순차적으로 조달해 주기로 약정했고, 이틀 뒤인 12월 5일 IMF로부터 55억 달러가 집행되었다. 하지만 1998년 3월 말까지 당장 갚아야 할 단기외채는 251억 달러에 달했다. 반면 우리나라의 외화보유고는 그 절반에도 못 미치는 120억 달러뿐. 이렇게 숨통을 죄여 오는 어려운 상황 속에서 우리 국민의 애국심과 단결심이 놀라운 기적을 일으켰다. 자발적으로 '금 모으기 운동'을 펼쳐 가정에서 보관 중이던 소중한 금붙이를 기꺼이 내놓은 것이다.

이 운동이 본격적으로 시작된 1998년 새해를 시작으로 두 달 만에 참여자가 350만 명을 넘어섰고, 227톤의 금붙이가 모여 20억 달러가 뚝딱 만들어졌다. 그 기세로 우리나라는 IMF 체제를 극복하고 외자 유치까지 성공했다. 우리와 같은 시기에 바트화 폭락으로 국가부도 직전에 몰린 태국도 곧장 한국을 본떠 1억 8000만 달러를 목표로

> ▌1945년에 설립된 IMF는 188개의 가맹국을 보유한 국제금융기구다. 우리나라는 1955년 8월 25일에 58번째 가맹국이 되었으며 가장 최근에는 2012년 4월 남수단공화국이 188번째로 가입했다. 가맹국들의 출자로 공동 기금을 조성하고 이를 토대로 각국의 외화 자금 조달을 돕기 위해 만들어졌다. 가맹국의 국제수지가 적자가 되고 부도의 위험이 커졌을 때 추가적인 악화 상황을 피할 수 있도록 외화자금을 공여해 주고 대신 해당 국가의 경제 정책에 깊이 관여한다. 이에 따라 금융 산업 개편, 부실채권 감축, 회사의 구조조정 등 경제 회복을 위해 해결해야 할 사안들에 압력을 가할 수 있게 된다.

1997.12.11 매일경제 37면

장롱속 반지모아 경제 살린다
새마을부녀회 '애국 가락지·달러 모으기' 전개

유하름 기자

1999.01.03 경향신문 6면

'장롱속 숲' 흑자신화 출발점

금 모으기 운동에 대한 신문 기사 소박하고 순수한 애국심에서 시작한 '금 모으기 운동'이 약 1년 후 우리나라 외환 위기 극복에 신화적인 결과를 가져다 주었다.

국가적 '금 모아 외채 갚기'에 나섰으니 '금 모으기 운동'이 세계적인 반향을 일으킨 것은 확실하다.

누구나 어려운 시기에 처하게 되면 일단 긍정의 힘으로 이를 극복해 보고자 '위기가 곧 기회다!'라는 멋진 경구 하나쯤 가슴에 새기기 마련이다. 그런데 이 표현이 절대적 진리가 되는 세계가 있다. 바로 주식 시장이다. 다만 숨어 있는 단어들까지 다 풀어 쓴다면 이렇게 될 것이다. '남의' 위기가 곧 '나의' 기회다. 주식 이야기를 갑자기 꺼낸 이유는, 우리에게는 크나큰 고난이었던 외환 위기가 외국의 헤지펀드[|] 투자자들에게는 폭락한 원화를 사들여 단기 차익으로 큰 수익을 낼 수 있는

> ▌ 국제증권이나 외환시장에 투자해 단기 이익을 올리는 민간 투자기금. 일반 펀드보다 훨씬 공격적인 것이 특징이다. 특히 전 세계 헤지펀드 가운데 절반 이상을 차지하고 있는 조지 소로스의 '퀀텀 펀드 그룹Quantum Group of Funds'이 유명하다.

절호의 기회였기 때문이다. 그런데 이를 어쩌랴. 그들에게 뜻밖의 '복병'이 나타났으니, 그게 바로 '금 모으기 운동'이었다.

도쿄 아오야마가쿠인대학의 초빙교수인 사카키바라 에이스케榊原英資 전 일본대장성 재무관은 90년대 일본의 대외경제정책을 좌지우지했던 인물로서 2000년에는 IMF 총재 후보에 오르기도 했다. 특히 엔—달러 환율에 막강한 영향력을 행사해 '미스터 엔(Mr. Yen)'으로 불렸다. 그런 그가 공직에서 물러난 후《요미우리 신문》에 낸 기고문에 따르면, 우리나라가 IMF로부터 구제금융을 지원받기 딱 2개월 전인 1997년 9월 22일 홍콩에서 헤지펀드의 제왕으로 불리는 조지 소로스George Soros를 만났다고 한다. 조지 소로스는 한창 태국 바트화를 공격해 막대한 차익을 올리던 중이었는데, 그런 그가 "다음 타깃은 한국입니다"라고 단정적으로 말하며 "한국의 은행들은 인도네시아에 대한 융자 총액이 가장 많고 그것도 단기 달러화 융자이기 때문입니다"라고 부연 설명까지 곁들였다고 한다.

그런데 불행 중 다행으로 소로스가 우리 원화를 공격해 큰 차익을 올렸다는 소식은 끝내 들리지 않았다. 어찌 된 일이었을까. 금융계에서는 소로스가 원화 공격을 시도하긴 했지만 막상 기대만큼의 재미를 보지는 못한 것으로 보고 있다. 한국인의 장롱 안에서 금이 20억 달러어치나 나올 것이라곤 결코 예측하지 못했기 때문이다. 이에 대해 우리나라의 금융계의 한 관계자가 언론사 취재진에게 남긴 말이다. "당시 어느 누구도 우리나라에 그만한 금이 있는지 몰랐다. 금이 끝도 없이 쏟아져 나오는 통에 결국 소로스가 환투기를 중도에 포기할 수밖에 없었다는 것이 정설이다."

우리 가슴에 큰 감동의 눈물로 남은 1998년의 금 모으기 운동은 나라를 살리기 위한 열망이 금에 대한 열망을 이겨낸 기적 같은 일이었다. 하지만 그 남자, 조지 소로스에게만큼은 아쉬움을 남기고 뒤돌아야 했던 눈물로 남지 않았을까.

××××

한 입으로 기념되는 최고의 승리

고대 그리스에서 열렸던 올림픽은 1896년 그리스 아테네에서 부활한 이래 오늘날 전 세계 거의 모든 국가가 참여하는 최고의 국제체육대회로 성장했다. 하계올림픽과 동계올림픽을 포함해 총 40여 개의 종목으로 치루어 지며 세부종목이 400개에 다다르고 종목별로 1, 2, 3위를 차지한 선수들에게 각각 금, 은, 동메달을 수여한다. 금메달에 들어가는 금의 가격만 해도 엄청난 액수일 터. 과연 얼마의 비용이 들어가는 것일까. 아니, 금메달이 실제 금으로 만들어지고 있긴 하는 것일까. 올림픽 금메달의 속사정을 들어 보자.

부활한 이후 초기의 올림픽에서는 크기는 좀 작지만 순수하게 금으로만 만든 금메달을 수여하기도 했다. 하지만 이후 세계대전을 거치면서 순수한 금메달은 거의 사라졌다. 금값이 너무 올랐기 때문이다. 국제올림픽위원회(IOC, International Olympic Committee)는 올림픽에서 수여되는 금메달을 만들 때 금의 함량이 최소 6그램을 넘도록, 그

런던올림픽 개막식의 성화 점화(위), 런던올림픽의 금메달(아래)

리고 은의 함량이 최소 92.5퍼센트가 넘도록 정해 놓았다. 금메달의 정체는 사실 은메달인 셈.

특히 2012년 제30회 런던올림픽은 유럽 금융 위기의 여파로 인해 과소비를 자제하는 분위기 속에 치러진 '친환경 · 실속형 올림픽'으로도 유명했는데, 이에 런던올림픽위원회는 금메달 제작에까지 구리라는 실속파 재료를 투입시켰다. 덕분에 선수들에게 수여된 금메달은 은이 92.5퍼센트, 구리가 6.16퍼센트인 데 비해 금은 고작 1.34퍼센트에 불과했다. 그럼에도 의외로 역대 올림픽 메달 중 가장 높은 가격인 80만 6600원을 기록했으며 이 중에서 금 6그램의 가격만 27만 2430원에 달했다. 메달의 무게는 412그램, 두께는 8~10밀리미터, 지름은 85밀리미터로 역대 하계올림픽 사상 최대 크기를 자랑한 메달이었던 데다 세계

금값 상승에 따른 실물 가치가 더해졌기 때문이다.

그래도 금메달이 금메달이 아니어서 조금 아쉽다면 재미삼아 '진짜 금메달'인 셈 치고 계산 놀이를 해 보자. 만약 역대 최대 크기라는 런던올림픽의 금메달이 오로지 24K 순금으로만 제작되었다면 메달 하나의 재료비만 해도 1785만 2981원에 달했을 것이다. 런던올림픽은 총 302개의 금메달을 수여했으니 원가만 최소 54억은 들여야 진짜 24K 금메달을 만들 수 있었던 셈. 실제로 순금으로 금메달을 제작했던 1912년 제5회 스톡홀름올림픽의 경우, 금메달의 무게는 겨우 껌 한 통의 무게 정도인 24그램으로 현재 시세로 103만 9979원에 불과했다. 그러니 물가상승률을 감안하더라도 대부분 은으로 만들어진 2012년 런던올림픽의 금메달과는 큰 차이를 보이지 않으니까 아쉬워하지 않아도 될 듯하다.

역대 올림픽 금메달 중에는 순금 금메달 외에도 이색 금메달이 여럿 있었다. 2008년 중국 베이징에서 열린 제29회 하계올림픽에서 수여된 메달에는 중국 문화의 특성을 담은 옥표이 첨가되었다. 2014년 러시아 소치에서 열린 제22회 동계올림픽에서는 다시 만들기 어려울 희귀한 금메달 10개가 수여되었는데, 바로 '운석 금메달'이었다.

소치올림픽을 1년 앞둔 2013년 2월 15일 오전 9시 20분. 기분 좋은 금요일 아침 출근길의 청량한 하늘에서 갑자기 지구 종말이 온 듯 엄청난 불덩이들이 굉음을 내며 추락했다. 지름 20미터, 무게 1만 4000톤에 가까운 초대형 운석 덩어리가 음속의 60배 정도인 시속 6만 9000킬로미터의 속도로 대기권을 뚫고 지상으로 곤두박질치던 중 러시아 남부 첼랴빈스크 주 상공 15~30킬로미터 지점에서 폭발한 것이다. 거대 운석이 지상과 충돌하는 SF영화급 재앙은 운 좋게도 피했지만 그 충격파와 산산 조각난 운석 덩어리들이 여섯 개 도시를 덮쳐 1500여 명에게 부상을 입히고 건물 7000여 채를 파손시켰다. 100년 만의 최대 운석이라는 이 요란한 손님의 지구 착륙 소식은 여기저기에서 운석 파편을 발견했다는 사람들의 소식으로 이어졌다. 곧 온갖 장비를 동원한 '운석 사냥꾼'들이 길이나 강에 떨어진 운석 로또를 찾기 위해 러시아로 몰려들었다.

마침 올림픽 준비에 한창이던 소치올림픽위원회는 이 소식을 듣고 전대미문의 금메달, '운석 금메달'을 만들기로 했다. 말 그대로 운석 파편의 일부를 금메달에 부착한 것으로, 금속 공예로 유명한 장인의 손으로 총 50개의 운석 메달을 제작해 그중 40개는 개인 수집가들에게 판매하고 나머지 10개는 금메달리스트에게 수여하기로 했다. 기존의 금메달도 수여하면서 덤으로 운석 금메달을 얹어 주는 초특급 이벤트였다.

사실 이 운석의 주요 성분이 지구에 없는 희귀 광물이 아니라 그

2014년 소치 동계올림픽 운석 금메달(왼쪽), 2014년 소치 동계올림픽 정식 금메달(오른쪽)

냥 흔한 '돌'인 관계로 운석 파편 자체가 지닌 경제적 가치는 그렇게 크지 않다. 그런데 100년 만에 한 번 생길까 말까 할 만큼 워낙 희귀한 현상이라는 운석우隕石雨 형태로 지구에 떨어진 터라 상대적으로 값어치가 높아졌다. 게다가 소치올림픽위원회가 올림픽이라는 특수한 상황 때문에 운석 파편을 주운 사람들에게 1그램당 236만 원이라는 파격적인 값을 치러 준 덕분에 가격이 천정부지로 뛰었다. 동일한 무게의 순금에 비해 약 50배나 비싼 가격. 소치올림픽의 정식 금메달 제작에는 순금 6그램의 가치를 포함해 566달러(약 61만 원)가 든 것과 비교하면 엄청난 가격이다. 이 운석은 역대 운석 가운데 두 번째로 비싼 운석으로 기록되었다.

호기심에 금메달의 가격을 계산해 보긴 했지만 올림픽 금메달은 단지 재료의 함량만으로 그 가치를 환산할 수 없는 물건이다. 사람들은 그 안에 녹아든 이야기와 감동을 더 귀하게 여긴다. 선수가 이룩한 경이로운 성과 자체를 높이 평가하는 데 의미를 두는 것이다. 지금까지 경매에서 가장 높은 가격에 팔린 금메달만 봐도 그렇다. 이 금메달의 주인공은 아돌프 히틀러가 관중석에서 지켜보고 있었던 1936년 베를린올림픽에서 무려 4관왕을 달성했던 미국의 흑인 육상 선수 제시 오언스Jesse Owens, 1913~1980다.

제시 오언스는 올림픽 사상 최초의 육상 단거리 4관왕을 이룩한 선수로 독일의 독재자 아돌프 히틀러가 게르만 민족의 우수성을 선전하기 위해 개최한 베를린올림픽에서 백인들을 압도하며 흑인에 대한 편견을 산산이 깨부쉈다. '역사상 가장 위대한 육상 선수'로 평가받는 그의 메달은 미국 4대 스포츠로 꼽히는 북미 아이스하키 리그의 구단

'피츠버그 펭귄스'의 공동 구단주, 론 버클에게 146만 7000달러(약 15억 5000만 원)라는 최고 금액으로 낙찰되었다.

홍미로운 사실 한 가지 더. 최고의 성취를 상징하는 금메달을 목에 건 모든 선수들이 취하는 공통된 포즈가 있다. 바로 금메달을 깨무는 것. 아무리 위엄 있는 올림픽 챔피언이라도 한 번쯤은 금메달을 깨물어 보았을 것이다. 이를 바라보는 사람들의 생각은 복잡 다양하다. '금색 호일로 포장된 초콜렛이 아닐까 싶어 깨물어 본다던데?' '순금은 깨물면 자국이 남으니까 직접 확인해 보려는 것일까?' '혹시 올림픽 전통 세레머니인건가?' 이에 대해 국제올림픽역사학회의 회장을 맡고 있는 왈레친스키가 명쾌한 답변을 내놓았다. 금메달을 깨무는

● **금메달을 깨무는 소치올림픽 쇼트트랙 여자 대표팀 선수들** (왼쪽부터)심석희, 김아랑, 박승희, 조해리, 공상정이 2014 소치올림픽 쇼트트랙 여자 3000미터 계주 시상식을 마친 뒤 금메달을 깨물고 있다.

것은 사진작가들이 좋은 사진, 다시 말해 잘 팔리는 사진을 건지기 위해 예전부터 선수들에게 요구해 온 단골 포즈에 불과하다고. 올림픽 전통 세레머니가 아니라 사진작가들의 '전통적 주문'인 셈이다. 하긴, 은으로 만든 금메달이긴 해도 경도는 금과 거의 같으니 깨물었을 때 남는 자국의 깊이(?)는 별반 다르지 않을 것 같다.

2012년 런던올림픽의 공식 후원사였던 맥도날드는 이 모습을 재치 있게 활용한 텔레비전 광고를 만들었다. 금메달을 깨무는 여러 선수들의 감격스러운 사진을 보여 주며 "The greatest victories are celebrated with a bite(최고의 승리들은 한 입으로 기념된다)"라는 문구를 띄운 후, 맥도날드의 황금빛 맥너겟을 마치 금메달처럼 한 입 깨무는 장면을 보여 주는 재미난 광고였다. 경쟁이 치열한 사진작가들의 기발한 요구에서 시작된 '한 입 포즈'가 이제는 어엿한 올림픽 세레모니로 자리 잡았다고 인정해 줘야 하지 않을까. 이유야 어찌되었든, 쓰디쓴 노력 끝에 금메달을 입에 문 선수들의 달콤한 한 입은 그들을 지켜보는 국민들마저 충분히 감격스럽게 만드는 묘한 재주를 가졌다.

역사 속에서 금은 그 활용을 떠나 금빛으로 빛나는 그 존재 자체만으로도 많은 사람들에게 사랑받았다. '황금빛'이라고 명명된 그 특유의 빛이야말로 부와 명예를 과시하고자 하는 인간의 원초적인 욕구를 담고 있는 것이 아닐까. 우리는 금을 통해 세계사에서 가장 흥미롭고 뜨거운 이야기를 알 수 있었다. 그리고 앞으로도 욕망을 자극하는 황금빛이 사라지지 않는 한, 금은 우리 삶의 중심에서 여전히 화려하게 빛날 것이다.

금 Au⁷⁹

지각 분포	지각 내 0.0031ppm가량 매장되어 있는 희귀한 원소다.
발견 시기	기원전 4700년경
결정 구조	면심입방구조
녹는점	1064.18℃
끓는점	2856℃
표준 원자량	196.966569(4)g/mol
광석	엘렉트럼 및 석영맥 속에서 황철석(FeS₂) 등의 광물과 함께 산출된다.
용도	금융 투자 목적, 금화, 보석, 장신구, 귀금속, 공예 장식품, 치아 보철, 금도금, 의약품 등에 이용된다. 공업적으로는 집적회로(IC), 대규모집적회로(LSI)의 본딩 와이어, 전극, 접점 등에 쓰이고 있다.
모스 경도	2.5

인류가 구리, 납, 은에 이어 사용한 네 번째 금속인 금은 금속계의 왕이라고 할 수 있다. 고대에서부터 현대에 이르기까지 그 가치가 변함없는 금속으로, 고고한 위엄을 갖는다. 물리적으로도 금속 중에서 전성과 연성이 가장 커 높은 활용도가 있고 화학적으로도 굉장히 안정적인 착한 금속이다. 공기 중에서 산화가 잘되지 않는 편이어서 그토록 아름다운 금빛을 오래오래 즐길 수 있게 해 주기도 한다. 만약 생애 첫 생일을 기념해 받은 돌반지가 아직도 집에 보관되어 있다면 오랜만에 꺼내 한번 살펴보시길. 여전히 귀티 나는 황금빛을 뽐내고 있을 것이다.

아버지 제우스는 인간 세상의 제3세대인
청동기를 창조하였다. (중략) 그들은 끔찍하고 강했으며
군신 아레스의 공포스러운 전투의 주역이었고, 폭력이었다.

_ 헤시오도스의 서사시 「노동과 나날」 중

5장

Tin

B.C. 3300년경

주석

×××××

작은 거인,

역사를

가르다

주석을 의미하는 영어 'tin'은 고대 영어인 앵글로–색슨어다. 이는 독일어 'Zinn'과 스웨덴어 'tenn' 등과 뿌리가 같을 것으로 추측되나 정확한 어원은 아직 밝혀지지 않았다. 일설에 따르면 이탈리아에 위치했던 '에트루리아'라는 고대 국가의 신화 속에 등장하는 하늘의 신이자, 그리스 최고의 신 제우스와 맞먹는 신 '티니어Tinia'의 이름에서 유래했다고도 한다. 주석의 원소 기호 'Sn'은 주석의 또 다른 영어이자 라틴어 명칭인 'stannum'에서 유래했는데 이 단어는 처음에 은과 납의 합금을 의미했으나, 기원전 4세기경부터 주석을 가리키게 되었다. 주석이라는 명칭은 사실 납이나 구리처럼 일상에서 흔하게 쓰이지는 않는 편이다. 오히려 '양철'이나 '땜납'같이 주석 합금을 의미하는 단어가 더 친숙하다. 『오즈의 마법사』에 등장하는 'the tin man'도 우리에게는 '양철 나무꾼'으로 통하지 않던가. 이는 단독으로는 잘 쓰이지 않는 주석의 특성 때문으로, 주석은 다른 금속과의 합금이나 화합물 형태로 사용되는 경우가 대부분이다. 어쩌면 지금 이 순간, 우리는 주석을 사용하면서도 그 사실을 인식하지 못하고 있을 수도 있다.

역사를 나누는 삼시대법三時代法

열 손가락 깨물어 안 아픈 손가락 없는 것처럼, 이 책에서 다루는 일곱 고대금속을 하나하나 따져 봐도 안 귀한 금속이 없다. 단지, 정도의 차이가 있을 뿐! 그중에서도 주석은 요즘 시대의 빌 게이츠나 스티브 잡스처럼 인류의 삶에 가장 큰 혁신을 불어넣은 금속으로 철과 함께 꼽힐 만하다. 청동기 시대를 여는 데 가장 크게 기여한 핵심 금속이기 때문이다. 청동은 구리와 주석의 합금으로, 주석은 구리의 우수한 전성과 연성을 잘 살려 주면서도 구리의 단점인 강도를 크게 높여 주는 마술 같은 역할을 한다. 청동 덕분에 부족과 부족, 국가와 국가 간의 힘의 균형을 무너뜨리는 '게임 체인지game change'가 가능했던 것이다. 이렇게 주석의 마술로 탄생한 청동에 대해 먼저 살펴보도록 하자.

구리는 붉은빛을 띠는 금속이고, 주석은 은빛을 띠는 금속이다. 그렇다면 붉은색 물감에 은색 물감을 섞으면 주황빛이 도는 것처럼 구리와 주석을 섞어도 비슷하지 않을까? 전혀 아니다. 두 금속을 아무리 잘 섞어도 그런 색은 기대하기 어렵다. 구리에 주석이 3퍼센트 이상 섞이게 되면 구리의 붉은빛이 사라지고 점점 황색으로 변한다. 청동 하면 떠오르는 황색은 주석이 14~20퍼센트 정도 구리에 녹아들었을 때 나타난다. 주석이 25퍼센트를 넘으면 흰빛을 띠는 백동이 되어 거울로 쓸 수 있을 정도가 된다. 주석이 17~18퍼센트 정도일 때 최고의 강도를 갖는 청동이 탄생하는데 이렇게 만들어진 단단한 청동에 감탄한 인류는 돌도끼에게 이별을 고하고 청동 도끼, 청동 검을 만들어 사용하기 시작했다. 드디어 청동기 시대가 열린 것이다.

그런데 지금껏 구리, 납, 은, 금이 모두 사용되었건만 우리에게 익숙한 시대구분은 오로지 '석기 시대', '청동기 시대', '철기 시대'뿐이다. 왜 청동이 금속 중에서 처음으로 시대를 가르는 거창한 타이틀을 얻게 된 것일까. 여기에는 바로 수백만 년에 달하는 장구한 고대 인류의 생활사를 통 크게 세 덩어리로 나누어 석기 시대, 청동기 시대, 철기 시대로 구분한 '삼시대법三時代法'의 공이 크다. 삼시대법은 고고학에서 사용된 최초의 시대구분 방법이기 때문이다.

고고학이란 '인간이 남긴 유적, 유물과 같은 물질 증거와 그 상관 관계를 통해 과거의 문화와 역사, 생활을 연구하는 학문'으로 정의된다. 사실 고고학은 18세기까지는 하나의 학문으로서 정립되지 않은 상태였다. 그러다 19세기에 접어들어 지질학에서 퇴적 지층이 쌓인 순서를 의미하는 '층서層序'의 개념이 유입되면서 이를 활용한 발굴 지식들이 축적되기 시작했다. 영국 생물학자이자 박물학자인 다윈Charles Darwin, 1808~1883의 명저 『종의 기원』, 독일 고고학자인 슐리만Heinrich Schliemann, 1822~1890의 미케네 문명과 트로이 유적 발굴, 스웨덴 고고학자인 몬텔리우스Oscar Montelius, 1843~1921의 '형식학적 방법', 영국 고고학자

인 페트리^{W. M. Flinders Petrie, 1853~1942}의
'계기연대법'과 같은 성과와 방법
론이 속속 등장하면서 고고학은
마침내 독립적인 학문으로 인정
받게 된 것이다.

그중에서도 고고학의 초석
을 단단하게 다진 인물은 덴마크
의 고고학자인 톰센^{Christian Jürgensen}
^{Thomsen, 1788~1865}이다. 톰센은 1819년
개장한 북유럽유물박물관 초대 관
장으로 재직하며 다양한 유물을
조사했다. 이를 바탕으로 1836년
박물관 안내 책자인 「북유럽 고대
유물에 관한 안내」에서 무기와 도
구를 만드는 데 사용된 재료인 돌,

고고학 정립에 기틀을 마
련한 대표 학자들 (상단 왼
쪽부터 시계 방향으로) 페트
리, 톰센, 슐리만, 몬텔
리우스, 다윈

청동, 철의 순서로 유물을 구분하며 본격적으로 삼시대법을 제시했다.

사실 삼시대법에 대한 개념은 이미 18세기 여러 학자들에 의해 주
장되었다. 톰센 이전에 벌써 덴마크에서 이 용어를 사용한 인물도 있
었으니, 역사학자 베델 시몬센^{Vedel Simonsen, 1780~1858}은 "스칸디나비아 고
대 주민 문화의 역사는 돌 시대, 동 시대, 철 시대라는 삼시대로 나눌
수 있다"는 내용을 주장했다. 하지만 그의 시대 운이 톰센보다는 부족
했던지 당시에는 이 용어가 널리 받아들여지지 않았다.

돌과 청동, 그리고 철, 이 셋으로 시대를 구분하는 것은 그 뿌리를

더듬으면 그리스, 로마 시대까지 거슬러 올라간다. 로마의 시인이자 유물론 철학자인 루크레티우스Titus Lucretius Carus, B.C. 94?~B.C. 55?가 기원전 56 년에 저술한 시 「사물의 본질에 관해서」에는 다음과 같은 구절이 나온다.

> 가장 초창기의 무기는 손, 손톱, 이빨이었다. 점차 돌, 나뭇가지도 사용했고 불을 발견하자마자 불도 무기로 사용했다. 그러더니 인류는 강철과 구리를 사용하는 법을 익혔다. 구리로는 밭을 갈았고 전쟁의 바람을 일으켰다. (중략) 그리고 점차 철로 만든 검을 주로 사용했다. 동으로 만든 낫은 구식이 되었고, 농민들은 철로 땅을 일구기 시작했다.

삼시대법에 대한 최초의 기록은 이보다도 훨씬 이전인 그리스 시대의 문헌에도 남아 있다. 서양 문학에서 최초이자 최고의 걸작 서사시 「일리아스」와 「오디세이아」의 저작자로 알려진 사람은 호메로스다. 그러나 지금 이야기하고자 하는 인물은 호메로스가 아닌, 그와 영향력이 비등비등한 그리스의 또 다른 대표 서사시인 헤시오도스Hesiods, B.C 8C다. 그는 대표작 중하나인 「노동과 나날」에서 인간의 역사는 1.황금 시대, 2.은 시대, 3.청동 시대, 4.영웅 시대, 5.철 시대라는 연속된 다섯 시대로 나뉜다고 말하고 각각의 시대에 대한 정의를 내렸다.

"앗, 그때는 청동 시대 외에 금 시대, 은 시

▎사실 호메로스는 실제로 존재했는지 만들어진 인물인지 그 여부조차 아직 불분명한 반면, 헤시오도스는 역사적으로 실존한 인물이었음이 확인되었다. 현재 남아 있는 작품은 「신통기」와 「노동과 나날」 두 편이다. 종교적이고 교훈적이며 동시에 실용적인 면이 두드러지는 것이 두 작품의 특징이다.

대도 있었구나!"라고 생각할 수도 있겠지만, 헤시오도스는 청동 시대와 철 시대만 금속 사용을 기반으로 한 '인간의 시대'로 정의했으며 나머지는 '신화의 시대'로 보았다. 기원전 8세기경에 완성된 것으로 보이는 「노동과 나날」은 모두 828행으로 된 서사시인데 그중 140~155행에 청동이 언급되어 있다.

> 아버지 제우스는 인간 세상의 제3세대인 청동기를 창조하였다. (중략) 그들은 끔찍하고 강했으며 군신 아레스의 공포스러운 전투의 주역이었고, 폭력이었다. (중략) 그들의 갑옷도 집도 도구도 청동이었으며 시커먼 철은 그곳에 없었다.

이처럼 삼시대법이라는 개념은 전혀 새로운 것이 아니었다. 그런데도 굳이 톰센을 콕 집어서 근대고고학의 창시자로 칭송하는 이유는 그가 처음으로 이 개념을 적용해 고대 유물을 분류하고 전시하는 데까지 실행한 인물이기 때문이다. 우리에게 '말보다 행동'이라는 교훈을 잘 가르쳐 주는 친절한 학자 톰센이다.

한편, 학문의 건강한 발전을 위해서는 언제나 상대방의 이의에 귀를 크게 열고 존중할 수 있어야 하는 법. 고고학계에서도 청동기 시대라는 설정 자체에 반기를 드는 의견이 물론 존재한다. 그 반론들은 크게 세 가지로 나뉜다.

첫째, '없어서 못 쓴 청동'. 어떤 문명은 분명 고도의 기술 수준을 가지고 있다. 그런데 그 지역은 지질학적으로 주석을 구할 수 없는 곳이다. 이런 경우 그 고도의 문명은 고고학적으로 청동기 시대에 진입한 문명의 집단에서 제외되어야 하는가?

둘째, '편애받는 청동'. 어떠한 금속이 하나의 시대를 대표하는 타이틀을 보유하기 위해서는 아무래도 그 사회에 보편적으로 널리 사용되었어야 할 것이다. 그런데 청동의 원료인 주석은 매장된 지역과 산출량이 굉장히 한정되어 있다. 그래서 일부 지역에서 청동은 상층 계급 구성원의 무기와 장신구에서나 구경할 수 있을 뿐이지, 사회 전반으로까지 사용되지는 못해서 농기구나 도끼 같은 생산 도구가 될 수 없었다. 이렇듯 돌이나 철과는 다르게 청동은 모든 문명에서 일반적으로 사용된 것도 아닌데 구태여 청동기 시대라고 불러야 하는가?

셋째, '어설프게 만든 청동'. 주석을 보유해 청동을 사용했던 문명이라 하더라도 청동을 다룬 기술 수준이 크게 차이 나는 경우가 있다. 주석을 제련하는 기술이 뛰어나 다양한 청동 기구를 섬세하게 만들어 내며 '참된 청동기 시대'를 보낸 문명이 있는 반면, 얼떨결에 주석을 추출하게 되어서 어쩌어찌하다 구리와 섞어 이것저것 무엇인가를 만들긴 만들었는데 그것이 도끼인 것 같기도 하고 칼인 것 같기도 한 애매한 기구에 그치는 수준에서 청동기 제조 기술이 더 이상 발전하지 않아 '어설픈 청동기 시대'를 보낸 문명도 있다. 이 두 문명을 모두 청동기 시대에 진입한 수준의 문명으로 일률적으로 분류해야 하는가?

고고학자도 아닌데 어쩌다 보니 중요한 고고학 토론회에라도 앉아 있게 된 것 같아 괜스레 그들과 함께 심각해지는 기분이 든다. 우리의 목적은 주석에 대한 재미난 역사를 즐기는 것뿐이니 가벼운 마음으로 열띤 토론을 구경만 해 보자.

위의 세 반론 중에서도 가장 크게 지지를 얻고 있는 것은 첫 번째에 제시된 '없어서 못 쓴 청동'에 대한 주장이다. 대표적인 예로는 '눈부시게 번영했던' 이집트 문명을 들 수 있다. 고대 이집트 제4왕조(기원전 2613~2498년)가 지난 후부터는 이집트에서도 청동이라는 놀라운 재료를 알고는 있었으나, 주 원료인 주석을 구할 수가 없었기 때문에 제12왕조(기원전 1991~1786년) 무렵까지는 청동기를 만들어 내지 못했다. 제4왕조에서 제12왕조에 걸쳐 이집트 문화는 다른 여러 지역의 청동기 문화나 철기 문화보다도 훨씬 높은 수준에 도달해 있었는데 단지 청동이 없어서 못 쓴 것일 뿐이지 기술이 부족해서 못 쓴 것이 아니었던 셈이다. 게다가 청동기 시대에 해당하는 제18왕조(기원전 1570~1293년)의 이집트 문화는 다른 지역의 철기 문화보다도 수준이 훨씬 높았다.

삼시대법에 반대하는 학자들의 공통된 의견은 '석기 시대 → 청동기 시대 → 철기 시대'의 발전 과정은 지극히 기술사적인 시대구분일 뿐이지 정치, 경제, 사회, 정신문화의 전반을 고려해야 하는 일반사적인 시대구분으로는 적절하지 않다는 것이다. 물론 그러한 의견도 일리는 있다. 그런데 이미 삼시대법이 상당 기간 동안 보편적으로 사용되어 온 이상, 이제 와서 "그럼 아예 삼시대법에서 청동기 빼고 이시대법으로 갑시다!"라고 할 수는 없지 않겠는가. 더구나 문화 발전의 양상이 확실치 않은 문화권을 연구할 때는 이미 보편화된 삼시대법을 우선 적용하는 것이 편리하다는 이점이 존재하기에 삼시대법은 여전히 시대구분의 중요한 이론으로 대접받고 있다.

아무튼 이렇게 청동기 시대에 대한 속사정을 알게 되었으니, 앞으로 조금 더 넓은 시각에서 청동기 시대를 이해하는 데 도움이 되리라

본다. 그리고 한 가지 더. 주석의 사용이 청동기 시대를 이끌어 냈던 '핵심 열쇠'였다는 사실, 이 중요한 사실은 절대 잊지 말아야 할 것이다. 주석이 없었다면 청동기 시대는 출현조차 할 수 없었으니.

xxxxx

청동으로부터 시작되다

주석은 매장량이 한정적인 광물이고 철은 주석에 비하면 매장량이 철철 넘치는 광물이다. 그런데도 주석이 포함된 청동기가 철기보다 앞서 사용된 이유는 무엇일까. 이 시기 누군가 꼼꼼하게 문자로 남겨 놓은 기록이 없는 관계로 정확히 알 수는 없지만, 아마도 주석의 녹는점이 철의 1535도보다 매우 낮은 232도에 불과해 다루기가 더 용이했다는 점이 주요한 이유일 것이다. 또 구리 광석을 야금할 때 우연히 주석과 구리의 합금을 발견했을 가능성도 있다. 초기에는 구리 광석에 흔히 포함된 비소가 들어간 합금을 만들었겠지만, 비소에 열을 가하게 되면 독성 증기가 나와 저승길로 이어진 무지개다리를 놓아 준다는 사실을 깨닫게 된 이후 위험하지 않은 주석을 구리 합금의 재료로 사용하게 되었을 것이라는 추측이다.

인류가 청동을 최초로 사용한 시기가 언제며, 누가 처음 사용했으며, 그 지역이 어디냐에 대해 아직도 논란이 남아 있다. 지금까지 발견된 가장 오래된 청동 유물 중 하나는 '치크피스cheekpiece'라고 하는, 말에게 물리는 재갈의 양 끝에 달린 금속 막대기다. 매우 독특한 형태를 지닌 이 유물은 오늘날 러시아 남쪽 캅카스에 해당하는 지역에 묻혀 있었다. 이 지역은 기원전 4000~2500년에 초기 청동기 시대의 가장 두드러진 발달을 보여 주는 마이코프 문화 Maykop Culture가 번성했던 곳이다. 그런데 이 치크피스를 비롯해 마이코프 문화에서 출토된 초기 청동기 유물 대부분은 주석이 아닌 맹독성 물질 비소를 구리에 섞어 만들었다는 살벌한 특징이 있다. 비소는 공기 중에서 가열하면 마늘 비슷한 냄새를 풀풀 풍기면서 타 들어가 0.06그램만으로도 사람의 생명을 앗아 가는 삼산화비소(비상)를 만들어 낸다. 이 때문에 마이코프 문

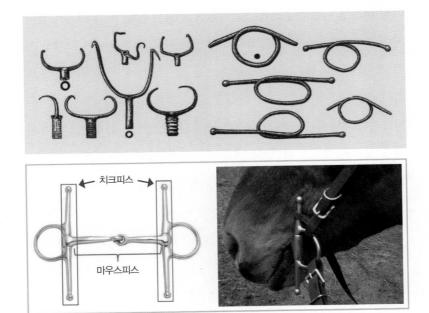

마이코프 문화에서 발견된 청동 치크피스 도안(위), 현대식 치크피스 도안(아래 왼쪽),
실제로 사용된 현대식 치크피스(아래 오른쪽)

화에서는 청동기를 만들던 대장간에서 비소 섞인 구리를 달구며 묘한 마늘 냄새를 맡다가 장렬하게 사망한 장인들이 꽤 많았을 것으로 추측된다.

인류 최초로 구리에 위험한 비소 대신 안전한 '주석'을 섞어 사용한 민족은 기원전 4000년 전, 여러 문명의 요람이라고까지 일컬어지는 티그리스 강과 유프라테스 강 사이에 정착했던 수메르인이었다. 이들은 돌로 쌓은 성벽과 운하를 경계로 수십 개의 독립된 도시국가를 형성함으로써 드디어 '문명'을 이룩했다. 바로 오늘날 이라크 남부 지방에서 일어난 일이다.

수메르 문명의 흥망성쇠는 가장 대표적인 특징들을 기준으로 총 여섯 단계로 나뉜다. 1단계는 문자를 이용하지 않은 역사 이전의 선사 시대다. 2단계는 문자가 발명되고 청동이 이제 막 사용되기 시작한 초기 청동기 시대 제1기로 구분된다. 3단계는 왕조가 출현하고 인류 최초의 서사시 「길가메시」[1]가 탄생한 초기 청동기 시대 제2기부터 제4기까지다. 4단계는 수메르 북부 아카드를 중심으로 사르곤 1세가 아카드 제국을 세운 시대다. 5단계는 아카드 제국을 멸망시킨 유목민 구티안 왕조의 시대다. 6단계는 인류 최초의 법전 '우르-남무 법전'이 제정된 시대로 초기 청동기 시대가 막을 내리고 중기 청동기 시대로 이제 막 진입하려던 때다.

이 중에서도 초기 청동기 시대가 시작된 2단계 우루크 시대(기원전 4100~2900년)에 대해 살펴보자. 이 시기는 수메르 문명 최초의 거대 집단

[1] 호메로스의 서사시 「오디세이아 Odysseia」에 필적하는 작품으로, 주인공 길가메시의 모험을 담고 있다. 12개의 점토판에 약 3000개의 행으로 되어 있으며, 노아의 방주와 유사한 홍수에 대한 이야기도 등장한다. 길가메시는 수메르, 바빌로니아 등 고대 동양의 여러 민족 사이에서 널리 알려진 전설적 영웅이다.

주거지가 형성된 시기다. 성서의 창세기 10장 10절에 나오는 '에렉Erech' 이 바로 이 곳 우루크다.

'마을 → 읍 → 도시'의 발달 단계로 볼 때 우루크는 실질적으로 수메르인 최초의 도시 국가였다. 약 6제곱킬로미터에 걸쳐 성벽을 쌓았고 인구는 5~8만 명으로 당시로서는 세계 최대 규모였던 것으로 추측된다. 이렇게 인구가 폭발한 덕분에 다양한 분야에서 발전이 나타나기 시작했다. 사람들이 복닥복닥 붐비다 보니 아무래도 직업과 사회계층이 이전보다 더 확실하게 구분되기 시작했고, 그중에는 정치를 논하는 사람, 경제를 살피는 사람, 문화를 창조하는 사람, 기술을 연마하는 사람도 생겨나 인류 최초로 정치나 경제, 문화 그리고 기술 등에서 큰 변화들이 일어나게 된 것이다.

우루크 시대 수메르인의 머릿속에는 주체할 수 없는 지혜의 폭포가 쏟아져 내리기 시작해 기술적 진보가 상상을 초월할 정도로 빨라졌고 이에 직물 짜기, 관개 농업, 댐 건설 등 오늘날에도 유용하게 쓰

● **티그리스 강 동쪽 니네베에서 출토된 대표 유물, 아카드의 사르곤 왕 상**像 현재 바그다드 이라크국립박물관에 소장되어 있는 아카드 제국의 건국자 사르곤 1세의 청동제 인상의 머리 부분이다. 사르곤 1세는 기원전 2334년부터 2279년까지 재위하며 남메소포타미아(수메르, 아카드)를 처음으로 통일했다. 북메소포타미아에서 시리아 방면까지 지배했고, 지중해와 페르시아 만을 연결하는 교역로를 열었다.

작은 거인, 역사를 가르다 **153**

이는 기술들을 인류 최초로 선보였다. 이 시기 기술 변화 중 대표적인 것으로 토기를 들 수 있다. 기술이라고 해 놓고 토기라 말하니 섭섭하게 '김 빠졌다!'고 할지는 모르겠지만 지금으로부터 6000여 년 전 우루크의 토기 수준은 특별했다. 흙색의 칙칙한 토기가 아니라 항아리나 사발의 표면에 빨간색, 흰색, 검은색으로 정성껏 삼각무늬나 그물무늬를 넣은 '채문토기彩文土器'를 만들었으니 놀라울 따름이다.

2단계 우루크 시대에 나타난 또 다른 변화는 단순한 그림에서 조금 더 발전된 문자다운 문자를 드디어 사용하기 시작했다는 것이다. 이로써 읽을거리가 없어 내심 지루했던 까막눈이 선사 시대는 막을 내렸다. 기원전 3300년경 우루크에서 발명된 인류 최초의 문자는 '설형문자楔形文字' 또는 '쐐기문자'로, 갈대같이 길쭉하고 억센 풀이나 나뭇가지의 끝을 연필심처럼 뾰족하게 깎아서 점토판 위에 새겨 넣듯이 쓴 문자다. 쓰기 쉽고, 오래 남고, 의미 전달에 효율적인 최초의 문자는 곧 절찬리에 다른 도시국가로까지 확산되어 농산물과 가축 거래 등 각종 경제 활동을 기록하는 데 적극적으로 사용되었다.

경제 활동이 활발해지니 수메르인 중에도 사업 수완이 좋은 신흥 부자 사장님들이 생겨나기 시작했다. 그러자 "내가 쌓은 부는 이만큼이나 된다오"라고 다른 사람들에게 자기 재산의 소유권을 표시할 방법이 필요했다. 그래서 생겨난 것이 우루크 시대의 걸작이라고 평가받는 '원통형 인장'이다. 인장의 재료로는 돌이 많이 쓰였는데 크기는 2.5~7.5센티미터 정도로 AAA나 AA 크기의 건전지와 비슷했다. 인장에는 위에서 아래로 통하는 구멍을 뚫어 실을 꿴 다음 목이나 허리에 두르고 다닐 수 있도록 휴대하기 편하게 만들었다. 원통형 인장의 표

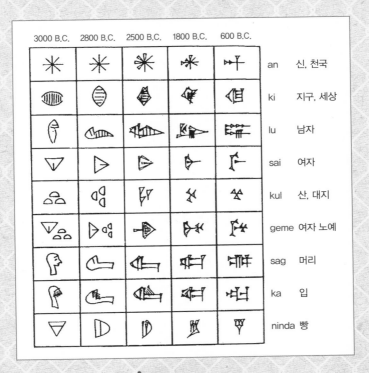

3000 B.C.	2800 B.C.	2500 B.C.	1800 B.C.	600 B.C.		
					an	신, 천국
					ki	지구, 세상
					lu	남자
					sai	여자
					kul	산, 대지
					geme	여자 노예
					sag	머리
					ka	입
					ninda	빵

시기별 설형문자의 변천

기원전 2600년의 원통형 인장 고대 수메르인의 도시 우르의 왕실 묘에서 발굴되었다.

면에는 기하학적인 모양이나, 동물, 종교적, 신화적 장면 등이 부조 형식으로 조각되어 있었기 때문에 무른 점토판 위에 올려두고 일정한 힘으로 누르면서 한 바퀴 굴리면 도장 자국을 만들 수 있었다.

우루크 시대가 이렇게 마무리되나 싶겠지만 곧 토기와 문자를 넘어서는 최고의 혁신이 이 시기에 이루어지게 된다. 바로 우루크 시대를 바꾼 최고의 혁신, 비소 대신 주석을 넣은 덕분에 살벌한 마늘 냄새를 안 맡아도 되는 '안전한 청동'을 만든 것이다. 이를 계기로 우루크는 기원전 3300~2900년, 금석병용 시대에서 벗어나 드디어 초기 청동기 시대의 문을 열었다. 수메르인 최고의 자랑거리로 부족함 하나 없는 이 청동 야금술은 수백 년간 여러 경로를 통해 사방으로 전파되어 주변의 각 지역을 청동기 시대로 이끌었다. 그 결과 오늘날의 터키, 이란, 사우디아라비아 등지에서도 기원전 3100~2500년에는 청동기 시대에 진입할 수 있었다.

그런데 반전도 이런 반전이 없다. 수메르인이 어깨에 힘주며 널리 퍼뜨렸던 청동 기술이 아이러니하게도 수메르 문명의 무덤을 파는 무시무시한 곡괭이가 되어 돌아오다니 말이다. 기원전 2000년경 아라비아에서 이동해 온 셈족 계통의 아모리인이 청동 무기를 들고 쳐들어온 것이다. 이에 수메르 문명 6단계인 우르 제3왕조 시대는 끝이 났고, 화려한 기술을 뽐내며 수천 년간 이어졌던 수메르 문명의 불꽃도 꺼져 버렸다.

수메르인을 정복한 셈족의 '셈'이라는 단어는 성경 창세기에서 하나님의 계시로 방주를 만든 노아의 장남, '셈'의 이름에서 유래했다. 셈족 중 하나에 속하는 아모리인은 원래 오늘날 시리아 지중해 연안

에서 자유롭게 유목 생활을 하던 노마드족^{Nomad}

이었다. 그러다 이제 정착 생활을 해 보려고 터 좋은 곳을 발견해 청동 무기를 쥐고 그곳에 살던 민족을 무찔렀는데 하필이면 그 민족이 청동 기술을 만들어 전파한 메소포타미아의 수메르인들이었던 것이다.

> 고대의 법을 연구하는 데 있어 중요한 자료인 함무라비 법전은 페르시아의 옛 도시인 수사에서 프랑스 탐험대가 1901년 말에 발견했다. 현재 완전한 상태로 루브르 박물관에 소장되어 있다. 함무라비 법전의 내용은 수메르법과 아카드법을 절충한 것이며 후세의 법에 큰 영향을 끼쳤다.

직접 물어보지 못해 확인할 수는 없지만 설마 알고서 일부러 그랬겠는가. 덕분에 아모리인은 발달한 수메르 문명의 기술과 방식을 참고해 무사히 정착 생활에 성공했으며 후에 왕국으로까지 발전했으니, 바로 고대 바빌로니아 왕국이다. 아모리인 중 가장 잘 알려진 인물로는 함무라비 법전┃으로 유명한 바빌로니아 제1왕조 제6대 왕 함무라비 대왕^{Hammurabi, B.C. 1810?~B.C. 1750?}이 있다는 사실. 배포 두둑하게 청동 기술을 곳곳으로 전파한 수메르인 입장에서는 뒤통수 맞은 기분이겠으나 영원한 왕국이 어디 있겠는가. 흥하고 망하고 성하고 쇠하는 일이 늘 반복되는 것이 이 세상의 이치이거늘!

×××××

썸 타다 결국 갈라선 물질

"요즘따라 니꺼인 듯 니꺼 아닌 니꺼 같은 나~ 이게 무슨 사이인 건지 사실 헷갈려~"

그렇다, 너무도 유명한 소유와 정기고의 노래 「썸」의 가사 일부다. 이 가사처럼 우리 주변에 한때 '인 듯 아닌 듯' 썸 타다 결국 갈라선 물질, '동소체同素體'가 있다는 사실을 알고 계신지. 동소체란 같은 종류의 원소로 이루어져 있음에도 원자 배열이나 결합 방법이 달라서 서로 성질이 다른 물질들을 말한다. 과학계에서 썸 타던 대표 커플 동소체의 예로는 '다이아몬드'와 '흑연'을 들 수 있다.

다이아몬드와 흑연 둘 다 '탄소'로 이루어져 있어서 뭔가 같을 듯하면서도 원자 배열이 극명하게 달라 서로 공유할 게 전혀 없다. 결국 다이아몬드는 영롱한 보석의 길로, 흑연은 새카만 연필심의 길로 돌아섰다. 산소와 오존도 마찬가지. 둘 다 같은 산소 원소로 이루어져 있기는 하나, 분자 조성 한 개의 차이로 산소는 생명의 길로, 오존은 독성의 길로 갈라섰다.

동소체에 대해 이렇게 자세히 설명하는 이유는 단 한 가지다. 아마 벌써 눈치채신 분도 있을 텐데 바로 이번 장에서 소개하는 금속, 주석도 동소체이기 때문이다. 아시다시피 이 책 각 장의 맨 뒷부분에는 해당 금속의 결정 구조 이미지가 나와 있다. 미리 주석의 결정 구조를 살짝 들춰 보면 다른 여섯 가지 금속들과는 달리 주석은 두 가지 동소체, 'α-주석'과 'β-주석'이 있다는 사실을 확인할 수 있을 것이다.

그럼 각 동소체를 천천히 살펴보자. 우선, α-주석은 어두운 회색 빛을 띠고 있어서 금속치곤 때깔부터가 좀 별로다. 비금속성 형태여서 산화도 잘되고, 입방형 다이아몬드 결정 구조 때문에 전성과 연성도 작아서 약간만 힘을 주면 버티지 못하고 그냥 부스러져 버린다. 이렇다 보니 활용도가 낮아서 반도체 분야에 극히 일부가 사용될 뿐 산업적으로 거의 이용되지 않는다.

보통 산업 분야에서 주석이라고 부르는 것은 은처럼 반짝이는 'β-주석'을 의미한다. 물론 β-주석에도 결정적인 약점이 하나 있다. 일정 압력과 온도가 가해지면 어떤 상태에서 다른 상태로 변해 버리는 '전이轉移 현상'이 발생한다는 것. 주석이 전이된 결과를 확인하고 싶을 때는 그냥 냉장고에 넣어 버리면 된다. 티 없이 순수한 β-주석의 전이 온도는 영하 13.2도이므로 그 아래로 충분히 냉각되었다 싶을 때 냉장고 문을 열어 보면 매끈하고 잘 생긴 β-주석은 어디 가고 대신

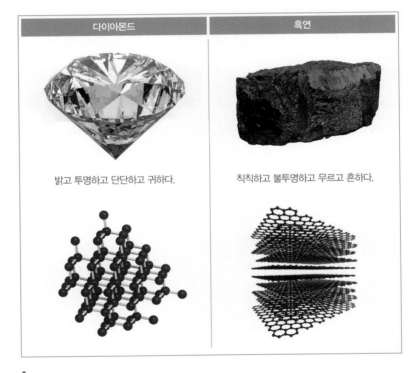

다이아몬드	흑연
밝고 투명하고 단단하고 귀하다.	칙칙하고 불투명하고 무르고 흔하다.

동소체의 대표적인 예인 다이아몬드와 흑연 탄소 원자의 배열 및 성질의 차이를 표로 정리했다.

몸집은 27퍼센트 정도 빵빵하게 부풀어 있는 데다 돌기가 삐죽빼죽
나 있고 빠끔빠끔 곰보 자국까지 가득한 시커먼 α-주석이 자리를 차
지하고 있을 것이다. 주석의 기막힌 변신에 놀란 나머지 바닥에 냅다
던져버려서는 곤란하다. β-주석일 때와는 달리 전성과 연성까지 적
어진 상태라 금방 부서져 가루가 되어 버릴 테니까.

주석에게 큰 위로가 될지는 모르겠지만 그나마 비스무트, 안티
몬, 납 등의 불순물과 조금 섞이게 되면 가정용 냉동실에는 들어가도
괜찮다. 대신 영하 30도 정도에서 장시간 동안 방치된다면 어쩔 수 없
이 α-주석으로의 전이는 피할 수 없다. 영하 40도까지 내려갈 경우에
는 인정사정 볼 것 없이 빠르게 전이가 진행되어 버린다.

일단 전이가 시작되면 속수무책으로 변해 버리니 주석 자신도 '지
킬박사와 하이드 씨' 같은 자신의 이런 변화가 좋을 리 없다. 이건 분
명 심각한 병이나 다름없지 않은가. 급기야 주석에게 충격적인 진단
이 내려졌으니, 병명은 '주석 페스트^{tin pest}'다. 일단 걸렸다 하면 일주일
후에는 임종을 준비해야 할 정도로 사망률이 높고 전염력이 강했던
전염병, 페스트(흑사병)에 비유한 것이다. 페스트는 수백 년간 중세 유
럽의 인구 4분의 1을 하늘로 보냈던 역사상 최악의 질병이었다. 고열,
두통, 부종과 함께 살이 까맣게 변해 썩어 버리는 페스트의 대표 증상
은 주석병의 진행 과정과 꽤 닮았다. 페스트라는 단어가 무서워서 입
에 올리기도 께름칙한 사람들은 주석 페스트를 단순히 '주석병^{tin disease}'
이라고도 부른다. 페스트 때문에 벌어진 슬픈 역사들이 떠올라 괜스
레 마음이 울적해지니 이 책에서도 주석병이라는 용어를 사용하고자
한다.

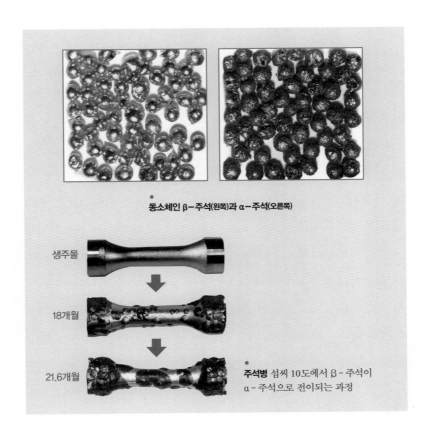

동소체인 β-주석(왼쪽)과 α-주석(오른쪽)

생주물

18개월

21.6개월

주석병 섭씨 10도에서 β-주석이
α-주석으로 전이되는 과정

　　단순히 주석의 전이 현상일 뿐인데 왜 이렇게 오싹한 이름을 붙
이고 구구절절 설명하고 있는지 궁금하다면, 다음 페이지부터 나오는
이야기에 주목하자. 주석병에 대한 이해가 부족했던 과거에는 주석병
을 소홀히 여기는 바람에 중요한 과업을 망치는 경우가 종종 있었기
때문이다. 대표적인 사례가 바로 나폴레옹 1세의 러시아 원정과 영국
인 스콧의 남극 탐험이다.

주석병이 불러온 나폴레옹의 실패

나폴레옹 1세가 지배하던 시대의 프랑스는 유럽 전역으로 패권을 확산하며 그야말로 창창한 대로를 달리고 있었다.[1] 주변의 유럽 국가들은 나폴레옹이 언제 세력을 뻗칠지 몰라 마음고생이 이만저만 아니었다. "나만 제일 잘나가"를 외치며 홀로 질주하던 프랑스를 멈추게 할 때가 왔음을 필연적으로 느낀 영국, 스웨덴, 작센왕국, 프로이센왕국 그리고 러시아제국은 1806년 급히 대[對]프랑스 동맹을 결성했다. 이 다섯 국가의 국제적 반항에 프랑스는 불편한 심기가 폭발해 가장 먼저 프로이센을 냅다 들이받았다. 퍽, 퍽, 끝. 단 두 차례의 전투로 프로이센은 쓰라린 KO패를 당하고 말았다. 당당히 프로이센의 수도 베를린에 입성한 나폴레옹은 11월 21일, '베를린 칙령'[II]을 선포했다. 이는 중2병으로 마음 복잡한 시간을 보내고 있는 중학생들이 사회 시간에 배우는 세계사 용어 '대륙봉쇄령'의 또 다른 명칭이다.

대륙봉쇄령은 베를린에서 선포한 명령이긴 했지만 그 내용의 주된 표적은 다섯 동맹국 중 가장 밉상스러웠던 영국이었다. 대륙봉쇄령에 부제를 붙인다면 '어디 한번 너 혼자 자급자족하며 살아 봐라'. 대륙봉쇄령은 전문 8조, 본문 11조로 되어 있었는데 그 내용은 영국과의 통상과 통신을 금지하고, 점령 지역의 영국인을 포로로

[1] 물론 육상에서만 해당된 사실이다. 1805년 10월 21일에 벌어진 트라팔가 해전에서 프랑스가 영국에 대패한 이후, 바다에서의 주도권은 영국으로 완전히 넘어갔다.

[II] 칙령勅令이라는 단어는 '왕이 내린 명령'이라는 뜻이다. 우리나라 사극 드라마를 보면 관리가 두루마리를 펼치면서 "죄~인은 어명을 들라~" 하고 외치는 것을 볼 수 있는데 이때 등장하는 '어명'과 같은 말이다. 칙령은 그 자체만으로도 법의 효력이 있어서 조선에서는 칙령을 모아 법전을 편찬하기도 했다.

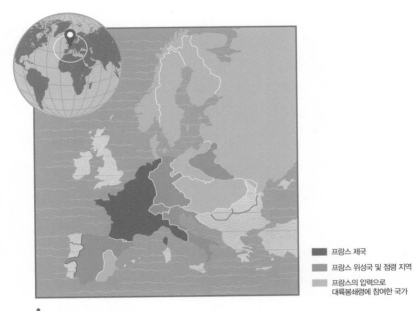

프랑스 제국

프랑스 위성국 및 점령 지역

프랑스의 압력으로
대륙봉쇄령에 참여한 국가

1811년 프랑스의 유럽 지배력

삼고 그들의 상품을 몰수하며, 영국이나 영국의 식민지로부터 출항한 상선은 프랑스와 프랑스의 동맹국에 정박하지 못한다는 것이었다.

　프랑스는 대륙봉쇄령으로 영국에 경제적 타격을 입히는 동시에 이 기회를 틈타 프랑스의 시장을 확대하려는 목적을 가지고 있었고, 실제로 대륙봉쇄령으로 유럽 대륙의 시장을 독점하는 데 성공했다. 그런데 독점으로 인해 폭발하는 수요를 감당하기에는 프랑스의 공급력에 한계가 있었다. 영국에 비해 뒤처진 산업화가 문제였다. 게다가 바다에서의 주도권을 장악하고 바닷길을 쥐락펴락하던 쪽은 프랑스가 아닌 영국이었던지라, 오히려 프랑스가 해외 식민지나 아시아 국가들과의 수출입에 어려움을 겪게 되었다. 당장 프랑스 내부에서 섬유, 밀, 설탕, 커피 등 생필품 가격이 치솟았고, 대륙의 다른 국가들도 물자 부족에 시달리게 되자 프랑스를 대놓고 원망하기 시작했다.

결국 스웨덴, 포르투갈 등 대륙봉쇄령을 어기는 국가들이 슬금슬금 생겨났다. 그중에서도 가장 겁 없이 노골적으로 영국과 무역을 재개한 나라는 러시아였다. 러시아는 대륙봉쇄령이 내려지기 전까지만 해도 영국에 목재와 곡물을 수출해 막대한 이익을 얻고 있었는데 프랑스 때문에 이 길이 막혀 버리고 나니 피해가 막심했던 것이다. 프랑스는 러시아의 노골적인 반항을 두고 보지 않았다. 결국 1812년 6월 16일, 나폴레옹은 60만 대군을 이끌고 러시아를 침공했다.

22만 명밖에 되지 않았던 러시아군은 후퇴에 후퇴를 거듭하며 벼랑 끝에 놓이게 되었다. 그러자 고육지책으로 계획한 것이 초토화 작전이었다. 어차피 뒤로 물러설 수밖에 없으니 후퇴하는 도중에 집이든 가축이든 식량이든 모조리 불태워 나폴레옹의 군대가 머무를 만한 곳을 아예 없애 버린 것이다.

몇 번의 큰 전투 후, 수도 모스크바를 앞두고 러시아 사령관 쿠투조프 Golenishchev- Kutuzov, 1745~1813는 칠흑 같은 밤의 어둠을 틈타 급히 후퇴했다. 프랑스군은 그대로 진격해 9월 14일, 드디어 모스크바에 입성했다. 그러나 모스크바는 이미 전역이 폐허로 변한 뒤였다. 당장 입을 옷과 먹을 식량이 필요했지만 가장 근접한 프랑스군의 병참 기지는 925킬로미터나 떨어져 있는 리투아니아의 코브노에 있어 제때 공급받기란 불가능했다. 거기다 어느새 겨울이 성큼 다가오고 있었다. 따뜻한 나라 프랑스에서 온 그들이 서 있는 곳은 한겨울에 일주일 내리 영하 20도 이하를 기록하는 극한의 땅, 모스크바였다. 프랑스군은 지금껏 이겨 낸

「**나폴레옹의 모스크바 후퇴**」, **아돌프 노던** 나폴레옹의 군대는 러시아의 동장군 앞에
서 동사자가 속출하자 결국 패퇴했다.

러시아의 총포보다 잔인한 겨울의 굶주림 속에 갇히고 말았다.

　먹을 것이 전혀 없으니 어쩌랴. 일단 개, 고양이, 말부터 닥치는 대
로 먹어 치우기 시작했다. 나중에는 가죽 장화와 혁대까지 목구멍 뒤
로 씹어 넘겨 어떻게든 텅 빈 위장을 채우면서 물자가 도달하길 기다
렸다. 그러나 더 이상 버틸 수 없었던 나머지 나폴레옹은 퇴각 결정을
내리고 만다. 모스크바를 점령한지 고작 6주 만이었다.

　그때 갑자기, 기다렸다는 듯 러시아군과 농민 파르티잔partisan의
습격이 시작되었다. 그간 러시아인 그림자 한번
본 적 없었던 프랑스군은 속수무책이었다. 결정
적으로, 러시아군에 합세한 매서운 동장군이 프
랑스군의 사기를 꽁꽁 얼려 조각조각 깨부수었
다. 전혀 예상치도 못했던 주석병을 몰고 온 것

> '빨치산', '게릴라'라고도 한다.
> 적의 배후에서 기습을 통해 통신,
> 교통 시설을 파괴, 인명을 살상하
> 는 등 적군에 피해를 입히는 활동
> 을 하는 일정한 조직 체계가 없는
> 소규모 비정규군이다.

이다.

당시 프랑스 병사들의 아슬아슬한 체온을 가까스로 여며 주고 있던 것은 다름 아닌 군복 상의의 백색 주석 단추였다. 그런데 영하 30도 이하의 맹추위가 계속되자 주석 단추는 진회색 가루가 되어 모두 떨어져 나갔다. 병사들은 추위로부터 살아남기 위해 무기는커녕 군복부터 붙잡고 있어야 했다. 전투가 제대로 될 리 만무했다. 결국 주석병은 나폴레옹군에게는 가장 끔찍했던 기억으로, 러시아군에게는 황제 나폴레옹을 상대로 쟁취한 승리의 기억으로 남게 되었다. 유럽 전체를 들었다 놨다 했던 나폴레옹의 몰락을 부른 결정적 원인으로 지목되는 러시아 원정 실패. 그 내막에는 바로 주석병이 자리 잡고 있었다.

×××××

주석병이 가른 아문센과 스콧의 운명

20세기에 진입하면서부터 열강들 사이에서는 식민지 확보를 위한 경쟁이 가속화되었다. 불붙은 땅따먹기 대전에 번외 경쟁까지 붙었으니, '전인미답의 남북 극지방을 누가 최초로 정복하느냐' 하는 것이었다.

1909년 4월 6일, 미국의 로버트 피어리Robert Edwin Peary, 1856~1920가 가장 먼저 북극점에 성조기를 꽂는 데 성공했다. 이제 남은 미정복지는 지구 반대편의 남극점 한 곳뿐. 남극점 정복을 향해 가장 먼저 뛰어든 국가는 노르웨이와 영국이었다. 1911년 10월 20일 노르웨이의 아

● **남극에서의 조우** 테라노바호(왼쪽)와 프람호(오른쪽). 라틴어로 '신세계 발견'을 의미하는 스콧 탐험대의 테라노바호와 '앞으로'라는 뜻을 지닌 아문센 탐험대의 프람호가 1911년 2월 4일 오전 5시, 아문센 탐험대의 남극 출발지이자 베이스캠프인 고래만에서 조우한 모습을 담은 사진이다.

문센 Roald Amundsen, 1872~1928 탐험대와 1911년 11월 1일 영국의 스콧 Robert Falcon Scott, 1868~1912 탐험대가 국가와 개인의 명예를 건 경쟁에 닻을 올렸다. 언뜻 보기에는 영국의 승리가 따 놓은 당상이나 다름없는 듯했다. 세계 최강인 대영제국(근세 이래 세계 각지에 식민지를 건설한 영국을 칭하는 말)에 비하면 노르웨이는 스웨덴 왕국으로부터 분리 독립한 지 고작 4년째에 접어들던 나라로, 이제 막 걸음마를 뗀 약소국에 지나지 않았으니 말이다.

　　하지만 거친 바이킹의 후예 아문센은 영국이 만만히 볼 상대가 아니었다. 1903년부터 1906년까지 캐나다의 북서항로(유럽에서 북아메리카 대륙의 북쪽 해안을 거쳐서 태평양으로 나오는 항로)를 최초로 항해한 이력을 가지고 있던 아문센은 자신의 경험을 살려 과감한 작전을 택했다.

지금껏 축적해 온 유럽의 탐험 지식은 과감히 무시하기로 한 것. 대신 혹독한 동토에서 수천 년 동안 생존을 이어가며 추위를 정복한 에스키모의 방식을 따르기로 했다. 먼저, 유럽의 방적기술로 제작한 방한복 대신 짐승의 털가죽으로 된 가볍고 따뜻한 에스키모 옷을 선택했다. 또한 식량을 비롯해 3톤에 달하는 보급품을 동부 시베리아 에스키모 부족인 추크치족이 개량한 견종, 시베리안 허스키 52마리가 끌도록 했다. 에스키모 옷과 썰매견 시베리안 허스키는 탐험의 시작부터 끝까지 자신의 역할을 충실히 수행했고, 덕분에 아문센의 탐험은 성공적으로 진행될 수 있었다.

반면 유럽의 터줏대감, 영국인 스콧은 기존의 탐험 스타일을 고수했다. 야만인으로 취급받던 에스키모의 기술 대신 빛나는 유럽의 선진 기술을 이용한 것이다. 먼저, 스콧의 탐험대는 모직으로 된 유럽식 방한복을 착용했다. 그러나 모직 방한복을 입은 보람은 강풍이 불 때밖에 느낄 수가 없었다. 바람에는 강했으나 습기에는 취약한 특성 때

아문센 탐험대의 개썰매(왼쪽)와 스콧 탐험대의 조랑말(오른쪽)

문에 모직 방한복은 땀이나 눈보라에 젖으면 체온을 오히려 더 떨어뜨렸다. 유럽산 고급 모직 방한복을 남극에서 제대로 누리려면 땀을 흘리지 않도록 조선 시대 양반처럼 품위 있게 걷거나, 눈보라를 버틸 만큼 무지막지하게 큰 파라솔이라도 들고 있어야 할 판이었다.

스콧은 1톤의 식량과 물자를 끌기 위해 모터 썰매 세 대와 만주벌판 출신 조랑말을 이동 수단으로 선택했다. 특히 당대의 첨단 기술을 자랑한 모터 썰매는 다른 전체 이동 수단보다 무려 일곱 배나 더 비쌌다. 그러나 모터 썰매는 자신의 능력을 거꾸로 발휘해 스콧 탐험대의 기동력을 그만 일곱 배도 넘게 떨어뜨리고 말았다. 세 대 중 한 대는 배에서 하역하는 도중 얼음 위에 두었는데 너무 무거웠던 나머지 그만 얼음이 깨져 버려 혼자 바다 밑으로 외로운 탐험을 떠났다. 나머지 두 대는 매서운 남극 동장군에 깜짝 놀란 나머지 부품이 고장 나 비싼 몸값을 치른 보람도 없이 빙판 한 번 제대로 굴러 보지도 못하고 방치되었다. 유일하게 남은 이동 수단이라고는 멀리 만주에서 모셔 온 조랑말 무리뿐. 칭기즈칸을 태우고 달렸던 그 기세로 일단 출발에는 성공했으나 머지않아 모두 얼어 죽고 말았다. 만주의 한겨울이 아무리 춥다 한들 영국보다 추울 뿐이지 남극에는 감히 비할 바가 아니었던 것이다. 이가 없으면 잇몸으로 살아간다 하지 않던가. 쓸 만한 이동 수단이 없으니 맨몸으로 썰매를 끄는 수밖에. 그들의 행군 속도는 결국 아기 걸음마만큼 크게 떨어졌다.

아문센은 행군 도중에도 나중에 되돌아 올 길을 미리 대비해 두었다. 중간 중간 베이스캠프를 야무지게 갖춰 그 안에 식량을 저장해 놓고 알아보기 쉽도록 깃발을 세워 둔 것. 그렇게 여러 차례 식량을 덜어

아문센 탐험대의 남극점 정복 기념 사진
두툼한 겉옷과 말끔한 모습에서
그들의 탐험 성공이 상당히 안정
적으로 성취한 결과임을 엿볼 수
있다.

스콧 탐험대의 남극점 정복 기념 사진
언뜻 보기에도 남극 탐험용이라고
는 적절하지 않은 모직 방한복를
입은 대원들의 굳은 표정, 초라한
분위기에서 상실감이 묻어난다.

놓음으로써 행군 속도도 나날이 빨라졌다. 1911년 12월 14일, 아문센 탐험대는 마침내 남극점 도달에 성공했다. 그는 남극점에 조국 노르웨이의 국기를 게양하고, 곧장 텐트 안에서 노르웨이 국왕 앞에 드리는 편지를 남겼다. 혹시라도 자신의 탐험대가 무사 귀환에 실패할 경우, 곧이어 남극점에 도착할 영국의 스콧 탐험대가 자신이 남겨 둔 편지를 가지고 대신 귀환해 주기를 희망하는 마음에서였다. 그러나 아문센의 걱정과 달리 그의 탐험대는 단 한 명의 낙오자도 없이 다음 해인 1912년 1월 25일, 탐험을 시작한 지 96일 만에 남극 출발지에 정박해 둔 프람호에 다시 승선할 수 있었다. 약 40일 후, 호주 태즈메이니아의 호밧 항에 도착한 아문센 탐험대는 자신들의 남극점 정복 소식을 세계에 알렸다.

한편 1912년 1월 17일, 영국의 스콧 탐험대도 천신만고 끝에 드디어 남극점에 도달했다. 하지만 그곳에서는 아문센이 한 달도 더 전에 다부지게 꽂아 놓고 간 노르웨이 국기가 기운차게 온몸을 펄럭이며 그들을 반겨 주고 있었다. 남극점 최초 정복의 주인공은 노르웨이가 되었다는 사실에 스콧은 실의에 빠졌다. 그는 당시의 극심한 상실감을 단 한 마디로 그날의 일기장에 남겼다.

'오…… 하나님!'

여기서 끝이 아니었다. 스콧 탐험대에 남겨진 더 큰 숙제는 살아서 다시 돌아가는 것이었다. 썰매를 온몸으로 직접 끌고 왔기에 체력은 이미 바닥난 상황이었다. 몸을 조금이나마 쉴 수 있게 만들어 되돌아갈 체력을 회복하는 일이 급선무였다. 그러나 하늘은 스콧 탐험대의 손을 끝내 들어주지 않았다. 음식을 데우고, 체온을 높이고, 얼음을 녹여 식수를 만드는 데 쓰기 위해 힘겹게 짊어지고 온 연료가 흔적도 없이 사라져 빈 깡통만 남은 것이었다. 도대체 어찌된 일이었을까.

다름 아닌 주석병이 범인이었다. 등유 보관용으로 제작한 깡통의 주입구를 가죽으로 만든 와셔(볼트나 너트로 물건을 죌 때, 너트 밑에 끼우는 둥글고 얇은 쇠붙이)로 잘 막아 두었는데 주입구 자체에 주석이 섞여 있었던 것이 문제였다. 계속된 영하의 날씨로 은빛의 단단했던 β-주석이 힘없는 α-주석으로 변해 가죽 와셔가 헐거워졌고 그 틈으로 연료가 다 새어 나가 버렸다.

예상치도 못한 주석병이 가져온 결과는 참혹했다. 체온 유지 실패, 식량과 식수 부족은 당연한 수순이었다. 스콧의 남극 일기는 1912년 3월 29일자를 끝으로 더 이상 이어지지 않았다. 탐험대 전원이 동사함으로써 그들의 남극 탐험은 끝이 났다. 1912년 11월 12일, 스콧을 비롯한 탐험 대원들의 시신이 수색대에 의해 발견되었다. 그들의 험난했던 여정은 스콧이 남긴 일기를 통해 세상에 알려졌다. 스콧은 탐험대 최후의 일인으로서 죽음 직전까지도 용기를 잃지 않고 영국 신사다운 마지막을 맞이한 것으로 밝혀져 사후에나마 영국의 국민적 영웅이 되었다.

그때 당시 주석병은 아직 세상에 알려지지 않은 미지의 현상이었던 것일까. 사실 그렇지 않았다. 주석병은 이미 중세 시대부터 알려져 있었으니 말이다. 또한 주석에 대한 본격적인 연구와 분석이 반세기 전부터 진행되었다.

최초로 논문을 통해 주석병에 대한 연구 결과를 밝힌 사람은 오스트리아 화학자 에르드만O.L. Erdmann, 1804~1869으로, 그는 1851년 응용화학저널에 투고한 「납이 함유된 주석의 이상한 구조 변화에 대해」라는 논문에서 독일에 있는 한 교회의 오래된 주석 오르간 파이프가 갈라지거나 깨진 사례를 들어 그 원인이 주석병임을 자세히 설명했다. 또 1868년 러시아 화학자 프릿체C. J. Fritzsche, 1808~1871도 자신의 논문 「극저온 조건에서의 주석 블록 파괴 현상」을 통해 유난히 추운 겨울이 지나고 난 후 박물관에 소장된 동전이나 그릇 등 주석을 함유한 유물 일부에 종기같이 생긴 돌기가 돋고 표면이 팽창하거나 부서지는 현상을 조사한 결과를 소개했다. 이처럼 당시 사람들은 19세기 중반부터 과학적인 접근을 통해 주석병에 대한 정보를 상당량 수집한 상황이었다.

아문센 탐험대가 알고 그랬는지 우연히 그랬는지는 알 수 없으나, 그들은 연료 통의 주입구를 주석이 아닌 땜납으로 철저히 밀봉한 덕분에 혹한의 추위에도 피해를 입지 않았다. 1911년 11월 17일, 아문센 탐험대가 남극점 정복을 한 달여 앞두고 중간 캠프인 베티스 놀에 저장해 둔 연료 통은 21세기인 지금도 여전히 등유로 가득 차 있다.

안타까운 것은 스콧 탐험대다. 기록에 의하면 스콧은 주석병에 대해서 이미 알고 있었던 것으로 추측된다. 스콧 탐험대가 겪은 안타까운 일은 그들이 주석병을 몰랐기 때문에 벌어진 것이 아니라, 부주의한 준비가 가져온 참사였던 것이다. 세계 최초의 남극점 정복이라는 거국적 목표 아래 하필이면 주석 섞인 깡통을 마련했던 이름 모를 그 누군가는 아마도 자신의 까마득한 무지를 탓하며 이불 밑에서 눈물을 훔쳤으리라.

×××××

적지만 강한 금속

고대 시기에 사용된 다양한 청동기들, 나폴레옹의 주석 단추, 스콧의 주석 깡통 등 주석은 다양한 형태로 끊임없이 사용되어 왔다. 그렇다면 현재 주석은 어떻게 사용되고 있을까?

주석은 경도가 낮아서 납과 비슷할 정도로 무른 데다가, 날이 추우면 주석병이라는 치명적인 질병에 걸리기 때문에 단독으로는 거의 사용되지 않는다. 하지만 다른 금속에 첨가해 합금으로 사용하면 쓸모가 많아져서 다양한 형태로 활용되고 있다. 우리 주변에서 주석을 찾아보자면 성당에 있는 파이프오르간의 파이프, 주방의 식기와 장식품, 공장의 대형 베어링에 재료로써 사용된다. 병원의 MRI 기계에 들어 있는 초전도 전선도 '주석-나이오븀' 합금이다. 철이나 납, 아연 등의 부식을 방지하기 위한 도금, 창틀에 끼워져 있는 판유리에도 이용되고 도자기 유백제, 유리 강화제, 매염제媒染劑에 화합물의 형태로도 이용되니 주석의 사용 범위는 가히 납과 구리 못지않다.

그중에서도 주석의 가장 주요한 용도를 꼽자면 '땜납'을 들 수 있다. 80~90년대에는 초·중·고등학생 전자기술 경연 대회로 '라디오 조립 경진 대회'가 열리곤 했다. 지금 같아선 중금속 중독의 위험 때문에 큰일 날 일이지만 그때는 교내에서 꽤 똘똘한 친구들이 대회를 준비하기 위해 옹기종기 모여 교내 과학실에서 납땜질을 했다. 당시 학생들이 열심히 연습하던 땜납은 주석과 납의 합금으로, 주로 금속관과 전자 제품의 회로 연결에 기본적으로 사용된다. 주석이 들어감으로써 납을 더 낮은 온도에서 녹일 수 있기 때문이다. 최근에는 납의 유해성을 우려해 납이 포함되지 않은 주석, 은, 구리, 인, 니켈 등을 사용하는 무연땜납 합금으로 대체되고 있다.

땜납에 맞먹는 주석 합금으로는 양철이 있다. 양철은 철판의 표면에 주석을 도금한 것이다. 철이라면 쉽게 녹이 슬게 마련이라 녹을 방지해야 하는 절차가 필수이기 때문에 우리 주변에서 볼 수 있는 철판들은 대개 주석으로 코팅되어 있다. 가장 흔한 예로는 통조림통이나 장난감, 양동이, 깡통을 들 수 있다. 워낙 통조림 통이나 깡통으로 많이 쓰이다 보니 주석을 뜻하는 영어 단어 'tin' 자체가 양철이나 깡통을 의미하게도 되었다. 다만, 실수로 주석 코팅이 벗겨질 경우에는 이온화 경향이 높은 철의 부식이 오히려 더 빨리 진행될 수 있으므로 주의해야 한다. 『오즈의 마법사』에서 양철 나무꾼이 눈물만 찔끔 흘려도 금세 녹슬어 버리려 하는 데에는 다 이유가 있는 것.

특히 주석은 전기 전도도가 매우 우수해서 같은 족의 규소나 저마늄(게르마늄)의 100만 배에 달한다. 덕분에 전기나 전자 산업 분야에서 러브콜이 끊이지 않는다. 그중에도 '투명전극' 또는 'Indium Tin Oxide(ITO)'라고 불리는 인듐 주석산화물은 안정적인 원소인 인듐에 주석을 첨가한 산화물로서 전기가 잘 통하면서도 투명한 성질을 갖는다. 그래서 액정 디스플레이(LCD), 플라즈마 디스플레이(PDP), 유기 발광 다이오드(OLED), 평판 디스플레이, 터치 스크린, 태양전지, 정전기 방지 코팅, 전자 방해 차폐물 등에서 투명한 전도성 코팅을 만드는 데 주로 사용된다. 가전, IT 분야에서 없어서는 안 될 필수 재료로 등극한 셈이다.

그런데 이렇게 주석이 산업 전반에 걸쳐 광범위하게 사용되는 것을 보면 지구에 풍족한 자원일 것 같지만 사실은 그 매장량이 매우 적다. 심지어 희소금속으로 분류된 일부 희토류들보다 더 귀할 정도다. 유리 연마제, 자동차의 촉매 장치에 많이 사용되는 희토류 원소인 세류의 지각 내 존재량은 0.006퍼센트이다. 또 영구자석 제조에 주로 사용되는 네오디뮴은 0.0033퍼센트, 희토류 원소 중에 가장 인기가 좋으며 네오디뮴 영구자석의 첨가물, 원자로 제어봉, 자기변형 합금 등에 사용되는 디스프로슘은 0.00062퍼센트를 차지한다. 그에 비해 주석의 지각 내 존재량은 0.00022퍼센트에 불과하다. 때문에 특별한 기술이 나오지 않는 한 지금과 같은 소비 추세라면 주석은 20~40년 후에는 고갈될 것으로 보고 있다.

그래서 폐기된 주석 제품들을 다시 회수해서 재활용하려는 움직임이 활발해지고 있다. 미국의 경우, 열심히 주워서 다시 쓴 결과 2011년 미국 전체의 주석 수요량인 4만 4000여 톤 중에서 28퍼센트인 1만 2500톤을 재생 주석으로 충당할 수 있었다. 주석 외에도 희토류, 은, 금 등 인기 좋은 금속들이 점점 비싸지고 그 양도 빠르게 줄어들고 있으니 고물상이 '보물상'으로 불릴 날도 머지않은 듯하다.

돌이켜 보면 주석은 역사의 중요한 순간을 인류와 항상 함께해 왔다. 최초의 문명이 형성된 시기에는 안전한 청동을 만들며 인류사를 구분하는 중요한 기준점으로 작용했고 나폴레옹의 러시아 원정과 아문센과 스콧의 남극 탐험의 성패를 가르는 결정적 역할을 하기도 했다. 또 현대에 이르러서도 다양한 산업 분야에 약방의 감초처럼 그 역할을 톡톡하게 해내고 있다. 주석은 지각에 아주 적은 양으로 분포한 금속이지만 앞서 설명한 구리, 납, 은, 금보다 세계사 속 중요한 순간에 더 큰 역할을 해낸 역사적인 금속인 것이다. 적지만 강한 금속, 바로 주석이다.

주석 Sn 50

지각 분포	지각 내 0.00022퍼센트가량 매장되어 있는 비교적 희귀한 원소다.
발견 시기	기원전 3300년경

	β-주석, 정방정계, 백색	α-주석, 다이아몬드형 입방정계, 회색
결정 구조		

녹는점	231.93℃
끓는점	2602℃
표준 원자량	118.710g/mol
광석	주석석(SnO_2)
용도	금속 표면 도금, 땜납, 액정 표시기(LCD), 촉매, 안료, 다양한 용도의 합금 재료로 사용된다.
모스 경도	1.5

금에 이은 인류의 다섯 번째 금속인 주석이 조금 늦게 등장한 데는 그 나름의 이유가 있다. 자연금, 자연은 등 다른 고대금속과는 다르게 자연에서 원소 상태로 존재하지 않으며 반드시 주석이 함유된 광석으로부터 추출해야만 얻을 수 있기 때문이다. 주석을 추출해 낼 수 있는 가장 대표적인 주석 광물은 주석석으로, 상업적 용도로 활용할 수 있는 유일한 광물이다. 주석은 공기 중에서 쉽게 녹슬지 않고 수분과도 반응하지 않는다. 녹는점도 231.93도로 납의 327.46도보다 낮아서 쉽게 녹고, 전성과 연성이 크기 때문에 주조성이 뛰어나 널리 사용되었다. 이런 다양한 장점 덕분에 주석은 적은 양에도 불구하고 인류가 일찍이 활용할 수 있는 고대금속 중 하나가 될 수 있었다.

씰라는 투발카인을 낳았으니
그는 구리와 철로 여러 가지 기구를 만드는 자요
투발카인의 누이는 나아마였더라.

_ 창세기 4장 22절

6장

Iron

B.C. 2100년경

철

×××××

인 류 를
이 끄 는
신 의 금 속

철 갑을 두른 슈퍼 히어로 아이언맨의 등장 덕분인지, 아니면 그냥 요즘의 조기 영어 교육 열풍 때문인지 어느새 'apple' 수준의 기초 영단어가 되어 버린 'iron'. 어찌된 연유로 철을 의미하는 단어로 'iron'이 쓰이게 되었을까. 언어는 인간의 생활과 문화를 그대로 반영하기 마련이니, 유구한 세월에 녹아든 철의 의미를 어원의 변화를 통해 알아보자. 철을 뜻하는 영단어의 어원은 개성 있는 여러 민족들을 거치면서 'isarno → isarn → isern → iren → iron'의 순서로 여러 차례 변화했다. 어원의 시작으로 여겨지고 있는 'isarno'는 고대 유럽에 살던 켈트족의 언어 켈트-이베리아어로 '성스러운 금속'이라는 뜻이다. 'isarno'는 오늘날 스웨덴 지역에 살던 고트족의 언어인 고트어로 흘러들어 'isarn'이 되었는데 'isarn'은 '무른' 청동과 대비해 '단단한 금속'이라는 의미로 사용되었다. 시간이 지나 'isarn'은 점차 모습이 변해 고대 영어에서 'isern', 중세 영어에서 'iren'로 철자가 변했고, 최종적으로 현대 영어에서 'iron'이 되었다. 이렇게 단어의 모양새가 무수히 변해 온 것을 보면, 철은 그 놀라운 특징과 활용도 덕분에 여러 민족들의 입소문을 타고 화젯거리로 수없이 오르내렸던 것이 분명하다.

역사학자들의 뒤통수를 친 목걸이

1911년 이집트 수도 카이로에서 남쪽으로 69킬로미터 떨어진 마을 엘게르제el-Gerzeh에서 돌과 금속으로 된 비드를 줄로 꿰어 만든 아홉 개의 목걸이가 발굴되었다. 그중에서도 금속 비드 목걸이는 대단히 정교하게 만들어진 장신구로, 내부 저항력을 제거해 재질을 부드럽게 만드는 고도의 열처리 과정인 '풀림annealing'을 거친 것으로 보였다. 그 과정은 다음과 같다. 숙련된 망치질로 금속을 두들겨 펼친 뒤 튜브처럼 말아 올린 다음, 적당한 온도로 가열했다가 서서히 상온으로 냉각시킨다. 그리고 이것을 여러 번 반복한다. 매우 복잡하고도 어려운 과정이라 많은 학자들은 이 목걸이의 재료는 부드러운 성질을 가진 금속일 것이며 목걸이가 제작된 시기는 기원전 1500년경일 것이라고 추측했다. 그리고 100여 년이 흘렀다.

　　2013년 9월, 런던대학 카타르 분교 연구진이 이 목걸이에 대한 조사 결과를 발표했다. 조사 결과는 충격적이었다. 1세기 동안 거의 사실이라고 받아들여졌던 학자들의 예상을 180도 뒤집어 엎었기 때문이었다. 아주 높은 지위에 있었던 것이 분명한 십대 소년의 장신구인 이 목걸이의 재료는 다름 아닌 '철'이었다. 더구나 제작 시기는 예상보다 1700년이나 앞선 기원전 3200년경이었다. 이집트의 철기 시대보다 무려 2000년이나 앞선 시점에 제작되었다는 의미인데, 그렇다면 이 목걸이가 인류의 가장 오래된 철 유물이라는 타이틀을 얻을 수도 있는 결과였다.

반전 결과에 크게 뒤통수 맞은 학자들에게도 나름 할 말은 있었다. 사실 철이 인류의 생활과 밀접하게 사용된 것은 확실하지만, 금이나 은으로 만들어진 고대 유물들과 비교해 보았을 때 철로 만들어진 고대 유물이 발견되는 경우는 상당히 적은 편이다. 왜 그럴까. 성질 급한 철의 빠른 부식 속도 때문이다. 수천 년간의 지루한 시간 싸움을 끈덕지게 버티지 못하고 폭삭 녹슬어 부서져 버리는 탓에 제 형태대로 남아 있는 철 유물이 별로 없는 것. 그러니 목걸이의 재료가 철이라고는 전혀 생각지 못할 수밖에. 게다가 그 먼 옛날에 고작 망치 하나를 가지고 구리, 납, 은, 금, 청동도 아닌 철을 섬세한 솜씨로 얇게 두드려 펴서 돌돌 말아 비드를 만들었을 것이라고 어떻게 예상할 수 있었겠느냐 말이다.

조사 결과를 조금 더 자세히 살펴보자. 이 목걸이는 철로 제작된 비드 여러 개를 연결해 만든 것으로, X선 촬영을 해 보니 그 구성 물질에서 니켈, 코발트, 인, 저마늄(게르마늄)의 함량이 높게 나왔다. 이는 전형적인 운철隕鐵, 그러니까 운석에서 발견된 금속 철의 특징이다. 결론적으로, 이 유래 없이 오래된 철 유물은 '지구에 온 운석'을 이용해 만든 것이다. 그러니 엄밀하게 따지면 인류 최초로 철을 사용해 제작한 것이라고 말하기는 어렵다. 지구인답게 철광석을 가열하고 녹여서 철을 추출하는 야금 과정을 거치지 않았으니 말이다. 아쉽긴 하지만 이 목걸이는 그냥 '가장 오래된 철 유물'이라고 불러 주는 것이 적당하겠다.

지금으로부터 무려 5000년 전 이집트 사람들은 과연 이 금속 철이 우주에서 온 광물이라는 사실을 알았던 것일까, 아니면 그저 우연히 얻은 특이한 금속이라고 생각했던 것일까. 타임머신 없이는 알 수 없는 그들의 숨은 이야기는 여전히 수수께끼로 남아 있다.

×××××

철제 무기가 만들어지기까지

고대 이집트에는 은이 금보다 더 가치가 높았던 시절이 있었다고 한다. 은 정도야 지금도 귀금속으로 인정받는 금속이다 보니 '한때는 그랬구나'라며 이해하고 넘어갈 수도 있다. 그런데 철이 금보다 훨씬 값어치 나가는 시기가 있었다는 것은 어떻게 이해할 수 있을까. 그게 과연 사실이긴 할까.

철기가 보편화되기 전, 티그리스 강과 유프라테스 강 상류 지역인 아시리아의 점토판에 기록된 내용을 보면, 초기 청동기 시대에는 철이 금보다 약 여섯 배 이상 값진 금속이었고, 중기 청동기 시대에는 그 가치가 여덟 배까지 치솟았다. 당시의 철은 워낙 공급량이 적다 보니 실생활이나 전쟁에서는 사용할 엄두도 내지 못했고, 종교의식이나 관련 행사 때에만 사용할 수 있었다. 실제로 인류가 청동기 시대에서 철기 시대로 진입하기까지는 수천 년의 세월이 걸렸다. 그 이유는 단 하나. 철을 녹일 수 있을 만큼의 온도인 1535도를 만들어 내지 못해서였다. 청동의 주재료인 주석의 녹는점은 232도이고 구리의 녹는점은 1083도다. 500도 더 높은 온도에 도달하는 데까지 걸린 세월이 그만큼이나 길었던 것.

철에 대한 이야기는 구약성서에도 여러 차례 나온다. 이를 통해 성서가 쓰여진 시기에도 이미 철의 사용이 적지 않았음을 알 수 있다.

- 씰라Zillah는 투발카인을 낳았으니 그는 구리와 철로 여러 가지 기구를 만드는 자요 투발카인의 누이는 나아마Naamah였더라[(창세기 4장 22절)
- 철필鐵筆과 연鉛으로 영영히 돌에 새겨졌으면 좋겠노라(욥기 19장 24절)
- 철은 흙에서 취하고 동은 돌에서 녹여 얻느니라(욥기 28장 2절)

철광석에서 철을 추출하는 야금술을 인류가 언제 어디에서 최초로 사용했는지에 대해서는 아직 분명한 정보가 없다. 다만 후기 청동기 시대인 기원전 1500년경 히타이트에서 본격적으로 시작되었을 것이라는 의견에 학자들 대부분이 동의하고 있다. 히타이트가 아나톨리아 지역(현재의 터키)을 평정하고 당대의 강대국이었

▌투발카인Tubal-Cain은 최초로 문헌에 기록된 대장장이다. 기독교에서 그는 인류의 시조인 아담의 7대손이며 대장장이의 조상으로 여겨진다.

던 바빌로니아와 미탄니를 정복한 뒤 이집트, 아시리아와 나란히 어깨를 견주며 대제국을 건설할 수 있었던 비결도 바로 철 야금술에 있었다. 그렇다면 히타이트만이 철을 만들 수 있었던 것일까. 그건 아니었다. 다른 지역에서도 철을 만들 수 있긴 있었다. 하지만 히타이트에 비하면 야금술이 아기 걸음마 수준이었다. 철이랍시고 만들긴 해도 어디 내놓고 쓸 만한 상태가 아니었던 것. 반면 히타이트의 우수한 철 야금술은 신소재 무기인 '철제 무기'도 거뜬하게 자체 개발할 수 있을 정도였다.

세계 최강의 전쟁 아이템을 독자적으로 보유하고 있는데 그 어떤 전쟁이 두려우랴. 히타이트는 그렇게 주변의 여러 나라들을 제패하면서 강대국으로서 지위를 굳혔다. 히타이트의 철 야금술이 최고 등급의 국가 기밀이 된 것은 당연지사. 심히 부럽게도 그 나라에는 국가 기밀을 팔아먹는 매국노마저 없었다. 덕분에 철 야금술에 대한 철통같이 완벽한 보안 수준은 히타이트가 멸망하기 전까지도 이어질 수 있었다. 그렇다면 히타이트의 우수한 철 야금술의 비결은 도대체 무엇이었을까? 뜸 잘 들여 놓은 찰진 밥통 열듯이 설레는 마음으로 들여다 본 그들의 특급 국가 기밀, 야금술의 핵심은 다름 아닌 '목탄', 다시 말해 탄소를 사용하는 것이었다.

제련을 하기 위해서는 불에 잘 견디는 흙이나 돌로 만들어 둔 화로에서 열을 만든다. 그런데 당시로서는 아무리 강력한 송풍 장치를 사용하더라도 화로의 온도를 1000도 이상으로 올리는 것은 불가능했을 것으로 보인다. 이렇게 화로의 온도가 낮으면 구멍이 많은 다공질^多^{孔質}의 해면철 또는 스펀지철을 얻게 된다. 이름만으로도 느낌이 좋지

기원전 약 1100년경에 제작된 히타이트의 철제 단검

않다. 스펀지밥에게는 미안하지만 스펀지철이 웬 말이냐. 제대로 된 철을 만들기 위한 특단의 대책이 필요하다.

　방법은 있다. 이 해면철 덩어리를 다시 가열하고 또 두드리는 작업을 번갈아 반복한다. 그러면 점차 불순물이 제거되고 탄소 함량이 0~0.2퍼센트 정도인 전성이 좋은 '연철軟鐵'이 된다. 그런데 연철은 말 그대로 연한 철이므로 아직은 무기로 사용할 수가 없다. 그래서 이번에는 연철을 강하게 단련시키는 작업이 시작된다. 히타이트 철 야금술의 포인트는 여기에 있었다. 이른바 '불타는 철 숯불구이'라고나 할까. 높은 온도의 숯불에 철을 가열하면 탄소를 흡수시킬 수 있는데 이렇게 철의 탄소 함량을 높이면 훨씬 단단하게 만들 수 있는 것이다.

　목탄(숯)을 이용한 철 제련 기술은 히타이트가 멸망한 후 그리스와 로마 등지로 퍼져 나갔고, 각 지역의 노하우가 더해져 더욱 발전했다. 덕분에 철 제련 기술이 널리 전파될 수 있었다. 18세기 초, 석탄을 원료로 하는 고체 탄소 원료 코크스(골탄)가 개발되기 전까지는 어떤 재료도 목탄을 대체하지 못했다.

　히타이트에서 가훈으로 대대손손 이어 왔을 법한 문구가 떠오른다. "잘 만든 철 숯불구이 하나, 열 청동 무기 안 부럽다.""이집트야, 전설의 아이템인 철 숯불구이가 눈앞에 있는데 왜 먹지를 못하니." "철력은 국력, 철 숯불구이 길이 보존하세."

최초의 철기제국, 히타이트

뛰어난 철 제련술로 유명한 히타이트는 인류 최초로 광범위한 철기 문화를 누린 것으로 알려져 있다. 하지만 19세기 초까지만 해도 그들의 상세한 역사는 베일에 가려져 있었다. 히타이트가 등장한 문헌은 구약성서가 유일했으며, 그것도 히타이트족을 의미하는 '헷Heth'이라는 언급만 있을 뿐 그 밖의 정보는 없었다. 때문에 19세기 초 대부분의 고고학자나 성서학자들은 히타이트의 규모가 부족국가 정도밖에 되지 않으리라고 추측했다. 심지어 영국의 신학자 뉴먼John Henry Newman, 1801~1890은 "만약 히타이트가 존재하기나 했다면 거긴 아마도 유다왕국의 왕들과 비교할 만한 권력을 가진 왕조차 없었을 것이다"라고 단언했다. 무슨 말이냐 하면, 만약 히타이트라는 국가가 실제로 있었다 하더라도 어차피 너무나 가소로운 존재였을 것이라는 의미다. 안됐지만 이분은 잘못 짚어도 한참 잘못

> ▌이스라엘의 유다왕국은 '바빌론 유수'라고 불리는 대굴욕을 겪은 나라다. 신新바빌로니아의 세 차례 공격으로 예루살렘을 포함한 유다왕국의 모든 고대 도시들이 완전히 파괴되었고, 국왕은 잡혀가서 눈을 잃었으며, 국민의 20퍼센트는 바빌론으로 끌려가 50여 년간 '지구라트'라고 불리는 신전을 짓는 노예살이를 했다. 그만큼 유다왕국의 국력은 애처로울 정도였다.

짚었던 것이다.

히타이트를 재발견하게 된 계기는 스위스 출신의 여행가 부르크하르트 Jacob Burckhardt, 1818~1897가 1822년에 출판한『시리아와 팔레스타인 여행』이라는 제목의 책 한 권이다. 이 책에 적힌 '미스터리한 문자가 새겨진 현무암을 발견했다'는 내용이 학자들을 자극한 것이다. 여행기에 적힌 내용을 가지고 뭐 그렇게 호들갑이냐 싶겠지만 부르크하르트는 보통내기 여행가가 아니었다. 1812년 그가 요르단 남부에서 발견한 유적지가 바로 '신新 세계 7대 불가사의' 중 한 곳이자 나바테아 왕국의 고대 도시인 '페트라'였기 때문이다.[

스위스 출신의 캐나다 영화 제작자이자 박물관 큐레이터이기도 한 베른하르트르 베버는 '신新 세계 7대 불가사의' 재단을 설립해 21세기판 세계 7대 불가사의를 선정했다. 유네스코에서 선정한 세계문화유산 목록을 바탕으로 6년에 걸쳐 인터넷, 전화 투표를 세계적으로 실시하여, 2002년에 최종 발표했다. 여기에 선정된 유적지로는 ①중국 만리장성 ②페루 잉카 유적지 마추픽추 ③브라질 거대 예수 상 ④멕시코 치첸 이차의 마야 유적지 ⑤이탈리아 로마의 콜로세움 ⑥인도 타지마할 그리고 ⑦페트라가 있다.

부르크하르트가 책에서 언급한 '미스터리한 문자가 새겨진 현무암'은 학자들의 관심에 힘입어 유럽의 여러 학회를 통해 정식으로 알려졌다. 하지만 단 한 명의 학자도 이 문자를 해독하지 못했다. 그렇게 수십 년이 흐른 후, 이 문자와 똑같은 문자가 적힌 점토판이 발견되었고 그 점토판을 조사한 학자들을 통해 문자의 비밀을 풀 열쇠가 터키에 있다는 것이 밝혀졌다.

1905년, 본격적으로 터키 현지에서 조사 작업이 이어졌다. 그리고 이듬해 터키 중북부에 위치한 초룸 주에서 모두 합쳐 무려 2만 장이 넘는 점토판이 발견되었다. 그토록 많은 점토판이 한 지역에서 발견된 것은 그곳에 대제국 히타이트의 수도인 '하투샤'가 있었기 때문이었다. 이로써 히타이트는 부족국가 규모가 아니라 오늘날의 시리아,

레바논 그리고 터키의 대부분을 차지하는 거대한 영토를 군림했던 제국이었다는 사실이 확인되었다. 오리엔트의 패권을 놓고 수백 년에 걸쳐 이집트와 전쟁을 치를 정도의 국력과 중앙집권적 권력 체제를 갖춘 강대국이었던 것이다.

기원전 2000~1200년 소아시아, 중동, 북아프리카 지역은 당대 최고의 문명이었던 이집트, 히타이트와 아시리아의 '3강' 체제였다. 그리고 이들보다 한 수 아래에 놓인 국가들은 '5약'이라고 할 수 있는데 아무르 왕국, 시리아 왕국, 바빌로니아 왕국, 오론테스 강 남쪽의 가나안, 후르리인이 세운 미탄니 왕국이 여기에 속한다. 이때 5약은 3강의

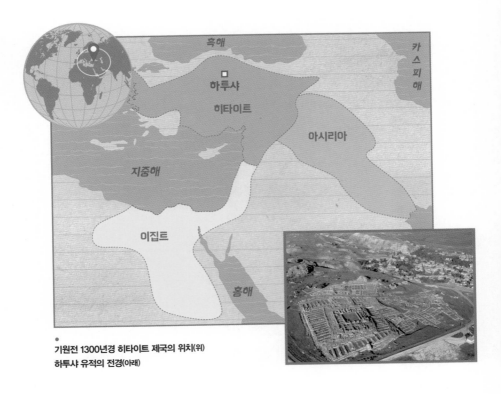

●
기원전 1300년경 히타이트 제국의 위치(위)
하투샤 유적의 전경(아래)

주변 지역에 자리 잡고 있었다.

이 시기 3강 중 어느 한 나라가 5약 중 어느 한 곳이라도 먼저 동맹을 맺거나 지배를 하게 되면 나머지 2강에 비해 정치, 경제, 외교적으로 유리한 위치를 선점할 수 있었다. 때문에 3강은 늘 5약을 차지하기 위해 분쟁에 분쟁을 이어 갔다. 히타이트가 이집트를 상대로 수백년에 걸친 패권 싸움을 한 것도 바로 이 때문이었다.

히타이트가 얼마나 큰 대국이었는지 쉽게 가늠할 수 있는 일대 사건이 있다. 히타이트 왕 무와탈리 2세Muwatalli II, B.C. 1295?~B.C. 1272?와 이집트 신왕국 시대(기원전 1575~1085년)에서 가장 유명한 파라오인 제19왕조 제3대 파라오 람세스 2세Ramesses II, B.C.1303?~B.C. 1213?가 무역의 요충지인 시리아 왕국의 패권을 두고 벌인 전쟁, 바로 '카데시 전투'다.

기원전 1274년, 람세스 2세가 이끄는 네 개 군단 2만 명과 무와탈리 2세가 이끄는 3만 5000명의 병력이 카데시▎에서 충돌했다. 5000~6000대의 전차가 서로 엉켜 붙은 채 맹렬하게 싸운, 인류 역사상 가장 거대한 전차전이었다.

람세스 2세는 시리아 정복을 위해 집요할 정도로 엄청난 시간과 예산을 쏟아 부었다. 아예 이집트의 수도 자체를 시리아와 가까운 지역으로 옮길 정도였다. 새로운 수도의 이름은 '람세스의 집, 위대한 승리'라는 뜻으로 '피-람세스'라고 붙였다. 람세스 2세는 이곳을 군수 기지화해서 전차, 방패 등 각종 무기 공장을 지었다. 여기서는 창 1000개를 일주일 만에 뚝딱 만들어 낼 수 있었고 방패 1000

▎시리아의 카데시는 전략의 요충지로 한때 이집트에 충성을 바친 도시였다. 하지만 람세스 2세의 아버지인 세티 1세의 재위 기간 중 히타이트와의 전투에서 패배하며 이집트는 카데시에 대한 영향력을 완전히 잃어버린 상황이었다. 람세스 2세가 카데시를 되찾기 위해 욕심을 낸 것은 당연지사다.

개는 10일, 그리고 전차 250대는 2주일 만에 생산할 수 있었다.

그 속도가 어땠는지 감이 잘 오지 않으니, 한번 비교해 보자. 2013년 현대자동차 울산 공장에서 자동화된 공정을 바탕으로 차량 한 대를 만들려면 하루 종일 만들고도 4.4시간이 더 걸린다(총 28.4시간). 그런데 지금으로부터 약 3200년 전 이집트에서 당시의 최첨단 탱크나 다름없었던 전차 한 대를 가내수공업을 바탕으로 만드는 데 고작 1.5시간밖에 걸리지 않았다. 가히 놀랍고도 놀라운 속도가 아닌가. 공장 한 곳에 대체 얼마나 많은 숙련된 장인급 이집트인과 노예들이 일했을지 가히 짐작조차 하기 어렵다. 이토록 거창하게 전쟁을 준비하던 람세스 2세의 눈 안에서는 벌써 시리아가 이글이글 불타오르고 있었을 듯하다.

하지만 잊지 말아야 할 사실. 당시 이집트의 무기 생산력이 뛰어났던 것은 맞지만 청동제 무기로 무장한 이집트 군대와 철제 무기로 무장한 히타이트 군대의 충돌은 히타이트에 많이 유리했다. 청동과 철은 강도 자체가 다르기 때문. 두 무기가 부딪치면 백이면 백 청동제 무기가 부러져 나갔을 테니 히타이트의 승리는 따 놓은 당상이라 볼 수 있었다.

하지만 놀랍게도 대전투 후 남겨진 이집트의 기록에 따르면, 이 전쟁의 결과는 이집트의 승리였다. 람세스는 66년간 왕위에 있으면서 카데시 전투를 승리로 이끌었다는 기록을 이집트 전역 구석구석에 빠짐없이 남겼다. 심지어 아부심벨 신전과 룩소르 신전 등에 새겨진 벽화에는 람세스 2세 홀로, 외롭지만 용맹하게 히타이트 군대를 격파하고 승리를 거둔 것으로 묘사되어 있다. 이 때문에 이집트의 승리는 수천 년간 당연한 역사적 사실로 인식되어 왔다.

그런데 히타이트가 발굴된 후 이집트의 기록을 철석같이 믿었던 후세 역사학자들에게 폭풍처럼 대혼란이 들이닥쳤다. 맙소사, 인류의 전쟁사를 통틀어 최초로 각 국가의 언어로 남겨진 양측의 전쟁 기록물이 모두 발견되었는데 그 결론이 서로 정반대인 것이다! 히타이트의 수도 하투샤에서 나온, 히타이트 문자로 된 점토판에 의하면 람세스 2세는 카데시 전투에서 승리하기는커녕 목숨만이라도 부지했던 것이 행운이었으며 그나마 무승부로 끝났기에 체면만 간신히 건져 갔다. 이집트의 이야기와 히타이트의 이야기가 서로 달라도 너무 다른 것이다. 교통사고 현장에서나 볼 법한 거짓부렁들이 여기서도 발견되다니, 대체 누구 말이 사실일까.

당사자들의 정황을 따져 보았을 때 결론은 이렇다. '카데시 전투의 승리는 히타이트의 것이었다고 할 수 있음이 타당함!' 왜냐, 이집트는 애초에 카데시 탈환을 목표로 히타이트에 덤벼들었으나 그 목표를 이루지 못했고, 이후에 이집트 지배하에 있던 여러 도시들이 이집트에서 이탈해 히타이트의 영향권으로 속속 들어갔기 때문이다. 타고난 정치인인 데다가 거짓말까지 선수급이었던 람세스 2세는 전쟁 결과뿐만 아니라 히타이트 군대의 전사자 수도 과감하게 부풀렸다. 심지어는 무와탈리 2세의 동생 두 명이 전투 중 이집트군에 의해 죽임을 당했다는 기록까지 남겼다. 하지만 히타이트의 점토판에는 그들이 무사귀환했다는 내용이 남아 있다. 애써 살아 돌아온 무와탈리 2세의 동생들이 알았다면 얼마나 억울했을까.

그래도 '영원한 적은 없다'고들 하지 않던가. 서로 오랫동안 물고 뜯고 때리고 싸우다 보면 미운 정이나마 싹트게 마련인가 보다. 기록

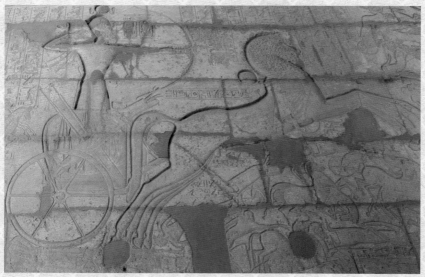

테베에 있는 신전에 새겨진 **람세스 2세 벽화 복원도**(위), **실제 벽화**(아래) 람세스 2세가 히타이트 왕 무와탈리 2세가 주둔한 다푸르성을 공략하는 모습을 담고 있다. 벽화를 통해 당시의 긴박했던 전쟁 상황을 자세히 알 수 있다.

에 따르면 카데시 전투 이후 15년이 지난 기원전 1259년, 이집트와 히타이트가 뜻밖의 평화조약을 체결했다. 혹시 또 거짓말 아닐까? 하지만 이건 확실한 진실이라고 볼 수밖에 없다. 양측에서 당사자들의 언어로 기록한 평화조약이 발견되었는데 이번에는 그 표현까지도 정확히 일치했다. 이 평화조약에는 상호불가침의 원칙, 기존의 양국 국경선을 인정하는 원칙 등이 포함되어 있었다. 이집트가 카데시를 히타이트의 영토로 순순히 공식인정한 셈이다. 또 유사시에는 군사적으로 서로 도울 것을 약속하는 내용도 명시되어 있었다.

짱짱하게 동여맨 화해의 끈은 십수 년째 이어졌다. 다행히 이집트

이집트 카르나크 신전의 아문라 구역 벽에 히타이트와 동일한 내용의 평화조약문이 상형문자로 새겨져 있다.

히타이트와 이집트의 평화조약문 진본은 터키 이스탄불고고학박물관에 보관되어 있다.

와 히타이트는 히타이트가 패망하는 기원전 1180년 무렵까지 비교적 오랜 기간 동안 평화를 유지했다. 게다가 람세스 2세는 히타이트 왕녀를 평생의 반려자로 삼아 결혼식을 올리기까지 했다. 비록 여러 왕비들 중 한 명이긴 했지만, 어쨌든 간에 이집트와 히타이트의 길었던 충돌은 해피엔딩으로 잘 마무리되었다고 볼 수 있겠다. 설형문자로 기록된 이집트와 히타이트의 평화조약문은 현재 뉴욕 유엔 본부 1층에 그 사본이 전시되어, 세계 최초의 평화조약이라는 상징성을 생생히 드러내고 있다.

×××××

비밀을 간직한 철 단검

근래까지는 기원전 1500년경 히타이트에서 인류 최초로 철을 사용했다고 알려져 있었다. 철 제련 기술이 외부로 절대 유출되지 못하도록 국가 기밀로 꽁꽁 싸매 두었던 제국이었으니 가히 '인류 최초의 철 사용'이라는 영광스러운 타이틀을 보유할 만도 하다. 그런데 2008년 이 타이틀은 히타이트를 떠나 진짜 주인을 찾는 여행길에 올랐다. 그 시작은 1994~2007년에 터키에서 발굴된 다섯 점의 철 유물이었다.

유물이 발굴된 곳은 터키의 수도 앙카라로부터 남동쪽으로 100킬로미터가량 떨어진 곳에 위치한 '카만-카레휘위크Kaman-Kalehöyük'라는 유적지다. 터키어로 '하늘-요새언덕'을 의미하는 이 유적지는 최

터키 카만 – 카레휘위크 유적의 위치

초의 납 공예인이 살았던 차탈휘위크처럼 그 이름에서 알 수 있듯이 볼록 솟아오른 언덕으로 이루어져 있다. 지름 280미터, 높이 16미터의 흙으로 된 이 언덕에서는 발굴 조사를 통해 모두 네 개의 층이 발견되었다.

구분해 보자면, 맨 아래 1층은 초기 청동기 시대(기원전 3000년경), 2층은 중기 및 말기 청동기 시대(기원전 2000~1200년경), 3층은 철기 시대(기원전 1200~400년경), 그리고 맨 위층인 4층은 오스만 제국 시대(1500~1700년경)에 형성되었다. 이렇게 아주 오랜 세월 동안 하나의 언덕에서 여러 시대 사람들이 생활한 덕분에 마치 오색 빛깔 무지개떡처럼 각기 다른 문화들이 층층이 쌓여 있는 것이 카만-카레휘위크의 특징이다. 1층과 2층은 청동기 문화, 3층은 철기 문화 그리고 4층은 이슬람 문화를 나타내고 있으니 고고학계의 '3종 문화 세트'라고 볼 수도 있겠다.

이곳에서 일본 중동문화센터는 다섯 점의 철 유물을 발견했다. 다섯 점을 줄줄이 연결하면 길이가 5센티미터가량 되는데 아마도 한 개의 칼날로 된 철제 단검의 일부였을 것으로 추측되고 있다. 유물이 발굴된 장소에서는 또 다른 철 파편, 철 조각 그리고 야금 작업 후 남은 철 찌꺼기도 나왔다. 또한 한 곳에서 두 개의 철광석이 발견되기도 했는데, 발견된 유적들을 모두 모아서 살펴본 결과 그곳은 철제 기구와 그 재료인 철을 만드는 제철소나 대장간 같은 작업장이었을 것이라는 결론이 나왔다.

2008년 일본 이와테현립미술관이 다섯 점의 철 유물을 분석한 결과 탄소가 0.1~0.3퍼센트 함유되어 있었고 규소, 망가니즈, 인, 황 등의 원소도 소량 포함되어 있는 것으로 나왔다. 철과 탄소가 만드는 전형적인 합금, 즉 강철인 것이다. 그런데 다섯 점의 철 유물은 철기 시대도, 말기 청동기 시대도 아닌, 중기 청동기 시대의 지층에서 나왔다. 그렇다면 제작 시기가 무려 기원전 2100년~1950년경이 된다. 결론적으로 아나톨리아 중부에서는 중기 청동기 시대인 기원전 2000년경부터 철광석을 야금하고 강철로 된 기구들을 실생활에 사용했다는 의미다. 히타이트를 '인류 최초의 철 사용'이라는 명예로운 오해로부터 산뜻하게 해방시켜 준 셈.

그렇다면 혹시 이들의 후예가 히타이트인이 아닐까. 안타깝지만 히타이트와의 연결 고리는 찾을 수 없었다. 카만-카레휘위크의 1층과 2층의 생활 양식을 분석한 결과, 히타이트 문명이 아닌 메소포타미아 문명에 더 가까웠기 때문이다. 따라서 이곳에 정착해서 인류 최초로 철 야금술을 사용하고 있었던 민족은 메소포타미아인이나 아시리아인 또는 아직 밝혀지지 않은 다른 민족일 것으로 추측되고 있다. 인류 최초의 철 사용이 '언제'였는지는 확인되었지만 '누구'였는지는 아직 미확인 상태인 것이다.

그래도 현재까지 확인된 사실 중 한 가지 분명한 것은 아나톨리아 지역의 중심부에는 히타이트인들이 정착하기 최소 500년도 전에 이미 고도로 발달된 철기 문화가 존재했었다는 점이다. 다른 말로 하자면, 철기를 바탕으로 대제국을 건설했던 히타이트의 철제 기술은 사실 독창적으로 개발한 것이 아니라 다른 민족이 과거부터 보유했던 기술을 독자적으로 습득했던 것에 지나지 않았다는 것이다.

카만-카레휘위크에서 인류 최초로 철 야금술의 빛을 밝혔던 그 사람들은 대체 누구였을까. '인류 최초의 철 사용'이라는 타이틀은 새

●
터키 카만 – 카레휘위크 유적지(왼쪽)와 발굴된 철 조각 일부(오른쪽)

주인이 누구인지 밝혀내기 위해 지금도 고고학자들과 함께 언제 끝날지 모를 여행을 하는 중이다.

×××××

1000년 세월을 이긴 철 기둥

카만-카레휘위크에서 발견된 다섯 점의 철 유물은 철 고유의 색을 지닌 상태로 발견되지 않았다. 세월의 때가 묻었다고 보기에는 원래의 철 색상과 억만 광년쯤 차이가 났고 표면도 울퉁불퉁했다. 다른 금속 유물에 비해 너무나 많이 변해 버린 것. 그런데 이건 카만-카레휘위크 유물의 잘못이 아니다. 철이라는 금속 자체가 원래 이런 특징을 지니고 있기 때문이다.

금속은 원래 외부로부터의 화학적 작용에 의해 소모되는 성질이 있다. 이를 부식이라 한다. 각각의 금속마다 부식 반응이 천차만별로 나타나는데 그중에서도 특히 부식이 잘되는 금속 중 하나가 바로 철이다. 철은 공기 중의 산소와 반응해 산화철이 된다. 이때 습기가 촉매 작용을 하기 때문에 철의 부식을 방지하기 위해서는 산소와 물의 접촉을 차단해야 한다. 하지만 옛날에는 이런 원리를 알지도 못했고 경험적으로 알아냈다고 하더라도 산소와 물을 완벽하게 차단할 기술이 없었기에 철 유물은 다른 금속 유물에 비해 발견되는 빈도도 적고 그 모습도 완전히 부식된, 즉 녹인 슨 상태인 것이다.

● 인도 뉴델리에 있는 철 기둥(왼쪽), 철 기둥에 적
혀 있는, 비슈누와 찬드라굽타 2세를 찬양하는
글귀(오른쪽)

　　철과 녹의 필연적 결합에 대해 이야기했으니, 최소 1000년 이상
된 철 유물 중 하나인 인도의 '철 기둥'을 소개해 보겠다. '시시하게 웬
철 기둥이냐' 하는 생각이 들지도 모르겠다. 사실 생긴 것이 엄청 화려
하지도 않다. 이름 그대로 그냥 철로 이루어진 기둥일 뿐이다. 하지만
1000년이 넘도록 녹이 슬지 않고 있는, 알고 보면 신통방통한 유물이
다. 철 기둥 편에 서서 좀 더 따져 보자면, 인류가 녹슬지 않는 철을 사
용하기 시작한 지는 고작 100년이 채 되지 않았다. 철의 부식성을 해
결한 스테인리스강은 1913년에 개발되었고 1930년대부터서야 본격
적으로 사용하게 되었기 때문이다. 이제야 철 기둥의 존재가 조금은
독특하게 보이시는지.

이 철 기둥은 인도 뉴델리 인근의 쿠트브미나르Qutb Minar 중앙에 위치해 있다. 이곳은 인도 최초의 이슬람 왕조인 맘루크 왕조의 초대 술탄 쿠트브 딘 아이바크Qutb-ud-din Aybak, ?~1210가 인도 북부를 점령한 뒤 승리를 기념하기 위해 이슬람 양식의 사원과 탑을 집중적으로 건설한 지역이다. 사실 철 기둥은 원래 인도 중앙부의 우다야기리 석굴에 있었으나 어느 특정 시기에 이곳으로 옮겨진 것으로 보인다. 철 기둥은 땅 위로 7.2미터 솟아올라 있고, 땅속으로는 1.1미터가 묻혀 있어 총길이는 8.3미터이다. 또한 상부의 둘레는 30.6센티미터, 하부의 둘레는 42센티미터이고, 무게는 6톤 이상이다.

철 기둥의 제작 연대는 표면에 있는 각기 다른 시기에 새겨진 여러 종류의 명문銘文과 예사롭지 않게 적어 둔 낙서를 통해 가늠할 수 있다. 그중에서도 가장 오래전에 남겨진 글이 굽타왕조(약 320~550년) 시대의 명문인데, 그 내용을 분석한 결과 철 기둥이 만들어진 시기는 굽타왕조 제3대 왕인 찬드라굽타 2세Chandragupta II, ?~413때일 것이라고 추측되고 있다. 명문의 대략적인 내용은 다음과 같다.

비슈누를 숭배하고 찬드라굽타 2세의 정복 활동을 찬양하라!

누구의 정복 활동을 찬양하라는 것인지 이름을 분명하게 남겨 주어 얼마나 다행인가. 여기서 비슈누란 힌두 신들 가운데 가장 자비롭고 선한 신으로 우주와 세상의 질서를 유지하는 수호신이다. 힌두교에서는 창조의 신 브라흐마, 파괴의 신 시바와 함께 최고의 신 중 하나로 손꼽힌다. 이 철 기둥이 비슈누와 연관되어 있다는 증거는 한 가지 더 있다. 현재는 사라지고 없지만 과거 기둥의 맨 꼭대기에 있던 비슈누를 태우고 다니던 신조神鳥 '가루다'[I] 상이다.

명문으로 추측한 제작 연대를 생각해 보면 이 기둥은 무려 1600년이 넘는 세월을 견뎌 낸 철 유물이다. 신기한 점은 뉴델리의 습하고 더운 열대몬순기후에 시달리면서도 붉게 녹슬긴커녕 어두운 색깔이 더 짙어지고 있다는 것이다. 어떻게 녹슬지 않는 것일까. 많은 추측이 있지만 가장 최근에 밝혀진 바로는 철 기둥의 주요 성분 중에서 인의 함량이 높았던 것이 그 이유다. 철, 인 그리고 공기 중의 수분과 산소가 서로 잘 반응해서 수화작용水和作用[II]을 일으켜 제2인산칼슘이라는 화합물이 만들어졌는데 이것이 철 기둥 표면에 얇은 보호막을 형성했다. 이 보호막이 철 기둥이 산소에 직접 닿지 않게끔 해 준 덕분에 녹이 생기지 않았던 것이다.

그런데 이 피막의 두께가 0.05밀리미터에 불과하다 보니 현재 기둥의 아랫 부분은 벗겨져 녹이 슬고 말았다. 팔을 뒤로 뻗어 기둥을 안으면 소원이 이루어진다는 전설 때문에 관광객들이 쉴 틈 없이 철 기둥을 만지고 안았기 때문이다. 소원을 이루어 준다하니 이왕 해 보는 김에 미련 없이 힘껏 팔을 쭉 뻗어 꽉 안아 보지 않았겠는가. 그러나 이 철 기둥은 세계 어느 곳에서도 보기 힘든 중요한 문화재이므로, 인도 정부에서는 보호를 위해 노력하고 있다. 그 결과 현재는 더 녹슬지 않도록 훼손을 방지하기 위해 주변에 울타리가 설치되었다.

[I] 가루다는 인간의 몸에 독수리의 머리, 부리, 날개 등을 가졌으며, 몸을 작게 하거나 크게 만드는 능력이 있는 신의 새다. 그 모습 또한 예쁘다기보다는 신들과 대등하게 싸울 정도로 강하고 식스팩을 자랑할 만큼 위풍당당한 전사 같은 모습을 가졌다.

[II] 수용액(물을 용매로 하는 용액) 중에서 용질 분자 또는 이온이 그 주위에 있는 약간의 물 분자를 끌어당겨 마치 수분자의 피막을 가지고 있는 것과 같은 상태가 되는 현상을 말한다.

더 이상 관광객들의 손길이 닿지 않게 된 것. 힌두교도인들은 울타리가 설치된 것이 비슈누 신께서 철 기둥 주변 세상의 질서 유지를 위해 애써 주신 덕분이라고 생각할지도 모르겠다.

✕✕✕✕✕

아름다운 철? 물렁물렁한 철?

인류의 여섯 번째 고대금속 '철'은 우리 주변에서 워낙 쉽게 접할 수 있어서 그런지 두려움 없이 친숙하고 꽤나 만만하게까지 느껴지는 금속이다. 그렇다면 철에 대해 뭘 좀 아는 분들을 위한 돌발 퀴즈. "철은 무슨 색일까요?"

"비닐하우스나 공사장에 그물처럼 설치된 쇠파이프를 보면 알지! 정답! 회색!"이라고 자신 있게 외친 분들께는 애매한 위로의 말씀을 전한다. "아이언맨 얼굴을 보면 알지! 연노란색!" 하시는 분들께는 차마 무슨 말씀을 드려야 할지……. 격려의 의미로 철의 성질과 관련된 내용을 최대한 재미있게 전달해 드리도록 하겠다.

순수한 철의 색상은 광택이 있는 은색이다. 따지고 보면 밝은 회색이라고도 할 수 있겠지만, 앞서 회색이라 답한 분들께 박수 대신 애매한 위로를 드려야 했던 이유는 우리 주변에서 흔히 볼 수 있는 공사장이나 비닐하우스 등의 쇠파이프가 띠는 회색빛은 대개 아연으로 도금 처리한 색이지 순수한 철의 색이 아니기 때문이다. 참고로, 아이언맨의 황금빛 얼굴색은 아마도 좀 더 고급스러운 디자인을 위해 토니 스타크가 고심해 입힌 색상인 듯하다. 아이언맨도 알고 보면 속살은 은색인 것.

한데 많은 사람들이 잊고 있는 사실이지만 철에는 은색 이외에 한 가지 색이 더 있다. 은색과는 거리가 먼 다갈색, 흑갈색과 같은 갈색 계열의 색이다. 이 색은 철이 산소와 만나 생기는 '녹' 즉, 산화철의 색이다. 얼핏 보기에는 거무튀튀하고 칙칙하기만 한, 아무런 멋도 없는 색이지만 조선 시대에는 그 어떤 색보다 아름다움을 뽐냈다는 사실을 아시는지. 바로 조선백자 위에서 말이다.

조선 시대를 대표하는 유물로 우리가 흔하게 꼽을 수 있는 것이 조선백자다. 조선백자는 아무런 문양이 없는 순백자에서부터 양각, 음각, 투각 등의 조각 기법으로 장식한 백자, 동물 모양의 상형백자 등이 있는데 다양한 백자 종류 중 가장 유명한 것은 안료로 표면에 그림을 그려 넣은 청화백자와 철화백자다.

조선 시대 철화백자

청화백자는 푸른빛을 띠는 코발트 안료를 사용해 그림을 그려 넣은 백자로 거의 전량 수입되는 코발트 안료¹가 굉장히 비쌌기 때문에 조선 시대 중기까지만 해도 높은 신분의 사람들만이 사용할 수 있었다. 특히, 17세기에는 임진왜란으로 인해 거의 구할 수 없는 지경이 되었다. 이때 그 공백을 메운 것이 철화백자였다. 철화백자는 구하기 쉬운 산화철을 안료로 삼아 그림을 그린 백자인데, 청화백자보다 화려하거나 깨끗하진 않지만 불순물이 많은 산화철 안료의 특성상 다갈색, 흑갈색, 흑색 등 다양한 색으로 발색되는 자유분방한 그림이 철화백자만의 아름다움을 표현하며 많은 인기를 얻었다.

　철에 대한 이야기 한 가지 더. 어느 글에서 연인과 헤어진 후 슬픔에 빠진 심경을 '쇳덩이 같이 단단하게 굳어버린 심장'이라고 시적으로 표현한 것을 본 적이 있는데 분위기 깨뜨려서 미안하지만 사실 철은 알루미늄보다도 무른 금속이다. 게다가 연성과 전성도 커서 잘 펴지고 잘 늘어난다. 철이 지금과 같은 강도를 가지게 된 것은 야금 과정에서 탄소가 들어갔기 때문이니, 철이 단단한 금속이라는 오해는 그만해 주시길.

> ▎코발트 안료는 광물 상태일 때는 흑갈색이지만 높은 열의 가마에서 수시간을 거치면 푸른빛이 돌며 특유의 색을 띤다. 원산지가 이슬람(회회국)이라 중국을 거쳐 수입되었는데 원산지의 이름을 따 '회회청'이라고도 불렸다. 세계적으로 인기 있던 안료인 데다 이슬람과 조선의 거리가 워낙 멀었기 때문에 코발트 안료는 왕실에서만 사용할 수 있을 정도로 비쌌다.

×××××

지구상에 있는 모든 철

철은 우리 주변에서 여러 제품으로 저렴하게 생산되는 만큼 우리가 밟고 있는 지구의 껍데기, 즉 지각에 굉장히 흔하게 존재하는 원소다. 금속 원소로는 매장량이 1위인 알루미늄에 이어 2위를 달리며, 전체 원소 중에서는 산소(47퍼센트), 규소(28퍼센트), 알루미늄(8.4퍼센트)에 이어 4위(6.2퍼센트)를 차지한다. 심지어 지구 속 가장 안쪽의 중심부에 박혀있는 반지름 1300킬로미터의 단단한 공처럼 생긴 내핵과, 그 덩어리를 2200킬로미터 두께로 두툼하게 감싸고 있는 죽같이 걸쭉한 반유동체의 외핵도 80퍼센트 정도는 철, 나머지 20퍼센트는 니켈로 이루어져 있다.

내핵과 외핵이 같은 금속 성분인데도 상태가 다른 이유는 이 둘이 받는 압력이 서로 다르기 때문이다. 내핵의 온도는 태양 표면과 비슷한 6000도나 되는데 이 정도의 고온이라면 끓는점이 2862도인 철도 당연히 미친 듯 끓고 있어야만 한다. 그런데 지구의 가장 중심에 위치하다 보니 눌려도 너무 눌린 탓에 압력이 굉장히 높아져서 끓어오르긴커녕 딱딱한 고체 상태가 되어 버린 것이다. 외핵도 내핵보다 덜 뜨겁긴 하지만 여전히 고온이므로 주성분인 철이 녹아 있는 것은 당연지사. 그나마 압력을 덜 받아서 용케도 엉거주춤한 액체 상태를 유지하고 있다.

지구 안팎으로 많은 부분을 차지하고 있는 철은 지구 무게의 35퍼센트를 차지할 만큼 묵직한 존재감이 있는 금속이다. 그런데 좀 이상하지 않은가. 이렇게 많은데도 자연 상태에서 철이 금처럼 순수한 덩어리째 발견되었다는 이야기는 들어 본 적이 없다. 순도 높은 은빛 쇳덩어리가 땅속에 박혀 있는 모습을 애써 상상해 봐도 그림이 영 어색하다. 철은 자기들끼리만 뭉쳐 덩어리째로 발견되는 일이 거의 없기 때문이다. 그래도 매장량 2위에 달하는 금속이니 찾아보면 어딘가에는 꼭 있는데 어찌나 발이 넓은지 수백 종에 달하는 광물 속에서 다른 원소들과 손 꼭 붙잡고 멋쩍게 인사한다. "안녕, 나 찾았어?" 게다가 자기 본래의 은빛보다는 주로 화학적으로 더 안정된 상태인 검붉게 산화된 색깔로 존재하기 때문에 산소를 떼어 내 주기 위해 반드시 코크스, 석회석과 함께 용광로에 넣어 시뻘겋게 달구어 줘야 불가마 찜질방 다녀온 듯 뽀얀 자기 본 모습으로 나타나 넉살 좋게 인사한다.

"아이고, 시원하다, 묵은 때가 쏙 빠졌네!"

금속은 크게 철금속과 비철금속으로 나눌 수 있다. 철금속은 철을 기본 구성 원소로 한 합금으로, 종류는 순철, 주철, 연철, 탄소강, 스테인리스강 등이 있다. 비철금속은 말 그대로 철금속이 아닌 금속으로 대다수의 원소들이 포함되므로 종류가 좀 많다. 숨을 먼저 고르고 읊어 보자면 구리, 아연, 주석, 안티몬, 수은, 니켈 등의 중금속, 알루미늄, 마그네슘, 나트륨(소듐) 등의 경금속, 금, 은, 백금, 팔라듐, 이리듐 등의 귀금속, 희토류, 인듐, 리튬 등의 희소금속, 지르코늄, 티탄, 베릴륨, 니오븀 등의 신금속 등등이다. 하지만 비철금속은 종류는 많아도 사용량에 있어서는 철금속에 감히 비할 바가 못 된다. 중국집 메뉴판을 보면 미처 다 읽어 보지도 못할 만큼 수많은 메뉴가 있지만 주문은 짬뽕+짜장면+탕수육+볶음밥인 세트A '짬짜탕볶'이 거의 다 차지하는 것과 비슷하다. 철은 건축자재, 구조물, 선박, 자동차, 공구, 기계 등 산업 분야 전반에 걸쳐 사용되는 금속의 약 90퍼센트를 차지할 정도로 수요가 많다. 짬짜탕볶 없이는 중국집 간판 달기 힘들 듯이, 철금속 없이는 현대 주요 산업이 유지되는 것 자체가 불가능한 것.

중국집과 비교한 김에 조금 더 나아가 보자면, 인기 좋은 짜장면의 비결은 바로 탱탱한 면발과 고소한 짜장이다. 그렇다면 인기 좋은 금속의 비결은? 그냥 철의 역학적 성질 그 자체다. 우선 매장량이 많다 보니 값이 꽤나 저렴하다. 게다가 까다롭게 굴지 않아 성형이 쉽고, 다른 원소나 금속과도 잘 어울려 합금 만들기가 용이하다. 덕분에 철의 경도와 강도를 쉽고 획기적으로 높일 수 있다. 예를 들어 '단결정철'의 인장강도를 10, 경도는 3이라고 했을 때 탄소, 규소, 니켈, 몰리브덴 등으로 합금한 '오스폼드 강ausformed steel'의 인장강도는 2930까지, 경도는 1200까지 높아지게 된다. 순철에다가 0.035~1.7퍼센트의 탄소를 첨가하면 갑자기 1000배 이상으로 강하고 질긴 강철로 변하기도 한다. 이 정도면 납으로 금을 만들어 내는 마법 같은 수준의 변화라고 할 수 있지 않을까.

앞에서 열심히 공부한 삼시대법으로 21세기를 구분한다면 우린 여전히 철기 시대를 살아가고 있다고 할 수 있다. 매력 만점인 쓰임새와 존재감 있는 매장량 덕분에 수천 년째 철기 시대가 지속되어 온 것이다. 그러나 앞으로 한 세기가 다 지나기도 전에 철기 시대가 막을 내릴 것이라는, 지금으로서는 상상조차 곤란한 전망을 제기하는 연구 결과들이 늘고 있다. 지구가 없어지지 않는 한 끝없이 나올 것만 같은 철이지만 철의 주원료인 철광석이 매년 급증하는 수요로 인해 곧 바닥을 보일지도 모른다는 것이다. 실제로 전 세계 철광석 생산량은 2003년에는 11억 톤이었지만 10년 만에 세 배로 늘어나 2012년에는 30억 톤에 달했다.

국제적인 비영리 환경조사단체인 월드워치연구소(Worldwatch Institute)는 지금까지의 데이터를 바탕으로 대단히 보수적으로 계산했을 때 매년 2퍼센트 정도의 생산량 증가 추세가 지속될 경우 지구상의 모든 철광석은 단 64년 안에 사라질 수 있다고 경고했다. 현재 고등학

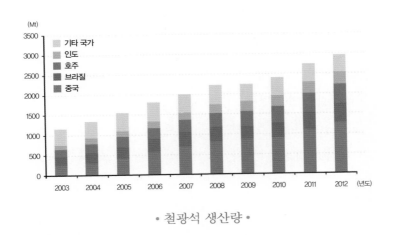

• 철광석 생산량 •

생이 자신의 팔순 잔치를 즐기며 한창 인생의 2막을 보내고 있을 때쯤
이면 철광석을 구하러 우주선 타고 날아가거나 지구 중심의 핵을 잘
라 쓰기 위해 인류 역사상 최고로 깊은 곳까지 구멍을 뚫고 있을지도
모를 판이다. 더구나 아직 철을 완전히 대체할 수 있을 만한 물질은 개
발되지 않은 상태라는 것.

그러나 너무 걱정부터 하지는 말자. 남은 64년이 어디냐, 미리 준
비하는 자에게는 길이 보이는 법. 이미 대책 강구를 위한 노력이 시작
되었다. 환경오염에 대한 걱정이 커지면서 오존층 파괴의 주범인 이
산화탄소 배출에 대한 규제가 엄해졌는데 2013
년부터는 철강 생산이 주요 이산화탄소 배출 산
업으로 지목된 까닭에 철의 사용량 증가세가 주
춤하고 있다. 그간 발전시켜 온 자원재활용 기술
과 제도를 십분 발휘할 때가 온 것이다. 게다가
비정질합금 등으로 철을 대체하기 위한 시도가

❚ 물질을 구성하는 원자나 이온이
주기성 배치를 하지 않은 비정질
(고체 물질로, 균일한 조성은 가지
고 있으나 원자 배열이 액체와 같
이 흐트러져 있는 물질) 상태의 합
금을 의미하며, 보통의 합금에서
는 없던 성질이 나타난다.

끊임없이 이어지고 있으니 관련 연구자들에게 열심히 응원을 보내야 하겠다.

철 없는 시대를 가장 먼저 맞이할 지도 모를 현재의 청소년들이여, 대체 물질 개발에 한번 도전해 보는 것이 어떨까! 만약 도전이 성공한다면 아마 그대들과 그대들의 후손까지 심적으로나 물적으로나 더할 나위 없이 풍성해지리라.

철 Fe²⁶

지각 분포	지각의 6.3퍼센트가량을 차지한다. 원소 중에서 산소(O), 규소(Si), 알루미늄(Al) 다음으로 많이 존재하고 금속 중에서는 매장량 1위인 알루미늄 다음으로 풍부하다.
발견 시기	기원전 2100년경
결정 구조	체심입방구조　　　　　　면심입방구조
녹는점	1538℃
끓는점	2862℃
표준 원자량	55.845g/mol
광석	철광석은 대부분 산화물로 산출되는데 주요 광물로는 적철석(Fe_2O_3), 자철석(Fe_3O_4) 등이 있다.
용도	다른 금속과의 합금으로 기계, 공구, 자동차, 선박, 건축물 등 안 사용되는 곳을 찾기 힘들 정도로 두루두루 사용된다.
모스 경도	4.5

인류 역사의 여섯 번째 고대금속인 철. 워낙 흔한 금속이긴 하지만 그렇다고 해서 이 광물, 저 광물에서 마구 추출해 쓰지는 않는다. 경제성을 높이기 위해 철 함량이 충분히 높은 광석들을 선별해 쓰기 때문. 순도가 높은 자철석의 경우 72.4퍼센트, 적철석의 경우 70퍼센트의 철을 함유하고 있다. 일반적으로 어린이 놀이터의 흙이 0.5~5퍼센트, 바다의 짠물이 2.5ppb의 철을 함유하고 있는 것과 비교하면 이 철광석들은 제 이름값을 톡톡히 한다고 볼 수 있겠다.

그리하여 뱃고물들 옆에서 양군의 접근전이 시작되었다.
마치 길에 먼지가 수북이 쌓인 날
요란한 바람들을 타고 돌풍이 몰아닥쳐
바람들이 구름 같은 먼지를 일으킬 때와도 같이…….

_ 호메로스의 서사시 「일리아스」 중

7장

Mercury

B.C. 1500년경

수은

×××××

욕　망　을
비　추　는
역　사　의
거　　　울

수은을 뜻하는 영단어 'Mercury'는 태양계 행성 중 '수성'을 의미하는 단어로도 널리 쓰이고 있다. 수은은 어쩌다 수성과 이름을 공유하게 되었을까? 중세 연금술사들은 신화, 전설, 점성술 등을 바탕으로 고대금속과 행성 간의 주선자 역할을 자처했다. 덕분에 금과 태양, 은과 달, 구리와 금성, 철과 화성, 주석과 목성, 납과 토성과 더불어 지구보다 공전 속도가 네 배나 빠른 수성과 민첩하게 움직이는 금속, 수은이 짝꿍이 되었다. 그렇다면 수성은 어쩌다가 'Mercury'라는 이름을 가지게 되었나. 수성은 기원전 3000년경 수메르 문명 시기 'Ubu, Gud, Ud' 등으로 불렸다. 그러다 바빌로니아에서 수성의 민첩한 모습에 영감을 받아 전령의 신인 'Nabu'를 수성의 이름으로 붙여 주었다. 이는 고대 그리스에 영향을 끼쳐 그리스 신화 속 전령의 신 'Hermes'가 수성의 이름이 되었고 'Hermes'는 로마 시기 라틴어로 변환되어 'Mercurius'가 되었다. 이후, 'Mercurius'는 고대 프랑스어 'Mercredi,' 중세 영어 'Mercurie'를 거쳐 오늘날의 명칭인 'Mercury'가 되었다는 말씀.

하인리히 슐리만의 열정

그리하여 뱃고물들 옆에서 양군의 접근전이 시작되었다.
마치 길에 먼지가 수북이 쌓인 날
요란한 바람들을 타고 돌풍이 몰아닥쳐
바람들이 구름 같은 먼지를 일으킬 때와도 같이,
꼭 그처럼 양군은 어우러져 싸웠고 모두들 날카로운 청동으로
무리들 속에서 서로 상대방을 죽이기를 열망했다.
그리고 남자를 죽이는 전투는 그들이 손에 쥐고 있떤
살을 찢는 긴 창들을 곤두세웠고, 한 곳에 모인 그들의
찬란히 빛나는 투구들과 새로 광을 낸 가슴받이들과
번쩍이는 방패들이 발하는 청동 광채는 눈부시었다.

위 내용은 서양 문학사에서 최초이자 최고의 서사시라고 평가받
는 고대 그리스의 영웅 서사시 「일리아스」의 한 구절로, 대립각을 세
우는 두 민족, 트로이아인과 아카이오이족의 해상 전투 장면을 묘사

한 부분이다. 이 작품은 시인 호메로스가 지은 것으로 전해지는데 확실하지는 않다. 이야기 전체가 기원전 8세기경에 구전으로 완성되었고 기원전 6세기경에야 문자로 기록되었으며, 호메로스마저도 실존 인물인지 아닌지 확인된 바 없기 때문이다.

아무튼 이렇게 구전으로 내려오는 이야기치고 재미없는 것은 드물다. 가만히 듣고만 있어도 하품이 나는 이야기가 굳이 입에서 입을 타고 전해 내려올 이유는 없지 않은가. '옛날옛날 아주 먼 옛날에 오누이가 살았는데'로 시작하는 짧고 소박한 우리네 구전 동화도 나름 흥미진진한데 하물며 대서사시로 분류되는 「일리아스」는 얼마나 스펙터클하겠는가. 일단 기본기 충만한 그리스 신화와 전설이 뒤섞여 있는데다가 앞에 나온 것처럼 박진감 넘치는 묘사와 사실적인 이야기가 더해져 글의 분위기는 자못 실화 같다.

1829년 어느 날, 독일에 살고 있던 한 여덟 살 소년이 「일리아스」를 바탕으로 쓰인 역사책을 읽었다. 소년은 책을 읽으며 가슴이 심하게 두근거리는 것을 느꼈고, 이렇게 생생한 이야기는 지어낸 것이 아니라 실제 사건을 바탕으로 한 것이라 생각하게 되었다. 이때의 확신은 소년의 인생을 바꿨다.

어른이 된 소년은 사업을 크게 일으켜 거부가 되었다. 그리고 그렇게 모은 자신의 재산을 「일리아

스」속에 나오는 고대 도시 트로이를 발굴하는 데 쏟아 부었다. 그리고 결국 트로이가 실제 존재했던 고대 도시였음을 증명하는 데 성공했다. 모든 이의 꿈속에만 있던 전설이 역사적 사실임을 알린 것이다. 이 사람이 바로 그리스 선사고고학의 창시자로 평가받는 독일의 고고학자 하인리히 슐리만이다.

슐리만은 전문적인 교육을 받은 정식 고고학자가 아니었기에 트로이를 발굴하며 잘못을 저지르기도 했다. 그 주변과 상하지층에 묻혀 있던 다른 유적을 부분적으로 훼손시킨 것이다. 이 때문에 그를 비판하는 목소리도 높다. 하지만 슐리만은 전설로만 존재했던 트로이와 미케네 문명을 재발견하는 데 있어서 중요한 실마리를 풀어 주었고 특히 그리스 이전 문명인 에게 해의 고대 문명, 즉 '크레타 문명 → 에

「헥토르의 시신을 끌고 트로이 성문 앞을 지나는 승리한 아킬레우스」, 프란츠 마치 일리아스의 한 장면으로 아카이오이족의 영웅 아킬레우스가 트로이족의 영웅 헥토르에게 승리한 모습을 묘사했다.

게 문명 → 그리스 문명'의 관계를 밝혀내는 데 지대한 공헌을 했다.

트로이 유적지 발굴에 이은 슐리만의 다음 도전은 이집트에 있을 것으로 추측되는 알렉산드로스 대왕의 무덤을 찾는 것이었다. 알렉산드로스 대왕의 무덤은 오랫동안 미스터리로 남아 있었던 탓에 슐리만의 기적이 이집트에서도 화려하게 재현될 것인가에 세계의 이목이 집중되었다. 당시 슐리만은 이집트 총리로부터 직접 발굴 허가를 받아낼 정도로 유명 인사가 되어 있었던 상황. '전설 따라 삼천리'에 빛나는 슐리만의 발굴 방식이 알렉산드로스 대왕의 무덤에도 통할 수 있었을까.

기록에 따르면 알렉산드로스 대왕의 시신은 그의 총애를 받던 장군 소테르Soter, B.C. 367~B.C. 283에 의해 이집트의 옛 수도인 멤피스에 무사히 안장되었다. 덕분에 소테르는 대왕의 후계자로서 입지를 굳힐 수 있었으며, 대제국이 마케도니아, 이집트, 시리아로 분열되자 기원전 305년 '프톨레마이오스Ptolemaios'라는 이름으로 이집트의 파라오에 등극, 이집트 제32왕조의 문을 열었다. 멤피스에 묻혀 있던 알렉산드로스 대왕의 시신은 프톨레마이오스 2세Ptolemaios II, B.C. 308 ~ B.C. 246 때 알렉산드리아로 옮겨져 어딘가에 안치되었고 그 후로는 옮겨진 바가 전혀 없다, 적어도 남겨진 기록에 의하면!

실제로 이후에 유명 인사들의 발길이 알렉산드로스 대왕의 무덤을 거쳐 간 기록이 여럿 존재한다. 그러니 적어도 그 기간 동안은 무덤의 위치가 이리저리 옮겨 다니지는 않았을 것이라고 유추할 수 있다. 로마제국 시기에는 카이사르와 아우구스투스, 칼리굴라 황제 등이 알렉산드로스 대왕의 무덤을 방문한 기록이 남아 있다. 또 셉티미우스 세베루스 황제가 무덤의 훼손을 방지하기 위해 일반인들에게 공개하는 것을 금지시켰고, 그의 아들 카라칼라 황제가 대왕의 반지와 벨트, 옷가지 등 온갖 진귀한 물품을 개인 소장용으로 가져갔다는 기록도 남아 있다. 하지만 시간이 지나면서 차츰 무덤에 관한 구체적인 기록이 줄어들었다. 중세 시대와 르네상스 시대에 극소수의 작가들이 대왕의 무덤을 방문하고 느낀 감동을 경험담으로 남기기도 했으나 그 위치에 대한 자세한 내용은 없었다.

알렉산드로스 대왕의 무덤을 찾으려는 시도는 18세기 초에 접어들면서 급증했다. 이집트 고대유물 최고위원회가 공식적으로 인증한 발굴 사례만 해도 140여 차례가 넘었다. 비공식적인 사례까지 포함한다면 아마도 수천 번의 시도가 있지 않았을까. 하지만 대왕이 정확히 어디에서 잠들고 있는지 밝혀내는 데는 모두 실패했다.

그러나 슐리만은 자신만만했다. 슐리만의 촉이 감지해 낸 주요 정보는 9~10세기의 아랍 역사가들이 알렉산드로스 대왕의 무덤에 대해 남겨둔 단편적인 기록과 로마의 외교관이자 작가였던 레오 아프리카누스Leo the Africanus, 1485?~1554?가 비교적 최근인 1491년에 남긴 알렉산드로스 대왕의 무덤 방문기였다. 이를 토대로 슐리만이 지목한 장소는 이곳이었다. 바로 오늘날 이집트 서북부 알렉산드리아에 있는 '나비 다니엘 모스크Nabi Daniel Mosque'의 지하!

성공을 확신했던 슐리만은 알렉산드리아에 도착한 후 단 이틀 만에 발굴 준비를 마쳤다. 그러나 전혀 예상치 못한 문제가 발생했다. 모스크의 최고 지도자가 지하 발굴을 강력하게 반대하고 나섰던 것이다. 그가 어떠한 협상과 설득에도 꼼짝 않는 바람에 결국 슐리만은 모

'나비 다니엘 모스크'의 모습이 담긴 엽서 이집트 알렉산드리아에 있는 모스크로 엽서에 담긴 모습은 20세기 초로 추정된다.

이집트 아비도스에 있는 '세티 1세'의 신전 하인리히 슐리만은 이곳에서 인류 최초의 수은을 발견했다.

스크 지하로 내려가는 입구의 뚜껑조차 들어 보지 못하고 발굴을 포기해야 했다. 하지만 빈손으로 돌아가기에는 슐리만의 자존심이 허락지 않았다. 칼을 뽑았으면 무라도 힘차게 썰어야 직성이 풀리는 슐리만은 곧 이집트의 다른 발굴지로 향했다.

그가 도착한 곳은 오늘날 이집트 동남부에 위치한 제19왕조의 두 번째 파라오 세티 1세^{Seti I, B.C.?~B.C. 1279}의 신전이었다. 슐리만은 몇 주에 걸쳐 그곳에 있는 고대 왕족들의 무덤을 파헤치면서 마음속 깊은 곳의 헛헛함을 채워줄 만한 유물이 발견되길 기대했다. 하지만 별 성과가 없었다. 대부분의 고대 이집트 무덤은 이미 수천 년 동안 쉴 틈 없이 도굴된 경우가 허다했고 세티 1세의 신전도 마찬가지 신세였기 때문이었다. 금으로 된 유물이나 미라 같은 '대박' 발견을 기대했던 슐리만은 결국 자잘한 유물 몇 점만 겨우 챙겨 들고 이집트를 떠날 수밖에 없었다.

그러나 그 자질구레한 유물 중 우리가 그토록 찾았던 것이 있었으니, 바로 인류 최초의 수은이었다! 정확한 이름도 알 수 없는 왕족의 관 옆에 놓인 코코넛 열매 형태의 작은 병 안에 인류 최초의 수은이 가득 담긴 채 봉인되어 있었던 것이다. 슐리만이 발견한 이 수은은 기원전 1500년경에 추출한 것으로 밝혀졌다. 인류 최초의 수은은 지금으로부터 적어도 3500년 전에 존재했던 것.

물론 여러 가지 정황상 수은이 사용된 시기는 최소 수천 년은 더 거슬러 올라가야 한다. 하지만 수은은 상온에서 액체로 존재하는 금속이다 보니 명확한 형태로 남겨진 유물이 거의 없어서 그전까지는 사용 시기를 제대로 인정받지 못하고 있는 상황이었다. 그나마 슐리만이 최초의 수은을 발견한 덕택에 수은의 사용 연대가 훌쩍 올라갈 수 있었다.

고대금속의 마지막 주자인 수은은 이처럼 한 고고학자의 열정어린 탐구 끝에 의도치 않게 우연히 발견되었다. 이런 것을 보면 역사는 우연의 연속이라는 누군가의 이야기가 맞는 것 같기도 하다. 결과적으로 하인리히 슐리만은 그의 찬란한 경력에 인류 최초의 수은을 발견한 공을 더할 수 있었으니, 알렉산드로스 대왕 무덤 발굴의 실패로 남겨진 마음속 헛헛함을 밀도 높은 수은으로나마 가득 채울 수 있었기를 기원한다.

×××××

빠릿빠릿한 특징과 말랑말랑한 활용

인류가 역사 시대에 접어들기 전 가장 늦게 사용하기 시작한 고대 금속, 수은. 겉보기부터가 빤들빤들한 것이 벌써 분위기가 예사롭지 않다. 일곱 개의 고대 금속을 모두 모아 두고 "일렬종대로 섯!"이라고 명령하면 수은은 얌전히 서 있기는커녕 혼자서만 잽싸게 요리조리 또르르 굴러다닐 것만 같다.

수은은 지구상에 존재하는 금속 중 실온에서 유일하게 은백색의 금속 광택을 내는 액체 상태로 존재한다. 액체일 때의 수은은 원자들이 너무 오밀조밀하게 붙어 있어서 밀도가 물보다 13.567배나 크다.

수은의 밀도 실험 수은을 채운 비커에 동전이 둥둥 떠 있다. 내셔널지오그래픽 채널은 1972년 수은을 가득 채운 수영장에 사람이 들어가도 가라앉지 않는다는 것을 실제 실험으로 증명한 바 있다.

그래서 물 1리터는 1킬로그램이지만 수은 1리터는 무려 13킬로그램이 넘는다. 욕조에 수은을 가득 채우고 사람이 퐁당 뛰어들면 몸이 가라앉지 않고 그 위에 둥둥 떠 있을 정도다.

액체인 수은을 고체로 만들기 위해서는 어떻게 해야 할까. 방법은 물을 얼음으로 만들 듯이 얼려 버리는 것이다. 수은의 어는점은 영하 38도로 금속 중에서 가장 낮은 편이다. 끓는점도 356도로 다른 금속과 비교할 경우 꽤 낮은 편이라 웬만한 고온에서는 기체로 변해 날아가 버린다. 수은은 금속 중에서는 액체로 존재하는 온도 범위가 가장 좁은 편에 속하며 고체가 된 수은은 액체일 때와 마찬가지로 백색의 금속 광택을 띤다.

또한 수은은 표면장력이 매우 크다. 표면장력이란 액체의 표면이 수축해 가능한 한 작은 면적을 차지하려는 작용을 말한다. 표면장력이 높은 액체는 바닥에 닿는 표면적을 줄이기 위해 가능한 한 까치발을 높이 들고 위로 솟아 동그란 공 모양으로 움츠러들려고 하는 경향이 크다. 반면 표면장력이 낮은 액체는 마치 포복하듯이 배를 바닥에 착 깔아 붙이고 되도록 납작하고 넓게 퍼져 있으려 한다. 그래서 수은을 조금씩 바닥에 떨어뜨리면 바로 방울방울 솟아올라 탱탱한 은구슬 모양을 만든다. 바닥에 쏟아 붓더라도 최대한 모서리를 둥글게 만들어 바닥과 닿는 면적을 줄이려 용을 쓴다. 또 표면에 닿는 면적이 적다 보니 마찰력의 영향도 적게 받아 마치 살아 있는 것처럼 움직임이 굉장히 빠르다. 관찰하고 있으면 눈동자 굴리기 바쁠 정도다. 때문에 과거 영어권에서는 정식 명칭인 '머큐리mercury'라고 불리기보다는 '리빙 실버living silver(살아 있는 은)', 또는 '퀵실버quicksilver(빠른 은)'라고 더 자주 불렸다. 현대의 'quick(퀵)'이라는 단어는 중세와 고대 영어에서 'cwicu'과 'qwyk'이 변형된 것인데, 당시에는 이 두 단어가 '살아 있는living'이라는 뜻이었기 때문에 '빠른 은'이라는 해석은 근대에 덧붙여진 것으로 볼 수 있다.

'퀵실버'라는 단어는 '예측하기 어려운 빠른 변화나 움직임'을 의미하는 데다가 입에 착 감기는 어감까지 갖고 있어서인지 인기도 좋다. 스노보드나 서핑용 의류 잡화를 파는 미국의 유명 브랜드 '퀵실버'도 있고 영화 '엑스맨'에서 극초음속으로 움직일 수 있는 인기 돌연변이(뮤턴트)의 이름도 '퀵실버' 아니던가. 아무튼 '살아 있는 은'이든 '빠른 은'이든 둘 다 수은의 모습을 잘 보여 주는 표현으로 제격이다.

청동의 재료인 주석처럼, 수은도 다른 금속과 합금하기가 쉬운 금속이다. 수은을 넣어 만든 합금을 '아말감amalgam'이라고 부르는데 치과에서 충치 치료를 받고 난 후 입속을 확인해 보면 충치가 있던 자리에 예쁘게 박혀 있는 은색 덩어리가 바로 그것이다. 미세하게 빻은 은을 수은과 섞어 지점토처럼 만든 치아 충전용 아말감을 충치를 제거한 빈자리에 채워 넣는 것이다. 시술도 간편하고 강도와 내구성도 우수한 데다가 국민건강보험까지 적용되기 때문에 돈 먹는 하마 뺨 후려치는 비싼 치과 재료들 사이에서 보기 드문 착한 재료라고 할 수 있다. 다만 때때로 치아 충전용 아말감의 안전성에 대한 우려의 목소리가 들려올 때가 있어 사용을 망설이는 분들이 많다.

▎'무른 것'이라는 뜻의 그리스어에서 유래되었다. 수은과 다른 금속의 합금을 말하는데 금. 은. 구리, 아연. 카드뮴, 납 등과 섞은 것을 보통 아말감이라고 부른다. 어떤 금속과 섞느냐에 따라 아말감의 용도가 달라진다. 은, 주석, 구리가 들어간 아말감은 치과용 충전재로 쓰이고 납, 주석, 비스무트가 들어간 아말감은 거울의 뒷면에 칠해서 사물을 반사시키는 데 이용된다.

사실 아말감이 안전한지 그렇지 않은지에 대해서는 아직 연구자들의 합의된 결론이 없는 상태다. 각자의 연구 방법에 따라 긍정의 결과가 나오기도 하고 부정의 결과가 나오기도 하기 때문이다. 하지만 국내 치과대학들이 온라인을 통해 제공하는 정보를 종합해 보면, 치아 충전용 아말감에서 떨어져 나오는 수은의 양은 일상생활에서 식사나 호흡으로 섭취하는 양에 비해 매우 적기 때문에 안전성에는 큰 문제가 없다고 한다.

수은의 또 다른 특성은 온도에 의한 부피팽창이 크고 일정하다는 것이다. 물질은 열(에너지)을 얻게 되면 늘어나거나 커지고, 반대로 열을 뺏기게 되면 쪼그라들거나 줄어든다. 수은은 이런 현상이 매우 일정하게 일어나는데, 이런 성질을 십분 활용해 탄생한 발명품이 가느다란 진공 상태의 유리관에 수은을 넣어 만든 수은 체온계다(전자 체온계가 나오기 전에는 집집마다 수은 체온계를 갖추고 있었다). 수은 체온계를 겨드랑이에 끼우고 있으면 체온이 전달되어 수은이 위쪽으로 팽창하

수은 온도계 최근에는 수은의 독성 때문에 거의 사용하지 않는다.

기 시작한다. 그러다 열적평형 상태에 다다르면 그 자리에서 멈춘다. 그때의 눈금을 읽으면 체온을 알 수 있다. 이때 수은 체온계의 기둥 끝이 36~37도에서 노닌다면 정상 체온이라고 볼 수 있으나 40도를 기웃거린다면 앞뒤 생각 말고 병원부터 향해야 한다. 보통 수은 체온계에 눈금이 42도까지밖에 표시되어 있지 않은 이유는 수은이 그 선을 넘어갈 힘이 모자라서가 절대 아니다. 그보다 높은 체온이라면 이미 응급실이나 영안실에 누워 있을 확률이 크기 때문이다.

물론 수은으로 일반적인 기온도 잴 수 있다. 수은 온도계도 수은 체온계와 같은 원리인데 옛날에는 수은 온도계로 기온을 재는 일이 일반적이었다. 오죽했으면 수은 기둥을 일컫는 단어 '수은주水銀柱'가 본래의 뜻보다 '기온'을 뜻하는 명사로 더 유명해졌을까. "수은주 뚝! 강추위 조심하세요" 하는 표현은 요즘도 일기예보에서 자주 쓰인다.

그런데 2000년도에 접어들면서부터 수은의 치명적 독성에 대한 인식이 확산되었고 그 후로 수은 체온계와 수은 온도계는 인간 세상에 발을 들여놓을 수 없게 되었다. 현재는 수은주라는 단어를 통해 한때 누렸던 수은의 전성기를 떠올려 볼 뿐이다.

수은으로 금 만들기

수은의 빠릿빠릿하고 말랑말랑한 매력에 빠졌다면, 이제 놀랄 준비를 하시라. 현대 과학이 밝혀낸 수은의 또 다른 매력은 수은을 금으로 바꿀 수 있다는 믿을 수 없는 사실이다! "설마 금金은 아니겠지?"라고 의심하지 말지어다. 여러분이 생각하는 그 번쩍거리는 금이 맞다. 그야말로 중세에 열광했던 연금술이 현실이 된 것이다. 다만 중세의 기술 수준으로는 어림 반 푼어치도 없고, 현대 기술로도 어처구니없을 만큼의 막대한 돈과 시간이 필요하다. 하지만 일단 가능한 것만은 분명하다는 사실.

방법은 이렇다. 우선 입자가속기에서 수은을 이온화한 다음 빛에 가까운 속도¹로 가속시켜서 베릴륨과 정면으로 충돌시킨다. 그러면 수은의 원자핵이 부서지면서 그중 약 0.01퍼센트 이상이 금을 이루는 원자핵으로 변한다. 그렇게 티끌 모아 태산 만들 듯 원자핵을 모으고 또 모으고 또 또 모으다 보면 마침내 진짜 형태를 갖춘 금이 만들어진다.

이 방법으로 금을 대량 생산하면 어떨까. 이미 충분히 예상하고 있겠지만 일단 돈이 엄청나게 들어가므로 아마 세계 최초로 가공품이 자연산 값을 상상도 못 할 만큼 초월하는 괴이한 결과가 눈앞에 펼쳐지게 될 것이다. 조금 자세히 알아보자면, 일단 입자가속기를 운용하는 데 드

진공 상태에서 빛의 속도는 시속 10억 킬로미터. 현존하는 세계 최대의 입자가속기를 사용하면 광속에 99.9999퍼센트 이상 근접한 속도로 양성자를 이동시킬 수 있다. 2012년 힉스 입자를 만들어낼 때 입자가속기로 구현한 충돌 에너지는 총 7TeV(테라전자볼트, 1테라 = 1조 = 10^{12})로, 하나의 가속기 링에서 4TeV의 에너지를 가진 양성자가 이동하는 속도는 빛의 속도와 겨우 1초에 8미터 차이가 날 뿐이다.

는 돈부터 천문학적인 액수다. 둘레가 6.28킬로미터인 1979년산 테바트론 가속기를 보유하고 있던 미국의 페르미 국립가속기연구소가 연간 사용한 비용은 370억 원 이상이었다. 세계 최고 부자국가인 미국 정부도 예산이 너무 많이 들어가는 바람에 두 손 두 발 다 들고 2011년 9월부로 이 가속기를 영구적으로 은퇴시켰다.

테바트론의 지위를 넘겨받은 입자가속기는 지름 9킬로미터, 둘레 27킬로미터로 스위스와 프랑스 땅 아래 100미터 깊이에 위치한 세계 최대 규모의 '거대강입자가속기(LHC, Large Hadron Collider)'다. 스위스 제네바의 유럽원자핵공동연구소 가 만들었으며 2008년부터 가동 중이다. 이 가속기는 테바트론이 찾다가 포기했던 우주 탄생(빅뱅) 순간

● **거대강입자가속기** 도넛이라 불리는 진공의 관 속에서 입자가 가속되면서 도는 원형가속기의 일종이다. '강입자충돌기'라고도 한다.

의 비밀을 풀 열쇠, '힉스 입자 Higgs boson'를 2012년 최초로 발견해 내 효자 노릇을 톡톡히 했다. 하지만 힉스 입자 발견이라는 위대한 성과에 14조 원이 넘는 겁나게 막대한 비용이 들었다는 사실. 대한민국 미래창조과학부의 2015년도 한 해 예산안 14조 1238억과 비슷한 규모다. 시간은 또 어

▌1954년에 설립되어 21개의 유럽 회원국이 속해 있다. 100여 개의 각기 다른 국적을 가진 1만 명의 과학자들이 이곳에서 기초 과학을 연구하고 있어 '과학계의 유엔', '물리학도의 메카', '기초 과학의 성지'로 불린다.

찌나 오래 걸리는지, 1년간 하루도 빠지지 않고 매일매일 수은과 베릴륨 원자를 충돌시킨다 해도 만들어 낼 수 있는 금의 양은 고작 0.00018그램뿐이다. 정말이지 눈물겹게 적다. 아기 금반지 하나 해 주자고 입자 가속기로 금 한 돈(3.75그램)을 만들어 내는데 2만 년이 넘게 걸리는 셈이다. 지금으로부터 2만 년 전이면 크로마뇽인이 돌도끼로 사냥하고 동굴 벽에 그림 그리던 바로 그 시절이 아니던가. 조지훈의 시 「승무」의 첫 구절을 살짝 바꾸어 이를 표현해 보고자 한다.

> 은 빛깔 수은으로 노오란 금 만들어
>
> 신흥 부자 돼 보려던 얄팍한 욕심은
>
> 이제 그만 고이 접어 나빌레라

　수은을 금으로 만들어 쓰는 것이 가능하긴 하나, 현실적으로 무리인 것이 분명해졌다. 그저 살아생전 꿈을 이루지 못하고 떠난 중세 연금술사들의 소원을 하나 풀어 주었다는데 의미를 두는 것이 정신 건강에 이롭겠다.

수은 광석, 진사의 탐스러운 붉은빛

사실 굳이 수은을 금으로 만들어 쓸 만한 상황도 아니다. 수은이 그리 흔한 금속이 아니기 때문이다. 귀금속 매장량과 비교해 보면 금보다야 많지만 은보다는 적기 때문에 나름 귀하신 몸이다. 거기다 자연에서 원소 상태로 발견되는 자연수은은 극히 드물고 대게 화합물 상태로 존재한다. 가장 대표적인 수은 광석은 '진사'이고, 그 외에 리빙스토나이트, 코데로아이트 등이 있다. 인류는 오래전부터 진사를 가열해 원소 상태의 수은을 얻어 왔다.

진사는 주로 진한 붉은색 가루의 형태로 발견된다. 때문에 한자 '붉을 주朱'와 '붉을 단丹'을 사용해 '붉은색 모래'라는 뜻의 '주사朱砂' 또는 '단사丹砂'라고 불릴 정도였다. 물감이 없던 선사 시대에 진사는 미술용으로 쓰는 데 제격이었다. 실제 인류 최초로 납을 사용했던 유적지, 터키의 차탈휘위크에서는 진사로 칠해진 무덤과 기원전 6300년경에 개발된 인류 최초의 지하 진사 광산이 발굴되었다. 또한 멕시코 유카탄 반도의 남부 지역인 치아파스 주에 위치한 마야 유적지 팔렝케Palenque에서도 진사가 사용된 흔적이 발견되었다.

팔렝케 유적은 기원전 300년경에 세워졌고, 이 지역은 6~8세기에 전성기를 누렸다. 1987년 그 역사적 가치를 인정받아 유네스코 세계 문화유산으로 지정되기도 했다. 이렇게 유명한 이 유적의 또 다른 이름은 '13번 사원'. 우연히 붙은 이름이지만 공포의 아이콘으로 통하는 '13'이라는 숫자가 이보다 더 잘 어울리는 무덤은 또 없을 듯하다. 여

돌로마이트에 둘러 싸인 진사(왼쪽), 미국 캘리포니아 소노마카운티에서 채굴된 자연수은(오른쪽)

팔렝케 유적에서 발굴된 레드퀸의 무덤(왼쪽)과 유골(오른쪽) 공기와 맞닿는 곳은 색이 바랬지만 석관 안
과 유골에는 선명한 붉은빛이 진하게 남아 있다.

기서 발굴된 귀족 여성의 유골, 장신구를 비롯한 무덤 전체가 온통 핏빛을 연상시키는 붉은 진사로 덮여 있었기 때문이다. 발굴자들이 시뻘건 무덤 안을 보자마자 얼마나 식겁했을까. 저도 모르게 비명을 지르지는 않았을지. 무덤의 주인공인 이 귀족 여성이 살아생전에 붉은색을 광적으로 좋아했는지는 따로 확인된 바 없지만 여하튼 이 여성은 무덤 덕분에 사후에나마 '레드 퀸red queen'이라는 개성 있는 별명도 얻게 되었다.

차탈휘위크의 무덤과 지하 광산 그리고 팔렝케 유적 등 고고학 유물들을 통해 본 바로는, 인류는 아주 오래전부터 수은을 채색 용도로 손쉽게 사용한 것으로 추측된다. 하지만 오해하지 말아야 할 것 한 가지. 일부 문헌이나 인터넷 자료에서는 진사가 3만 년 전 구석기 시대부터 채색용으로 사용되었다고 기술하고 있다. 그러나 이는 사실이 아님이 밝혀졌으므로 정보 교정이 필요하다.

예를 들어 구석기 시대의 미술계에 한 획을 그었던 이름 모를 천재 크로마뇽인 화가의 작품 '알타미라 동굴 벽화'는 그 어떤 구석기 시대 벽화들보다도 완성도가 뛰어나고 세련된 아름다움을 보여 준다는 평가를 받고 있다. 알타미라 동굴 벽화는 들소와 사슴 등 동물을 그리면서 붉은색과 검은색을 절묘하게 사용해 생생한 입체감을 나타낸 것으로 유명한데, 이때 사용된 붉은색 안료는 수은 광석인 진사로 만들어진 것이 아니라 적갈색 황토의 일종인 '레드오커red ochre'인 것으로 확인되었다.

레드오커는 점토와 실리카를 함유하고 있는 붉은 산화철로 된 흙이다. 스페인의 알타미라 동굴 벽화와 함께 구석기 시대 예술품의 양대 쌍벽을 이루는 프랑스의 라스코 동굴 벽화도 진사가 아닌 레드오커로 그려졌다. 진사가 채색용으로 널리 활용된 것은 사실이지만 레드오커의 역할도 만만치 않았다는 사실!

✕✕✕✕✕

목숨으로 지불한 아름다움

듣기만 해도 무서운 이야기지만 고대 그리스와 로마에서는 수은이 연고와 화장품의 원료로 애용되었다. 매춘부부터 귀부인까지 여성들에게 인기가 최고였는데 주로 피부를 밝게 만들고 잡티나 흉터를 감추기 위해 납과 함께 얼굴 전체에 발랐다. 목숨까지 앗아가는 대표 유해 중금속 납과 수은이 고대판 BB크림의 역할을 한 셈이다.

조금이라도 예뻐지게 되면 그 무엇을 희생해서라도 이를 지키고 싶은 여성의 심리는 예나 지금이나 변함없다. 장기간 수은을 화장품으로 사용하면 수은 중독으로 인한 부작용 탓에 피부 조직이 괴사하고 머리카락이 빠지고 복통과 현기증으로 고통받다가 결국 사망에까지 이르게 된다. 이런 부작용도 모르는 바 아니었건만 고대 여성들의 수은 사랑은 그야말로 맹목적이었다.

이들이 그토록 화장에 목숨 걸게 된 데는 그만한 이유가 있었다. 문제는 바로 남성들! 왜 갑자기 애꿎은 남성들에게 누명을 씌우느냐고 할지는 모르겠지만 민낯 같은 자연스러운 메이크업을 선호하는 지금의 남성들과는 달리 고대의 남성들은 두꺼운 화장이 곧 미인의 상징이라고 여겼던 것으로 보인다. 테렌티우스Terentius, B.C. 195? ~ B.C. 159와 함께 로마의 2대 희극작가로 꼽히며 셰익스피어와 몰리에르(프랑스 고전 희극의 거장)에게까지 큰 영향을 미친 극작가 플라우투스Plautus, B.C. 254~B.C. 184가 "여성이 화장을 하지 않는 것은 음식에 소금이 없는 것과 같다"라고 이야기할 정도였으니, 이런 사회 분위기에서 어느 용감한 여성이 화장을 하지 않고 다닐 수 있었겠는가.

한 술 더 떠 이보다 더 앞선 시대에는 남성, 여성 구분할 것 없이 모두 수은과 납으로 과감한 화장을 하고 다니는 사람들도 있었다. 바로 고대 이집트인들이다. 과감한 눈 화장과 특이한 복장으로 유명해진 일본 갸루족의 화장법 못지않게 고대 이집트인도 눈 주위가 다소 과하게 돋보이도록 화장을 했다.

여기에는 나름 뜻 깊은 속사정이 있었으니, 나쁜 영혼을 피할 수 있다는 주술적인 의미도 있었고 또 나일 강이 범람한 이후 박테리아가 창궐해 각종 질병이 발생했을 때 눈의 감염을 막기 위한 목적도 있었다. 납과 수은은 예부터 농약과 살충제의 주요 성분으로 사용되어 왔기에 영 뚱딴지 같은 방법은 아니었던 셈이다. 전염병 사망률이 높던 당시로서는 눈 주위의 피부 세포가 먼저 괴사하지 않고 좀 버텨 준다면야 시도해 볼 노릇이기도 했다.

나쁜 영혼과 박테리아를 피해 일단 오래 사는 것도 중요하지만 그래도 화장은 기본적으로 예뻐 보이기 위해서 하는 것. 고대 이집트인들 사이에서 대체 누가 메이크업 트렌드를 주도했는지 몰라도 그 감각만큼은 현대에 크게 뒤처지지 않는 듯하다. 과감한 눈 화장의 묘미는 역시 아이라이너와 아이섀도의 화려한 색상 아니겠는가. 고대 이집트 최초의 번영기인 고왕국 시대(기원전 2780~2270년)에는 녹색과 은색 아이라이너와 아이섀도가 크게 유행했다. 녹색 화장품의 원료로는 시나이 반도의 광산에서 조달한 공작석을 사용했고, 은색 화장품의 원료로는 바로 수은을 사용했다. 진짜 은으로 은색 화장품을 만들면 가장 좋았겠지만 당시 이집트에서는 은이 금보다도 귀하신 금속이었기 때문에 감히 엄두를 낼 수 없었다. 두 말 할 필요도 없이 수은이 제격이었던 셈. 아름다움을 위해 귀한 은 대신 귀한 목숨을 지불하는 쪽을 선택한 것이다.

네페르티티의 흉상 네페르티티는 이집트 제18왕조의 파라오 아크나톤의 왕비였다. 1912년 12월 6일 독일의 이집트 학자 루트비히 보르하르트가 이집트 사막 도시 아켈타톤에서 그녀의 흉상을 발견해 아름다운 외모가 오늘날에도 널리 알려질 수 있었다. 진한 눈썹과 아이라인을 통해 당시의 화장법을 추측해 볼 수 있다.

하지만 수은을 이렇게 화장품으로만 사용하는 것은 그나마 다행이었던 것인지도 모른다. 현대에 이르러 수은 중독은 고대와 비교할 수 없을 정도로 무서운 모습으로 인간에게 치명적인 피해를 끼치고 있기 때문이다. 수은은 과거보다 훨씬 더 폭넓게, 더욱더 전방위적으로 인간을 공격하고 있다.

xxxxx

극악의 공해 재앙, 미나마타병

1956년 4월, 일본 구마모토현에 위치한 어촌 마을 미나마타시에 사는 한 소녀가 신일본질소비료 주식회사(후에 '칫소 주식회사'로 명칭 변경, 이하 '칫소')의 미나마타 공장 부속병원에 입원했다. 소녀는 손발이 마비되고 입이 열리지 않아 밥을 먹을 수 없을 정도였다. 그런데 당시 미나마타에서 사지마비나 떨림, 시야 협착, 난청, 운동 장애와 같은 심각한 증상을 호소하는 환자는 비단 이 소녀뿐만이 아니었다. 몸이 심하게 쇠약해져 일어날 수 없는 상태에 처한 사람들도 있었고 의식을 잃거나 심지어 사망하는 경우도 생겨났다. 심상찮은 사태임을 확신한 호소카와 하지메 병원장은 같은 해 5월 1일, 이 사실을 미나마타 보건소에 보고하기 이르렀다. 그날은 원인도 병명도 도저히 알 수 없었기에 그저 지역 명칭을 붙여 '미나마타병^{Minamata病}'이라고 불리게 된 이 병의 공식 발견 일자가 되었다.

저는 1951년쯤인가부터 바닷물 색이 변했고 물도 지독하게 썩었다는 걸 알게 되었습니다. 굴과 조개도 죽고, 작은 물고기들은 죽어서 해안가에 떠밀려 올라왔어요. 생선을 먹은 갈매기들은 날지 못했고 고양이들은 거품을 흘리며 미쳐 갔습니다. 그러고는 사람들도 아프기 시작했습니다.

2006년 12월 1일에 출간된 책『미나마타병의 50년』에 실린 인터뷰 중 일부다. 이 책은 미나마타병의 뼈아픈 교훈을 잊지 않기 위해 일본 구마모토현과 미나마타시 그리고 희생자 모임에서 제작했다. 이 인터뷰의 주인공인 하마모토 츠기노리浜元二徳 씨 또한 미나마타병의 희생자이자 환자 모임회의 회장이다. 그는 1955년부터 사지에 마비 증상을 느끼게 되었고 자꾸 넘어지기 시작하더니 결국 잘 걷지 못하게 되었다.

　　미나마타병에 걸린 사람들은 구강염증(치은염, 구내염, 과도한 타액 분비), 떨림(손, 눈꺼풀, 입술, 혀 등), 사지마비, 발음장애, 정신착란 등을 일으켰고 불면증, 식욕 저하, 청력 저하, 의기소침, 기억력 소실, 지적능력 저하, 정서불안, 만성피로, 부정맥, 신부전증 등등 미처 다 언급할 수 없을 정도로 다양한 증상을 나타냈다. 미나마타병의 증상이 나타

수은에 중독된 물고기를 먹고 미나마타병에 걸린 고양이의 모습 위 장면의 고양이는 거품이 가득한 침을 흘리며 잘 걷지 못하고 있다. 아래 장면의 고양이는 방향감각을 잃고 과격하게 변한 모습으로 자꾸 벽에 부딪치고 있다.

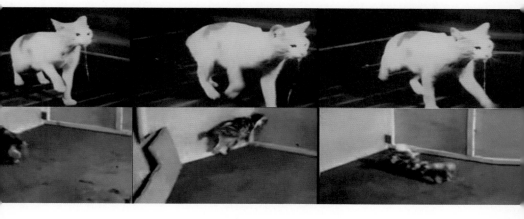

난 지 3개월 후에는 중증 환자의 절반 정도가 사망했다. 이 병을 가진 산모들이 낳은 아기들이 신경계 질환으로 인해 태어나면서부터 지체 장애를 겪는 일까지 발생했다. 꼬리에 꼬리를 무는 그야말로 저주 같은 병이었다.

병의 심각성이 널리 알려짐에 따라 대책위원회가 설치되었고 정부 주도의 원인 규명이 시작되었다. 조사 초기에는 이 병이 전염병인 줄로 알았지만 1957년 3월, 구마모토대학 의학부 미나마타병 연구반과 정부는 미나마타 인근에서 어획된 어패류의 먹이에 의한 중독이라는 사실을 알아냈다. 하지만 여전히 그 중독성 물질이 무엇인지는 불분명했다. 3년 지난 1959년, 최종 조사 결과가 발표되었다. 미나마타병을 일으킨 근본 원인은 메틸수은에 의한 중독이었다. 충격적인 사실은 메틸수은의 출처였다. 미나마타병을 최초로 보고했던 병원이 속한 그곳, 칫소의 미나마타 공장이 지목된 것이다. 미나마타병 연구반은 이에 대한 증거로 미나마타만의 해수과 퇴적물, 그리고 그곳의 물고기로부터 다량이 수은이 검출되었음을 보여 주는 명백한 자료를 제시했다.

칫소의 미나마타 공장에서는 1932년부터 아세트알데하이드를 생산하기 위해 수은 성분의 촉매를 사용했다. 그런데 이 과정에서 부산물로 나온 메틸수은이 폐수와 한데 섞였고 정화 처리가 충분히 되지 않은 폐수가 그대로 바다에 방출되었다. 폐수 속의 메틸수은이 해양 생태계를 돌며 어패류에 농축되었고, 이를 섭취한 육상의 동물과 사람의 체내에까지도 수은이 축적되어 심각한 중독 현상이 나타났던 것이다.

1959년 12월, 칫소와 분쟁조정위원회의 조정에 따라 피해자 보상 계약이 체결되었다. 다만 꼬리표도 하나 달렸다. '추후 미나마타병이 칫소 공장 폐수에 의한 것으로 결정된다 하더라도 추가적인 보상금 요구는 일절 하지 않을 것'. 일본의 남

미나마타병에 걸린 아이를 목욕시키는 어머니

쪽 끝 작은 마을 미나마타에서 벌어진 사건의 마무리는 이렇게 애매하고 허술한 상태로 흐지부지되었고 사회적으로도 그렇게 문제가 종식되는 듯했다. 그러나 1965년, 일본의 중부 해안가에 위치한 니이가타현의 아가마치에서 똑같은 증상의 환자들이 다시 발생하기 시작했다. 쇼와전공 주식회사의 공장에서 메틸수은 화합물을 바다로 방출한 것이다. 점차 피해자가 확산되는 등 사태는 걷잡을 수 없이 커져만 갔고 어느새 미나마타병은 세계적인 이슈로 주목받기 시작했다.

마침내 일본 정부는 미나마타병을 공해병公害病으로 공식 인정하기에 이르렀다. 미나마타의 칫소 공장도 그제야 미나마타병의 원인이 된 아세트알데히드의 생산을 중단했다. 공식 발병일인 1956년 5월 1일로부터 무려 12년이나 지난

공해병은 대기오염이나 수질오염 등의 공해로 인해 생겨난 질병을 말한다. 일본에서는 수은 중독이 원인이 된 구마모토현과 니이가타현의 미나마타병, 석유화학단지에서 발생한 대기오염이 원인이 된 요카이치현의 천식, 카드뮴 축적으로 일어난 도야마현의 이따이이따이 병이 대표적인 공해병으로 꼽힌다.

미나마타병과 관련한 사진과 포스터 1973년 3월 20일 구마모토 지방 법원의 미나마타병 제1차 소송에서 환자측이 승소하자 오열하는 유족들(왼쪽), 2006년에 출간된 미나마타병 50주년 기념 도서 『미나마타병의 50년』 표지(가운데), 2010년에 열린 제35회 메이지대학 중앙도서관에서 열린 미나마타병 포스터전 「아는 것부터 시작하자」(오른쪽)

1968년 5월의 일이었다. 그동안 칫소 공장에서 바다로 배출된 수은의 양은 적게는 80톤에서 많게는 150톤에 달했을 것으로 추정된다.

1970~80년대에 미나마타병 환자로 인정된 주민의 수는 3000여 명이었다. 1995년에는 1차 보상에서 누락된 1만 1000여 명이 추가로 보상을 받았다. 2004년 '환자로 인정하는 범위를 더 넓혀야 한다'는 일본 대법원의 판결에 따라 일본 정부는 잠재적 피해자에게까지 보상을 하기로 했다. 보상 신청을 한 사람의 수는 무려 5만 8000명에 달했다. 60년 전 환경 공해가 초래한 재앙은 아직도 인간에게 보복 중인 것이다.

1992년부터 매년 5월 1일, 미나마타에서는 환경 파괴에 대한 반성의 의미를 담은 행사가 열린다. 미나마타병의 교훈을 계승하고 피해자의 명복을 빌기 위한 미나마타병 희생자 위령식이다. 또 미나마타병 50주년을 맞은 2006년 4월 30일, 미나마타만 매립지에 희생자 314명의 이름이 새겨진 위령비가 건립되었다. 미나마타병을 계기로 3000종에 달하던 수은 관련 제품들이 사용 금지되거나 현격하게 줄어들었다. 특히 메틸수은은 종자살균제로 농약에 광범위하게 사용되고 있었으나 이 일로 전면 금지되었다.

하지만 우리가 잊지 말아야 할 사실이 있다. 비단 칫소와 쇼와전공의 공장에서뿐만 아니라 여러 산업 현장에서 암암리에 자연으로 방출한 그 모든 메틸수은은 먹이사슬을 통해 다양한 개체에 축적되어 생태계를 따라 지금도 멀리 더 멀리 확산되고 있다는 점이다. 누구도 피할 수 없는 수은 중독의 공포 아래서 잠재적 피해자의 숫자는 앞으로 얼마나 더 늘어날 것인가.

×××××

진시황이 사랑한 불로장생의 묘약

지금과는 정반대의 상황이긴 하지만 수은이 무병장수를 꿈꾸는 이들로부터 귀한 대접을 받던 때가 있었다. 여러 고대 문명에서 상처를 치료하는 약 또는 영생과 관련 있는 영험한 물질이라는 소문이 퍼졌던 덕분이다. 그야말로 건강식품계의 악성루머가 따로 없다. 특히 진나라 때의 중국과 티베트에서 수은은 건강을 유지시켜 주고 부러진 뼈를 붙게 만들어 줄 뿐만 아니라 생명까지 연장하는 신비의 물질로 금보다 더 귀한 대접을 받았다. 금붙이야 겉치장만 화려하게 만들어 줄 뿐이지만 수은은 명줄을 늘려 준다 하니 어느 누가 수은 앞에서 무릎을 꿇지 않을 수 있으랴. 게다가 당시에는 수은 구하는 일이 금 캐는 일보다 더 어려웠던 때인지라 황족이나 귀족이 아닌 일반 백성들은 감히 범접할 수 없는 물질이었다.

수은의 명성에 가장 혹했던 고대의 유명인을 꼽자면 중국을 최초로 통일한 진나라[의 진시황始皇帝, B.C. 259~ B.C. 210을 들 수 있겠다. 진시황은 50세의 나이에 지방 순시를 나간 도중 객사한 것으로 알려져 있다. 하지만 실제로는 수은으로 인해 사망했다는 설이 꽤나 설득력을 얻고 있다. 왜냐하면 평생토록 불로장생을 열망했던 진시황은 황제가 되기 전부터 수은을 복용해 왔으며, 몸에 바르는 것은 당연지사였기 때문이다. 심지어 사후에도 수은 속에서 헤엄치고픈 소망이 있었는지, 아니면 지구상의 수은을 혼자서 독차지하고픈 심보에서였는지, 천하의 수은을 한데 모아 자신의 무덤자리 곁에 수은이 가득 찬 인공호수까지 만들었다는 이야기도 전해진다. 이렇게 광적으로 수은에 집착하다

보니 수은 중독으로 인해 피부가 괴사함은 물론, 정신병까지 생겨 폭정을 거듭하다 결국 경호 무사들에게 살해되었을 것이라는 이야기가 마냥 허튼 소문 같지만은 않다.

가장 궁금한 점은 이것이다. 만리장성을 쌓아 올릴 정도로 통 컸던 진시황이니 수은 호수를 만들었다는 이야기가 전설이 아닐지도 모른다는 것. 과연 사실이었을까. 이를 확인하기 위해서는

▌기원전 221~206년 중국 최초의 통일 국가였던 진나라는 오늘날 중국을 뜻하는 영어 단어 'China(차이나)'가 유래한 국가이기도 하다. 은행가이자 번역가이기도 했던 영국인 리처드 에덴은 1555년 스페인의 인기 도서 『신세계에서의 수십 년』을 영어로 번역해 출간했는데 그 책에서 진나라를 설명하며 영어로 'China'라고 표기했다. 이를 시작으로 중국의 영문 표기는 'China'로 고정되었다.

당대의 역사서를 들추어 보아야 할 필요가 있지만 지금까지 발견된 역사서 중에서 중국 진나라 시대 당시에 작성된 것은 없는 상황이다. 그나마 찾아볼 수 있는 관련 자료는 사마천司馬遷, B.C. 145?~B.C. 86?의 『사기』와 유향劉向, B.C. 77~B.C. 6의 『전국책』 정도다. 물론 이 책들도 곧이곧 대로 믿기는 시원찮은 편이다. 왜냐하면 둘 다 진시황의 시대보다 100 년 이상 지난 뒤에야 저술된 책들이기 때문이다. 21세기의 오늘 일어 난 일도 불과 100년 뒤에 어떻게 내용이 바뀌어 전달되고 있을지 장 담하기 힘든 판국에, 기원전 3세기의 한 왕조에 대한 이야기가 진실로 부터 얼마나 멀리 벗어나 있을지는 알 수 없는 일이지 않는가.

심지어 『전국책』의 경우 그 내용조차 왕조를 중심으로 한 것이 아 니다. 각종 전설을 비롯해 책략가들과 음모론자들의 이야기, 능수능 란한 말솜씨를 자랑한 당대 유명 사기꾼들의 기행과 백성들을 어떻게 속였는지에 대한 방법 등 다소 엉뚱한 내용들이 가득한 일종의 '사기 꾼 지침서' 내지는 '권모술수와 책략 모음집'이다. 오죽하면 영어로 번 역된 이 책의 제목이 '음모, 술책'을 뜻하는 단어인 'Intrigues'이겠는 가. 책의 특성이 이렇다 보니 내용 자체도 사실과 전설의 구분이 모호 하고, 일부 역사적 내용은 의도적으로 왜곡했다고 의심할 수밖에 없 을 만큼 진실성이 부족한 면이 있다. 때문에 전국책에 실린 진시황의 내용을 역사적 근거로 삼기에는 무리가 따르므로 열외로 쳐야 할 듯 하다.

그나마 사마천의 『사기』는 한국과 중국의 역대 왕조에서 정사 서 술의 기본 형식으로 쓰였던 기전체로 작성되었으므로 『전국책』보다 는 그 내용이 사실에 훨씬 더 가깝다고 볼 수 있는데 마침 사기의 「권

6. 진시황본기」에는 진시황릉 축조 과정에 수은이 사용되었다는 구절이 나온다.

옛날 진시황이 처음 즉위해 여산에 치산治山 공사를 벌였는데, 천하를 통일한 후에는 전국에서 이송되어 온 죄인 70여만 명을 시켜서 깊이 파게 하고 구리물을 부어 틈새를 메워 외관을 설치했다. 모형으로 만든 궁관宮觀, 백관百官, 기기奇器, 진괴珍怪들을 운반해 그 안에 가득 보관했다. 장인匠人에게 명령해 자동으로 발사되는 궁전弓箭을 만들어 놓고 그곳을 파내어 접근하는 자가 있으면 그를 쏘게 했으며, 수은水銀으로 백천百川, 강하江河, 대해大海를 만들고, 기계로 수은을 주입해 흘러가도록 했다. 위에는 천문天文의 도형을 장식하고 아래에는 지리地理의 모형을 설치했으며, 도롱뇽의 기름으로 양초를 만들어 오랫동안 꺼지지 않게 했다.

사기에 기록된 내용이 사실이라면 소문대로 진시황릉 안에서 시내와 강과 바다를 옮겨 놓은 듯이 무지막지하게 거대한 수은 욕조 3종 세트가 발견되어야 마땅하겠지만 아직은 이를 확인할 수 있는 방법이 없다. 진시황릉이 미처 다 발굴되지 않은 상태이기 때문이다.

진시황릉의 정확한 위치가 알려진 것은 불과 40년 전으로 그다지 오래되지 않은 일이다. 1974년 중국 산시성 린퉁현 리산 남쪽 기슭에서 농부가 열심히 우물을 파다가 우연히 도기 인형과 유물 몇 점을 발견했는데 병마도용兵馬陶俑의 일부였다. 이는 그 자리 밑에 뭔가 심상 찮은 무덤이 있다는 것을 의미했다. 산시성의 고고학 발굴팀은 1974

년 7월 15일부터 본격적으로 발굴 작업에 착수했고 그 무덤의 주인이 진나라 제1대 황제, 즉 진시황이라는 것을 확인했다.

농부들이 발견했던 그곳은 병마도용이 묻혀 있던 토굴로 '1호 병마용갱'이라고 이름 붙여졌다. 무덤 안에는 각기 다른 표정과 생김새를 가진 실물 크기의 병사와 말 토기가 무려 8000개 이상 있었다. 놀라운 것은 이같은 갱이 인근 지역 여러 곳에 더 존재한다는 사실이었다. 게다가 1호 병마용갱은 '능원'이라고 불리는 진짜 무덤으로부터 1.5킬로미터나 떨어진 곳에 위치한 것으로 확인되었다. 다시 말해, 1호 병마용갱이 있는 위치는 진시황릉이 아직 본격적으로 시작조차 하지 않은 곳이라는 의미였다. 발굴 조사를 통해 확인된 진시황릉의 규모는 가히 어마어마하다. 무덤을 포함해 내성과 외성으로 둘러싸인 능원의 면적만 무려 211만 제곱미터(약 70만 평)에 달할 것으로 보이는데 정확하게 말하자면 진시황릉의 실제 규모를 아는 사람은 아직 아무도 없다. 현재까지는 네 개의 갱에서 보병, 궁노병, 기마병, 전차병 등이 발굴되었을 뿐이고 아직 발굴되지 않은 부분이 엄청나게 남아 있기 때문이다.

지금까지의 연구 결과에 따르면 사마천의 사기 「권6. 진시황본기」에서 언급된 진시황릉의 수은에 관한 내용이 사실로 확인될 가능성이 꽤 크다. 현재 미발굴 상태인 지하 무덤에 농구장을 무려 48개나 합쳐 놓은 1만 9200제곱미터 규모의 초거대 직사각형 묘실이 존재할 것으로 추측되기 때문이다. 게다가 놀랍게도 2003년에 실시한 로봇 탐사

공개 전시된 '1호 병마용갱'의 내부(위), 근접 촬영한 병사들의 모습(아래) 제일 처음 발견된 병마용갱이다. 수없이 많은 병사들의 얼굴 생김새나 표정이 각각 다르게 제작되어 있다.

결과, 진시황릉 부근 토양의 수은 함량이 주변의 다른 지역보다 무려 네 배나 높았다. 사기의 내용과 어느 정도 연관이 있다고 볼 수 있지 않을까!

빨리 진실을 확인하고픈 마음이 굴뚝같으나 안타깝게도 현실은 우릴 보고 말없이 기다리라 할 뿐이다. 중국 정부에서 아직은 진시황릉을 발굴할 만한 전문 기술과 인력이 충분치 않다고 판단해 지하 묘실 발굴이라는 숙제를 후세의 몫으로 곱게 양보해 둔 상태이기 때문이다. 진시황과 수은에 얽힌 이야기들이 그저 영원한 전설로 남을지 아니면 놀라운 역사적 사실로 기록될지 여부는 좀 더 마음껏 궁금해 해도 될 것 같다.

××××

일상생활 속 수은 사용 주의법

고대에는 진시황처럼 수은의 효능에 대해 완벽하게 오해를 하고 있거나, 인체에 끼치는 해를 확실하게 알지 못해 수은을 무분별하게 사용했다. 그래서 수은의 피해에 더 심하게 노출되었을 가능성이 높다. 하지만 지금은 다르다. 수은이라는 원소 자체의 정보도 많이 밝혀졌고 어디에 사용되는지, 그것을 어떻게 다루어야 하는지에 대한 정보도 옛날과 비교할 수 없을 정도로 많아졌기 때문이다. 수은이 인체에 치명적인 피해를 끼칠 수 있는 것은 사실이지만 수은이라고 해서 무조

건 겁부터 먹을 필요는 없다. 아는 만큼 보이는 법, 미리 잘 알아 두고 요령껏 피해 보자.

수은은 원소수은, 무기수은, 유기수은 이렇게 세 가지로 나뉜다. 원소수은은 농약 등의 살충제에 사용되거나 온도계, 기압계의 매질로 사용되는 수은이다. 용해도가 적어서 흡수율은 10퍼센트 이하고 그 나머지는 생리 현상으로 부지런히 배출되므로 미나마타병을 걱정할 만큼 유독하지는 않다. 그래도 독성이 아주 없진 않으니 짧은 기간에 다량 섭취하게 되면 위장이나 신장 손상을 일으킬 수 있다.

무기수은 중에서도 흡수율이 높은 가용성 무기수은이나 형광등에 들어 있는 기체 상태의 수은 증기는 매우 유독할 수 있으므로 주의해야 한다. 특히 형광등에는 수은을 많이 사용하는 작업장의 공기 기준치보다도 최대 400배나 높은 수은 입자가 꽉 들어 차 있다. 수은 증기는 색도 없고(무색), 냄새도 없고(무취), 맛도 없기(무미) 때문에 독극물임에도 맨몸으로는 인지할 수가 없다. 형광등을 깨지 말고 꼭 분리수거하라는 이유가 여기에 있으니, 형광등이 너무 길어 쓰레기봉투에 안 들어간다는 둥 철없는 불만을 핑계로 깨뜨려서 버리는 일은 절대로 없어야 하겠다.

유기수은이라 하면 대체로 염화메틸수은(이하, 메틸수은)을 가리키는데 수은과 메틸기가 결합한 것이다. 미나마타병의 사례로 보듯이 생체에 치명적인 손상을 일으켜 수만 명을 고통의 쳇바퀴 안에 가두어 버린 무자비한 중금속이다. 유기수은을 섭취하면 약 95퍼센트가 신체에 고스란히 흡수되고 뇌, 신장, 간, 머리카락, 피부 등에서 무기수은으로 전환되어 축적된 후 독성을 나타내기 시작한다. 해독 주스,

해독 침 등 온갖 해독 요법을 사용해 보면 도움이 될까. 답은 '아니오' 다. 그래도 이미 체내에 축적된 수은을 제거하는 데는 별 도움이 되지 않는다. 오직 수개월에 걸친 배변을 통해서만 조금씩 몸 밖으로 내보 낼 수 있을 뿐이니 더 이상 수은에 노출되는 일이 없도록 하는 것만이 최선이다.

우리가 일상생활을 하며 수은에 과다 노출되는 경로를 조금 더 자 세히 살펴보자. 수은을 다루는 공장에 근무하지 않는 한, 수은에 노출 되는 경로는 크게 두 가지다. 첫 번째 경로는 화장품이고 두 번째 경로 는 포식성 생선이다.

2013년 1월 중국산 일부 미백 화장품에서 기준치 대비 최고 1만 5000배에 달하는 수은이 검출되었다. 또 2014년 10월에도 중국산 미 백 크림에서 기준치를 5800배나 초과한 수은이 검출되었다. 비단 중 국산뿐만이 아니다. 2014년 6월 대구의 모 화장품 생산 업체는 허용 치의 670배에 달하는 수은 미백 화장품을 유통시켰다. 수입 화장품, 국산 화장품 가릴 것 없이 기준치의 수백 배 정도는 우습게 초과하는 불량 화장품 적발 사건이 수두룩하다.

도대체 유독성 물질인 줄 알면서도 틈만 나면 화장품에 기준치 이 상의 수은을 섞어 대는 이유가 무엇일까. 수은이 들어간 화장품의 종 류를 추려 보면 짐작 가능하다. 주로 미백 기능을 강조하는 화장품들 인데 '트리트먼트', '블리치' 등 미백에 굶주린 소비자들의 혼을 쏙 빼 놓는 화려한 표현으로 겉치장하는 경우가 많다. 밝고 탄력 있는 피부 를 원하는 인간의 욕망이 끝이 없다 보니 이를 악용해 기준치 이상의 수은을 첨가한 화장품을 판매하는 범죄가 끊이지를 않고 있는 것이다.

현존하는 미백화장품의 원리는 30일 주기로 생겨났다 벗겨지는 피부의 특성을 이용한다. 이제 막 생겨나기 시작하는 잠재적 피부의 멜라닌[I] 생성 의지를 미리 억제해 30일 뒤에 완성될 새 피부에는 멜라닌이 없도록 해 주는 것이다. 이미 생겨 버린 멜라닌을 분해해 주는 미백화장품은 아직 세상에 존재하지 않는다. 따라서 미백화장품의 효과를 섣불리 기대해서는 안 되며, 무욕의 경지에 다다를 법한 평정심으로 적어도 한 달 이상 꾸준히 사용해야 확인 가능하다. 그런데 문제는 수은이 멜라닌 생성 억제에 효과가 크다는 점이다. 심지어 한 달이나 기다려 볼 필요도 없다. 멜라닌이 있든 없든 상관없이 아예 피부 세포 자체를 빠르게 죽여 버리기 때문이다. 그래서 수은 화장품을 사용하면 처음에는 확실히 얼굴이 눈에 띄게 밝아진다. 하지만 이는 잠시뿐. 곧 상한 피부 세포가 늘어나 염증을 일으키고 수은이 체내에 흡수되어 두통, 불면증 등 수은 중독의 초기 증상이 나타나기 시작한다.[II]

또 다른 수은 노출 경로인 포식성 생선은 포식할 만큼 먹성 좋은 생선이 아니라 다른 동물을 잡아먹는 생선이다. 참치, 삼치, 황새치, 상어같이 자신보다 작은 생선을 먹이로 삼는 덩치 큰 생선들을 말한다. 이렇게 큰 생선을 밥상 위에 자주 놓는 것이 수은 중독을 일으킬 수 있는 이유는 '생물 농축' 때문이다.

생물 농축이란 유해한 물질이 먹이사슬을 따라 생물의 몸에 들어간 후 거의 배출되지 않고 몸속에 계속 쌓이게 되는 것을 말한다. 쉬운

예를 들기 위해 수은에 중독된 플랑크톤을 먹은 멸치들이 체내에 수은 한 개를 지니고 있다고 가정해 보자. 포식성 생선인 청새치가 하루에 멸치 1000마리를 잡아먹는다면 하루 만에 수은 1000개를 흡수하게 된다. 1년 후, 그동안 하루도 안 빠트리고 매일매일 멸치만 1000마리씩 잡아먹은 청새치 한 마리의 체내에는 무려 36만 5000개나 되는 수은이 농축되어 있다. 그 청새치 한 마리의 1퍼센트만 우리네 밥상에 올라도 젓가락질 몇 번으로 3650개의 수은을 너무도 쉽고 간단하게 섭취하게 된다. 생물 농축으로 인한 피해는 이렇게 먹이사슬의 최상위에 있는 인간에게 고스란히 전해지는 것이다.

이에 따라 각 국가에서는 생선에 포함된 수은의 양이 기준치를 초과하면 시장에 유통되지 못하도록 하고 있다. 우리나라는 심해성 어류와 다랑어, 새치류에 대해서는 수은 함량을 1킬로그램당 1밀리그램 이하로, 그 외의 어종에 대해서는 1킬로그램당 0.5밀리그램 이하로 제한하고 있다. 미국 환경보호청에서는 임신부의 경우 태아의 건강을 위해 연어, 메기, 대구, 참치통조림 등은 일주일에 300그램 이하로 제한하고 옥돔, 상어, 황새치, 삼치 등은 아예 섭취하지 말 것을 권고했다. 영국 식품표준청에서도 임신부, 가임 여성, 16세 이하 어린이들은 수은 함량이 높은 황새치의 섭취를 피하라고 권하고 있다. 그럼에도 2014년 3월 10일에는 미국의 소비자 이익단체인 공공과학협회가 시중에서 판매되는 생선에 수은 함유량을 의무적으로 표시할 것을 요구하며 미국식품의약국을 상대로 소송을 제기했을 정도로 생선에 의한 수은 노출을 불안해하는 사람들이 많아지고 있다.

분명한 것은 어느 나라든 관계없이 일단 임신부라면 대형 어종의 회나 구이 등은 과하게 섭취하지 않는 편이 좋다는 것이다.▐ 실제로 2014년 동아대학의 중금속 노출 환경보건센터에서 부산 지역 임신부 139명의 체내 수은 농도를 조사한 결과, 혈액 내의 수은 농도가 심각한 수준이었다. 특히 분만 후 탯줄에서 얻은 제대혈을 조사해 보니 태아 다섯 명 중 한 명은 혈중 수은 농도가 미국 환경청 기준치(5.8μg/L)보다 훨씬 높게 나타났다. 엄마 몸속의 수은이 태아의 몸에도 그대로 쌓이는 것이다.

그렇다고 해서 묻지도 따지지도 않고 해양 생물이라면 무조건 섭취를 기피해서도 안 될 노릇이다. 어패류가 임신부와 어린이들의 건

▐ 아직 우리나라에서 정식으로 발표된 생선 섭취 권고안은 없지만 2014년 8월 26일 식품의약품안전처에서도 참치 등 생선의 수은 논란에 대해 "임산부, 가임여성, 수유모는 주 1회 100그램 이하로 현명하게 섭취하는 것이 좋다"고 밝힌 바 있다. 하지만 이 내용도 2004~2008년 자료를 기초로 한 것으로 밝혀져 내용의 신뢰성에 대한 논란이 남아 있다.

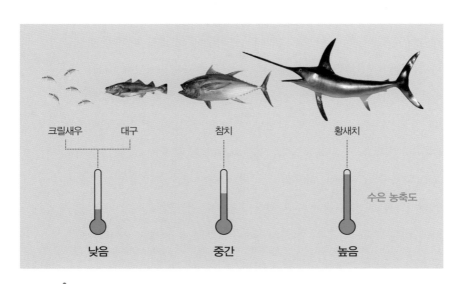

크릴새우　대구　　참치　　황새치

수은 농축도

낮음　　중간　　높음

수은의 생물 농축 과정

강과 성장에 도움이 되는 면도 분명 크기 때문이다. 한국의 임신부를 위한 생선 섭취 권고안이 정부로부터 정식으로 나오기 전까지는 일단 외국의 기준을 참고해 생선의 종류에 따라 섭취량을 조절할 필요가 있겠다.

화장품과 생선 외에도 수은에 노출되는 경로는 실로 다양하다. 환경오염과 유해성에 대한 우려로 수은 사용이 많이 줄긴 했지만 그래도 아직 우리나라에서는 형광등, LCD용 램프, 배터리, 체온계, 혈압계 등에 수은이 들어가고 있다. 모두 일상에서 쉽게 접할 수 있는 제품이라는 것이 특징이다. 호기심 많은 어린이의 손에 들어갈 경우 수은 제품이 무방비로 해체되는 아찔한 경우가 생길 수도 있으니 수은 제품의 위험성을 인식시키는 철저한 교육이 반드시 필요하다.

환경부는 2012년부터 2년 동안 전국의 어린이(만 6세)부터 청소년(만 18세)까지 1820명을 대상으로 체내 유해 물질 농도와 환경 노출 등을 조사했다. 그 결과, 우리나라 어린이들의 수은 농도는 $1.93\mu g/dl$이었고, 청소년의 수은 농도는 $1.90\mu g/dl$인 것으로 나왔다(데시리터(dl)는 100cc, 마이크로그램(μg)은 100만분의 1그램이다). 이는 전혀 안심할 수 없는 결과로, 캐나다보다 7배나 높고 독일보다는 무려 19배나 높은 수치다. 어린이들의 호기심과 체내 수은의 농도가 비례할 리는 없을 터. 미나마타병으로 수은에 대한 경각심이 높아졌다고 한들, 아직은 우리 일상생활조차 수은의 위험으로부터 그리 안전하지 못하다는 증거다.

그나마 다행스러운 것은 수은의 사용 제한에 대해 세계의 많은 국가들이 의견 일치를 보이고 있다는 점이다. 2013년 10월, 유엔환경계

획(UNEP, United Nations Environment Programme)의 주최로 미나마타병의 아픔이 가시지 않은 일본 구마모토시에서 뜻깊은 외교 회의가 열렸다. 한국 등 139개 참가국이 수은의 생산부터 폐기까지 전 과정을 관리하는 미나마타 협약을 만장일치로 채택한 것이다. 협약에 따르면 앞으로는 새로운 수은 광산의 개발이 금지되고 조약 발효 후 15년 뒤부터는 기존의 광산에서도 수은을 채굴해선 안 된다. 또 2020년부터는 수은을 사용한 체온계나 형광등, 건전지 등에 대한 제조나 수출도 전면적으로 금지된다. 앞으로 50개국이 조약을 비준하게 되면 그 시점부터 이 협약이 발효되기 시작하며 그 시기는 빠르면 2015~2017년경이 될 것으로 예상된다. 마침내 인류가 수천 년 동안 사용해 온 마지막 고대금속인 수은과의 결별을 위한 수순을 밟게 된 것이다.

수은은 고대부터 인간의 욕망을 가장 직접적으로 드러낸 금속이었다. 미에 대한 추구, 부를 향한 열망, 불로장생에 대한 무한한 갈망 등. 우리는 세계사 속 수은의 이야기를 통해 인간이 가지고 있는 가장 본질적인 욕망이 무엇인지, 욕망을 추구하는 인간의 모습이 어떤지를 가장 압축적으로 알 수 있다. 수은이 가지고 있는 치명적인 위험마저도 인간의 과도한 욕망에 도사리고 있는 위험과 일맥상통하니, 수은은 그야말로 욕망을 비추는 역사의 거울이라고 봐도 무방할 듯하다. 앞으로 수은에 비추어질 인간의 욕망은 어떤 모습일까.

수은 Hg⁸⁰

지각 분포	지각 내 0.067ppm가량 매장되어 있는 희귀한 원소다.
발견 시기	기원전 1500년경
결정 구조	능면체
녹는점	−38.8290℃
끓는점	356.73℃
표준 원자량	200.59g/mol
광석	주로 진사(HgS)에 함유되어 있다.
용도	온도계, 기압계, 혈압계, 농약, 수산화 나트륨, 형광등, 수은등, 상처 소독제인 머큐로크롬, 수은전지, 치아 충진용 아말감(수은 합금), 인주 등에 사용되었다.
모스경도	2.5

수은의 원소기호는 'Hg'다. 라틴어 'hydragyrum'에서 영향을 받은 것으로, 기원전 4세기경 그리스의 철학자 아리스토텔레스가 진사에서 수은을 추출하는 방법을 언급하면서 수은을 'hydro−argyros'라고 표기한 데서 유래했다. 물을 뜻하는 'hydro'와 은을 뜻하는 'argyros'를 합성해 만든 말인 것. 우리가 물을 뜻하는 한자 '水(수)'와 은을 뜻하는 한자 '銀(은)'을 합쳐 '수은水銀'이라고 부르는 것과 같은 이치. 상온에서 액체인 특징 때문에 일곱 고대금속 중 인류가 가장 마지막으로 사용한 금속으로 추정되는 수은. 앞으로 더 많은 발굴이 이루어 진다면 수은의 최초 사용 연대도 올라갈 수 있지 않을까.

금속으로 이루어진 세계

고대금속의 마지막인 수은이 사용된 기원전 1500년 이후, 무려 2000년의 세월이 더 흐른 후에야 새로운 금속들이 인류에게 속속 발견되기 시작했다. 그 금속 발견의 서막은 서기 1250년 독일 도미니크 수도회의 수사이자 주교였던 마그누스가 비소를 발견해 낸 것에서 찾을 수 있다. 그런데, 비소라니? 비소는 알렉산드로스 대왕의 독살설에 거론될 정도로 오래전부터 사용되지 않았던가.

원래 비소는 3세기 말에서 4세기 초까지 활동했던 이집트의 연금술사 조시모스가 계관석을 가열, 승화시켜 삼산화비소 결정체를 얻는 방법을 그의 저서 연금술에 기록함으로써 일찍이 그 존재가 확인된 바 있다. 또 청동기 시대에도 구리에 비소를 섞어 강도를 높이는 데 사용되기도 해서, 소위 '비소 청동'으로 불리는 금속의 제작 방법이 널리 알려져 있기도 했다. 그럼에도 마그누스가 최초의 비소 발견자로 인정되는 이유는 그가 삼황화비소와 비누를 1 대 2의 비중으로 가열해 비소 원소를 분리해 내는 데 최초로 성공했기 때문이다. 이후 1400년에는 아연을, 1560년에는 안티몬을, 1557년에는 백금을, 1595년에는 비스무트를 발견하는 데 성공했다. 일곱 고대금속 이후 다섯 개의 금속을 추가로 발견하는 데 무려 2300여 년 이상의 오랜 세월이 소요된 것이다.

이후 새로운 금속이 발견되기까지는 또다시 백여 년의 지루한 시간 싸움이 필요했다. 17세기에는 단 한 개의 금속도 발견되지 않았기 때문이다. 그러나 오랜 기다림에 보람은 있었다. 18~19세기는 '금속 발견 부흥의 시대'라고 할 수 있을 만큼, 무려 53개나 되는 새로운 금속들이 쏟아지듯 발견된 것이다. 이 같은 화학계의 빅뱅이 가능했던 이유는 '화학혁명'과 '산업혁명' 때문이었다.

18세기, 그러니까 1750년 이전까지의 화학이란 아리스토텔레스 시대 이후, '돌덩이야, 금이 되어라!'라고 주문을 외며 닥치는 대로 이것저것 섞고 끓이고 태우며 연구하던 고대 연금술의 수준에서 크게 벗어나지 못한 상태였다. 그런데 연금술은 어느 순간 갑자기 날개를 펼치고 날아올라 화학으로 발돋움해 2세기 동안 무려 53개의 금속을 발견해 내는 기염을 뿜어냈다. 이렇게 급진적 발견의 배경이 바로 화학혁명이었다.

화학혁명의 중심에는 18세기 프랑스 화학자 라부아지에Antoine Laurent Lavoisier, 1743~1794가 있었다. 라부아지에는 새로운 연소의 원리를 발견함으로써 당시 모든 화학 이론의 중심이자 기초 화학계를 지배했던 '플로지스톤 가설'을 전면 폐기시키는 데 결정적인 역할을 해냈다. 게다가 무질서한 화학물의 명칭과 화학 법칙 등을 말끔히 정리해 통일된 기준을 마련함으로써 화학 연구가 간신히 자갈길을 벗어나 시멘트 깔린 국도에라도 진입할 수 있도록 기반을 마련해 주었다.

덕분에 19세기에 화학의 발전을 이끌었던 베르셀리우스Baron Jons Jacob Berzelius, 1779~1848, 돌턴John Dalton, 1766 1844, 멘델레예프Mendeleev, 1834~1907, 깁스 Josiah Willard Gibbs, 1839~1903, 아보가드로Amedeo Avogadro, 1776~1856와 같은 후배 화학자들은 라부아지에의 잘 닦은 도로 위에서 마음껏 기량을 펼쳐 보일 수 있었다.

또한, 산업혁명은 상공업의 발전과 더불어 광석과 금속을 기반으로 한 여러 제품의 수요를 폭발적으로 증가시켰다. 덕분에 무작정 돌을 금으로 만들어야겠다는 맹목적인 목표 대신 큰돈을 벌 수 있는 기회를 잡기 위해서 반드시 현실화 시켜야만 하는, 단계적이고 구체적인 목표들이 하나둘씩 화학자의 눈앞에 놓이게 되었다. 목표가 달라지자 결과도 달라졌다. 현실적인 목표를 잡은 화학자들이 시도한 다양한 연구는 의약품과 페인트, 화약 등의 제조로 이어져 화학 공업의 팽창을 가져왔다.

드디어 맞이한 과학의 시대, 20세기! 그런데 의외로 새롭게 발견한 금속 개수는 소박했다. 실험실에서 인공적으로 만들어진 초우라늄원소를 제외하고, 불과 여덟 개의 금속이 기원후 금속의 새 식구가 되었다. 21세기 들어서는 정보 기술, 생명공학 기술, 나노 기술 등 눈부신 현대 최첨단 과학 시대의 기술력에 힘입어 새로운 금속이 발견될 것이라고 예측했으나 지금까지 단 한 개의 금속도 발견하지 못했다. 질보다 양으로 따져 본다면 다소 허전한 감이 없진 않지만 한편으로는 과학의 발전이 새로운 금속의 발견 성과와 반드시 비례하지만은 않는다는 것을 증명한 셈이다. 어쩌면 기원전 9500년의 구리 펜던트 이후 지금까지 11000여 년 동안 발견된 75개 금속으로, 지구 금속 연대기의 마지막 단원이 완성되어 가고 있다고 해석할 수 있지 않을까.

그러나 중요한 것은 금속 연대기의 완성이 아니다. 정말 중요한 것은 고작 역사 속 일곱 고대금속만을 살펴봤지만 문명의 보고인 아나톨리아 반도에서부터 고대 이집트, 중세 유럽, 근대 아메리카 그리고 우리나라 역사에 이르기까지 그야말로 세계사를 종횡무진 할 수 있었다는 점이다. 그것은 역사 속 다양한 사건의 중심에 항상 금속이 서 있었기 때문에 가능한 일이다. 이것은 우리에게 한 가지 자명한 사실을 알려준다. 우리는 금속으로 이루어진 세계를 살아왔고, 앞으로도 살아갈 것이라는 확고한 진실이다.

이 책을 통해 문명의 탄생부터 오늘에 이르는 금속의 세계사를 알고, 주변을 치밀하게 둘러싼 금속에 대한 과학적 지식과 인간의 목숨을 빼앗을 수 있는 치명적인 위험도 함께 알게 되었으면 한다. 그리하여 우리 삶 속 금속에 조금 더 주목할 수 있다면, 앞으로 금속과 어떤 역사를 만들어 나갈지 조금이나마 고민할 계기를 마련한다면, 더할 나위 없이 기쁠 것이다.

내가 꿈속에서 어떤 표를 봤는데
모든 원소가 마치 누가 시킨 듯이 자기 위치에 맞게
위에서부터 떨어져 내려오더군. (중략)
실제로 수정이 필요한 곳을 찾아봤더니 한 부분 외에는
다 정확한 게 아닌가!
_ 멘델레예프가 이노스트란체브에게 쓴 편지 중

더 읽어 볼 이야기들

광물의 굳기에 관한 흥미로운 이야기들

날아오는 돌에 맞아 본 적이 굳이 없더라도 우리는 다 안다. 맞으면 일단 아프다는 것을. 그런데 어떤 돌에 맞느냐에 따라 아픈 정도는 달라진다. 같은 속도로 날아오는 돌이라고 해도 무른 활석에 맞으면 "앗!" 하며 잠깐 놀라고 말 수도 있지만, 유리도 자르는 금강석(다이아몬드)에 맞으면 "악!" 하고 기절할 수도 있다.

이처럼 광물 표면의 딱딱한(굳은) 정도를 '경도'라고 한다. 경도는 어떤 물체를 다른 물체로 눌렀을 때 그 물체의 변형에 대한 저항력의 크기를 의미한다. 광물은 저마다 다른 경도를 가지고 있으며 그에 따른 특징도 다양하다.

그런데 광물의 경도를 어떻게 표현할 수 있을까. 사람에게 던져서 얼마나 아픈지를 보고 판단하는 것은 너무 비인도적인 방법인 데다 사람마다 아픔의 기준도 다르다. 그런데 다행히도 독일의 광물학자인 프리드리히 모스Friedrich Mohs, 1773~1839가 경도에 대한 기준과 측정법을 만들었다. '모스 경도계'라고 하는 이 방법은 경도가 다른 광물 10종류를 정하여 제일 경도가 낮은 것을 1도, 가장 높은 것을 10도로 분류하고 이를 기준으로 다른 광물의 경도까지 측정하는 방법이다.

집에서 같이 잘 놀고 있던 고양이가 갑자기 돌변해 내 팔을 할퀴면 내 피부는 상처를 입지만 고양이의 발톱은 멀쩡하다. 이때 나의 피부는 고양이의 발톱보다 약하다고 판단할 수 있다. 모스의 경도계도 이런 방식으로 경도를 정한다. 한 광물로 다른 광물을 긁었을 때 흠집이 일어나는지를 알아보는 것이다.

예를 들어 굳기가 1도인 활석으로 굳기가 2도인 석고를 긁으면 석고에는 흠집이 나지 않지만, 석고로 활석을 긁으면 활석에는 금방 흠집이 생긴다. 그리고 손톱으로 굳기 2도의 석고를 긁으면 석고에는 흠집이 나지만, 굳기 3도의 방해석을 긁으면 내 손톱이 까끌까끌해진다. 따라서 손톱의 굳기는 석고보다는 세지만 방해석보다는 약하므로 2.5 정도로 표시한다. 2.5가 싫으면 2.3이나 2.8이라고 표시해도 크게 의미는 없다. 모스 경도계는 단순히 굳기의 순서만 나타냈을 뿐이라서 굳기 2도가 굳기 1도보다 딱 두 배 더 딱딱하다는 의미는 아니기 때문이다. 2.5라는 숫자를 보고는 그저 '석고보다는 딱딱하고 방해석보다는 무르다'라는 정도로만 이해할 수 있을 뿐이다. 너무 간단해서 그런지 뭔가 숨은 속임수가 더 있을 듯 여운이 남는 측정법이긴 하지만 모스 경도계는 교과서에도 나오는 가장 기본적인 광물의 굳기 측정법으로, 현재에도 널리 이용되고 있다(더 전문적이고 복잡한 방법으로는 브리넬 경도, 록웰 경도, 비커스 경도 테스트 등이 있다).

이렇게 간단하고 활용도 높은 경도 확인 방법을 고안한 사람이 과연 모스가 처음이었을까. 사실 모스가 원조는 아니다. 적어도 문헌에서 밝혀진 바로는 산업혁명 이전에도 모스와 유사하게 광물의 경도를 측정했던 인물이 두 명 더 존재했다.

역사상 가장 먼저 광물의 경도를 언급한 인물은 우리가 잘 아는 아리스토텔레스의 제자인 철학자 테오프라스토스^{Theophrastus, B.C. 372~B.C.}

²⁸⁷다. 테오프라스토스는 아리스토텔레스가 세운 사설 학교인 리케이온을 이어 받아 운영한 후계자로 제2대 페리파토스 학파의 수장이었는데『식물지』와『식물원인론』이라는 명저를 남김으로써 식물학의 창시자로 여겨지는 인물이다. 테오프라스토스의 식물 관찰은 대부분 리케이온의 정원에서 이루어졌지만『식물지』에 담긴 내용은 그리스의 식물에 한정되지 않고 외국의 다양한 식물도 포함하고 있다. 알렉산드로스 대왕을 따라서 이집트부터 소아시아, 중동, 서아시아까지 전쟁에 참여했던 병사들이 그리스로 돌아오는 길에 현지의 식물들을 대량으로 옮겨 왔기 때문에 가능한 일이었다. 물론 테오프라스토스의 관심이 오직 식물에만 있는 것은 아니었다.

테오프라스토스는 기원전 약 300년에「돌」이라는 논문을 통해 광물에 관한 다양한 지식을 집대성해 놓았다. 논문을 보면, 당시에 이미 '부석'이라는 광물이 화산 분출물 중에서는 비교적 희끄무레한 다공질 형태를 띠고 있으며 내부에도 빈틈이 많아서 물에 잘 뜨는, 지름 4밀리미터 이상의 암석이라는 것을 알고 있었다. 또 어떤 광물의 결정체 일부를 가열하면 그 표면에 전기가 나타나는 현상을 '파이로^{phrpyro}전기'라고 하는데 요즈음 학계에서는 이를 발견한 시기를 18세기로 추측하고 있다. 그런데 이 논문에 수정과 같은 결정 구조를 가졌으며 마찰 또는 가열 시 전기가 발생하는 광물인 전기석이 이미 언급된 것으로 보아 테오프라스토스는 벌써 이러한 파이로 전기를 이해하고 있었던 것 같다.

무엇보다 테오프라스토스는 각종 보석, 대리석과 같은 광물의 경도를 측정하는 방법을 상세히 기록해 두었는데 이는 모스 경도계와 매우 유사하다. 이 방법은 르네상스 시대 이전까지 수천 년간 문제없이 사용되었을 정도로 뛰어난 방법이었다.

　　광물의 경도를 언급한 또 다른 인물은 로마의 정치가이자 학자인 대 플리니우스다(이름 앞에 붙은 대大는 동명이인인 조카 소小 플리니우스와의 구분을 위해서 붙인 것이다). 대 플리니우스는 역사, 문법, 수사법, 자연사에 관해 37권 75책으로 된 『박물지』라는 일종의 백과사전을 저술했다. 이 책은 그의 저작 중 지금까지도 남아 있는 유일한 책으로 우주론부터 천문학, 기상학, 지리학, 동물학, 식물학, 농업, 의학, 광물, 금속 등 고대 세계의 과학 지식을 가장 포괄적으로 집대성한 것으로 유명하다.

　　그런데 사실 『박물지』 내용 중에는 심히 황당무계하게 느껴지는 것이 많이 들어가 있다. 당시의 지식뿐만 아니라 널리 회자되고 있던 전설, 설화, 소문 등 온갖 잡다한 이야깃거리를 비판 없이 심히 관대한 시각으로 긁어모았기 때문이다. 예를 들어 7권에는 동방, 즉 아시아에 대한 내용이 있는데, 아시아는 두렵고 이상한 미지의 나라이면서 동시에 여러 가지 신비로운 일들이 벌어지는 천국 같은 곳으로 묘사되어 있다. 특히 아시아의 여러 민족과 동식물이 독특한 외형이나 특성을 지닌 존재들로 그려져 있다. 인도나 에티오피아의 사람들이라고 짐작되는 '스키아포데스' 또는 '모노콜리'라는 종족은 너무 기묘해서 웃다가 슬플 정도다. 그리스어로 스키아포데스란 '그림자 발'을 뜻하고 모노콜리는 '다리가 하나인' 혹은 '엉덩이가 하나인'을 뜻하는데

『박물지』에 따르면 이들은 안타깝게도 딱 그 이름 그대로 생겼다고 한다. 어떻게 걷는지까지는 모르겠지만 엉덩이를 땅에 대고서 다리를 머리 위로 들어 양산처럼 쓰고 있는 것이다. 이렇게 황당한데도 중세에는 이런 묘사가 신뢰할 만하다고 인정받았는지 스키아포데스인은 그림으로도 꽤 자주 등장했다. 이 외에도 '늑대 머리'나 '몸통 얼굴'을 가진 아시아인들도 존재한다고 믿었으니 중세인들의 순진무구함에 박수를 보낸다.

다행히도 『박물지』의 '광물' 편에는 모스 경도계와 매우 유사한 광물 경도 측정법이 꽤 정상적인 내용으로 등장한다. 대 플리니우스의 박물지에 황당무계한 내용만 담겨 있는 것이 아니라는 사실만 기억해 두자.

대 플리니우스는 폼페이에서의 죽음으로도 유명하다. 기원후 79년 8월 24일 이탈리아 남부 나폴리만 연안에 있는 휴양도시 폼페이에서 베수비오 화산이 폭발했다. 당시에 그는 나폴리만의 미세눔 항구에 주둔한 로마 함대의 지휘관이었다. 함께 있었던 조카 소 플리니우스는 곧 닥칠 재난의 조짐을 눈치채고 서둘러 가족과 함께 대피했지만 대 플리니우스는 오히려 대폭발 중인 화산을 향했다. 누군가는 구조 활동을 위해서였다고도 하고, 또 누군가는 학자로서의 본능에 이끌려 화산을 더욱 자세히 관찰하러 갔을 것이라고도 한다. 누가 뭐래도 분명한 사실은 그가 조금만 서둘렀다면 조카와 함께 화산 폭발 지역에서 벗어날 수 있었음에도 오히려 화산에 가까이 접근하는 바람에 숨지고 말았다는 것이다.

대 플리니우스의 모습을 마지막으로 본 날부터 이틀 후인 26일, 날이 밝았을 때 시신은 손상되지 않고 상처도 없는 채로 발견되었다. 옷도 다 입은 상태였고 죽었다기보다는 잠자는 것처럼 보였다.

조카인 소 플리니우스가 그의 죽음을 직접 조사하고 남긴 기록이다. 아마 유독가스에 질식해 숨졌을 것으로 추측되는 부분이다. 대 플리니우스가 살아남았다면 위험을 무릅쓰고 관찰했던 화산에 대해 어떤 표현을 남겼을지 심히 궁금해지지만 아쉽게도 상상에 맡기는 수밖에 없겠다.

간단해서 고마운 원소기호

원소기호를 외우느라 머리털 다 빠지는 건 아닐까 걱정이 태산이었던 학창시절을 보낸 이들에게, 위의 제목은 이해 불가능할 수도 있겠다. 그러나 실제로 지금의 원소기호 정도는 가소로운 시절이 있었다는 사실. 현대의 원소기호는 연금술사들이 사용한 난해하고 복잡한 기호에서 출발했는데 이 기호들을 보면 해골이나 초승달, 갈고리가 등장하는 등 이집트 상형문자 뺨칠 정도로 복잡했다. 심지어 개인마다, 지역마다 이름과 형태가 천차만별이라서 18세기까지 이를 통일하기란 불가능했다.

19세기 초에야 원소 표기를 '지극히 주관적이고 이상한 그림'에서 '간단한 기호'로 바꾸며 원소계 통일의 씨앗을 뿌린 사람이 나타났으니, 그의 이름은 돌턴이다. 돌턴은 '모든 물질은 더 이상 쪼개질 수 없는 작은 입자인 원자로 구성되어 있다'는 원자설로 유명한 영국의 화학자이자 물리학자다. 1803년 '맨체스터 문학 · 철학학회'에서 발표한 논문에서 원소, 수소, 산소, 질소, 탄소, 황 등 다섯 가지 원소에 대해 새로운 기호를 사용했는데 당시 연금술사들의 것과 비교해 보면 상대적으로 간단한 표기법이었다.

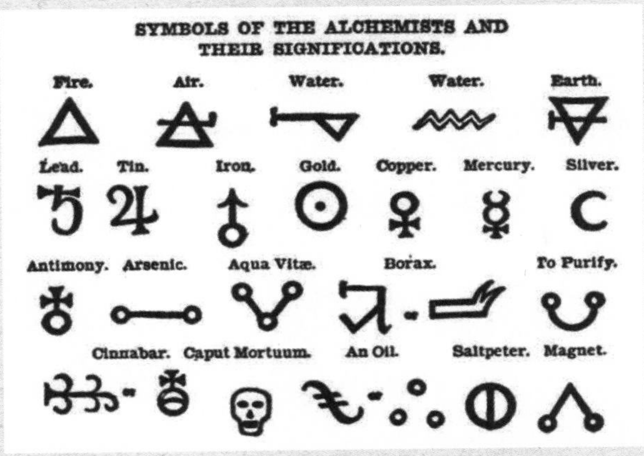

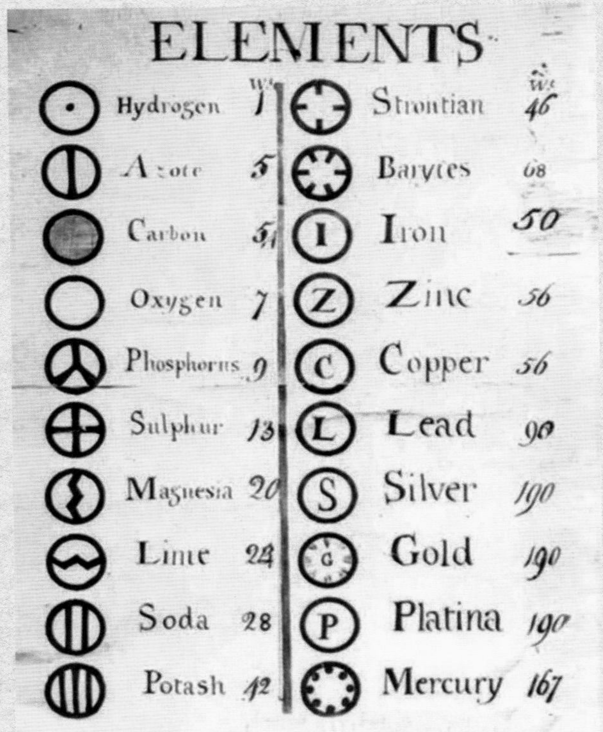

연금술사들의 원소기호(위), 돌턴의 원소기호(아래)

그러나 돌턴의 원소기호들은 너무 간단해서 오히려 서로 비슷비슷하게 생긴 부분들이 있었다. 때문에 헛갈리지 않고 널리 쓰이기에는 여전히 2퍼센트 부족하므로 개선이 필요했다. 이 숙제를 해결한 인물이 스웨덴의 화학자 베르셀리우스다. 1811년 그는 원소의 라틴어 명칭에서 첫 글자 한두 개를 떼어 내 만든 간단하고도 이해하기 쉬운 원소기호를 소개했고, 이는 지금까지도 널리 사용되고 있다.

이처럼 원소기호는 과학자들의 노력으로 옛날에 비해 간단하고 쉬운 모습으로 발전했다. 그러니 교과서에 나온 원소기호를 외울 때 머리 아프고 복잡하다는 생각에 괜히 기호를 만든 사람만 원망한 적이 있다면, 이제부터라도 오히려 감사하는 마음을 가져야 하겠다. 돌턴과 베르셀리우스가 아니었다면 화학 시험 답안지에 묘한 그림을 그려야 하는 어려움에 시달렸을 테니 말이다. 원소기호를 외우는 것 자체가 지금과는 비교도 안 될 만큼 겁나게 어려운 일이 될 뻔했다.

주기율표 탄생의
비밀

1869년 3월 6일, 러시아에서는 물리화학학회가 주최한 학술회의가 한창이었다. 회의에 발표자로 참석한 화학자 멘델레예프는 야심 차게 준비한 논문 「원소의 성질과 원자량의 상관관계」를 발표했다. 지금까지 전혀 없었던 획기적인 정리 체계인 주기율표가 소개되는 순간이었다. 멘델레예프의 주기율표는 세로는 원자량이 증가하는 순서대로 위치하도록, 가로는 유사한 성질을 가진 원소들이 나란히 위치하도록 정리한 표였다. 원소의 분류에 대한 시도 자체는 학계에서도 예전부터 있었지만 멘델레예프는 자신의 주기율표만큼 정확하고 획기적인 체계는 없노라 자신했다.

그러나 학회에서의 반응은 기대와 달랐다. 오히려 냉담했다. 멘델레예프가 베릴륨 등 일부 원소의 원자량을 정정한 후 새롭게 배치한 것이 이유였다. 그때까지 알려진 지식과 차이가 큰 편이라 다른 학자들에게 쉽게 받아들여지지 않았기 때문이었다. 대쪽같이 고지식한 성품을 자랑삼는 곳이 바로 학자의 세계, 그리고 그런 학자들의 모임이 학회 아니겠는가. 같은 학자로서 그 상황이 이해는 된다. 그런데 멘델

ОПЫТЪ СИСТЕМЫ ЭЛЕМЕНТОВЪ.

ОСНОВАННОЙ НА ИХЪ АТОМНОМЪ ВѢСѢ И ХИМИЧЕСКОМЪ СХОДСТВѢ.

```
                        Ti = 50    Zr = 90    ? = 180.
                         V = 51    Nb = 94    Ta = 182.
                        Cr = 52    Mo = 96    W = 186.
                        Mn = 55    Rh = 104,4  Pt = 197,4.
                        Fe = 56    Rn = 104,4  Ir = 198.
                    Ni = Co = 59   Pl = 106,6  O = 199.
H = 1                   Cu = 63,4  Ag = 108   Hg = 200.
        Be = 9,4  Mg = 24  Zn = 65,2  Cd = 112
        B = 11    Al = 27,4 ? = 68   Ur = 116   Au = 197?
        C = 12    Si = 28  ? = 70    Sn = 118
        N = 14    P = 31   As = 75   Sb = 122   Bi = 210?
        O = 16    S = 32   Se = 79,4 Te = 128?
        F = 19    Cl = 35,5 Br = 80   I = 127
Li = 7  Na = 23   K = 39   Rb = 85,4  Cs = 133  Tl = 204.
                  Ca = 40  Sr = 87,6  Ba = 137  Pb = 207.
                  ? = 45   Ce = 92
                 ?Er = 56  La = 94
                 ?Yt = 60  Di = 95
                 ?In = 75,6 Th = 118?
```

●
멘델레예프가 정리한 주기율표

레예프가 또 하나의 실수(?)를 범했으니, 학자라면 본능적으로 의심을 품고 달려들게 만드는 기호인 물음표를 주기율표에 넣었다. 아직 발견이 불확실한 원소들을 하필이면 물음표로 표시해 둔 것이다. 일부 학자들은 이걸 빌미로 삼아 멘델레예프의 주기율표 자체가 아예 명백한 오류라고 치부해 버리기도 했다.

그러나 멘델레예프는 이런 분위기 따위에 아랑곳하지 않았다. 심지어 1년 뒤에는 자신의 주기율표에서 물음표로 표시해 두었던 애증의 미발견 원소 세 종에 대해 그 존재와 성질을 보란 듯이 구체적으로 발표했다. 그런데 사실 이것은 멘델레예프 자신도 짐작만 하던 것이

였지 확실하게 발견한 것은 아니었다. 하지만 행운의 여신은 기꺼이 멘델레예프 편을 들어주었으니, 있는지 없는지도 몰라 물음표에 불과했던 원소 세 종의 정체가 갈륨, 스칸듐, 저마늄(게르마늄)인 것으로 다른 학자들에 의해 잇따라 발견되었다. 심지어 원소의 성질도 멘델레예프가 예상했던 것과 정확히 일치했다. 이 일로 동료 학자들의 입은 쩍 벌어졌고, 멘델레예프는 세계적인 화학자의 반열에 올라 남은 일생을 연구에 매진할 수 있었다. 그의 주기율표는 화학을 과학의 범주에 입성시킨 혁신적인 사고의 결과물이었다.

멘델레예프가 다른 이들은 생각도 못 한 주기율표를 구상할 수 있었던 것은 무엇 때문이었을까. 조기교육? 영재교육? 감성교육? 아니다. 좀 생뚱맞긴 해도 꿈 덕분이었다. 주기율표를 만든 후 멘델레예프는 자신의 친구인 지질학자 이노스트란체브에게 이런 편지를 썼다.

내가 꿈속에서 어떤 표를 봤는데 모든 원소가 마치 누가 시킨 듯이 자기 위치에 맞게 위에서부터 떨어져 내려오더군. 잠에서 깨자마자 일단 꿈속에서 본 것들을 종이에 적어 내려갔다네. 그리고 실제로 수정이 필요한 곳을 찾아봤더니 한 부분 외에는 다 정확한 게 아닌가!

드미트리 멘델레예프

우스갯말로, 노력하는 놈 위에 머리 좋은 놈, 그 위에 운 좋은 놈이 있다더니 멘델레예프는 삼박자 다 갖춘 덕에 꿈속에서 그동안 쌓인 지식의 잭팟이 터졌다고 볼 수 있겠다. 현실에서 무엇이든 알고자 열심히 탐구한다면 꿈을 통해서라도 결과를 구할 수 있게 되나 보다.

멘델레예프의 주기율표는 처음 보면 표라기보다는 메모 같다. 심지어 당황스럽게도 지금의 주기율표와 하나도 닮지 않았다. 하지만 그럴 수밖에 없는 것이 당시에는 알려진 원소의 수가 지금의 절반 정도로 고작 63종에 불과해 오밀조밀한 모양으로 표를 만들지는 못했다. 주기율표가 지금의 모습과 가까워진 것은 20세기에 들어서서의 일이었다. 1913년 11월, 영국의 물리학자 모즐리Henry Gwyn-Jeffreys Moseley, 1887~1915가 양성자 수를 의미하는 원자번호를 기준으로 원소를 재배치해서 멘델레예프의 주기율표를 개량한 것이다. 후에 과학자들은 이 방식을 '모즐리의 법칙'이라 이름 붙이고 이를 바탕으로 물리화학적 성질이 비슷한 원소들을 같은 족으로 분류했다. 이렇게 해서 총 118개의 원소를 모두 표기할 수 있게 되었다.

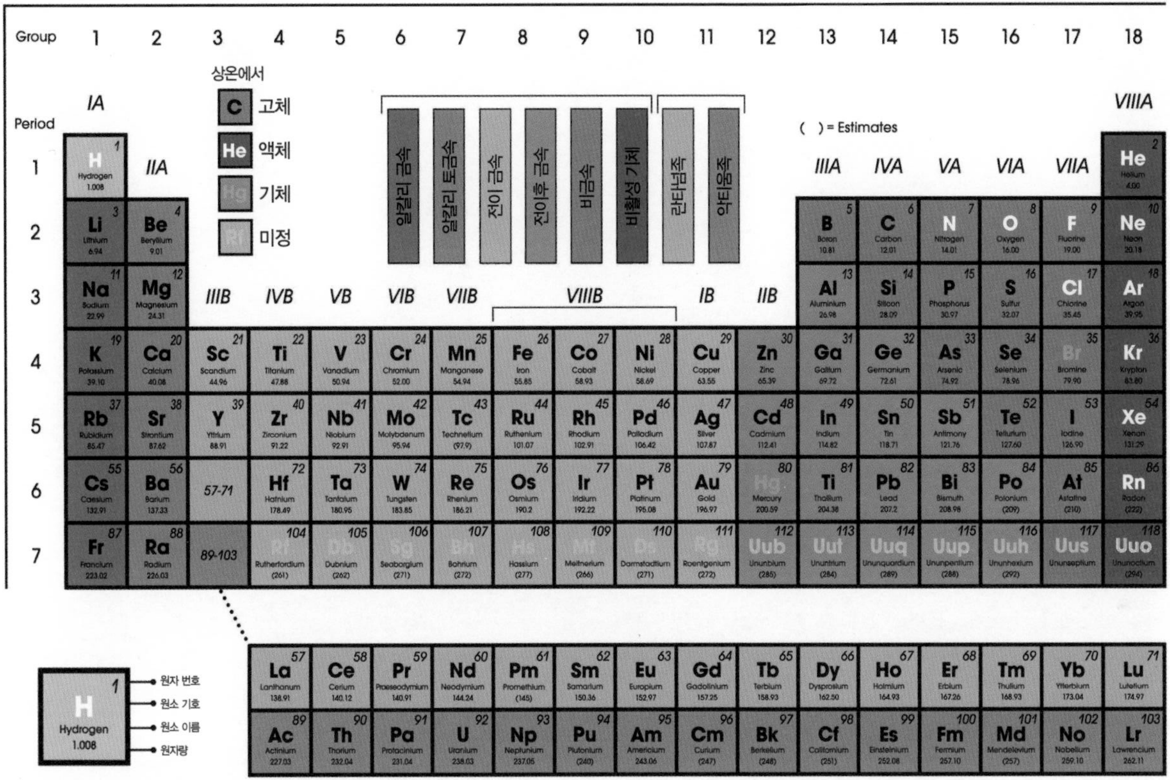

오늘날의 주기율표 현재까지 118개의 원소가 발견되었고 앞으로도 더 발견될 가능성이 크다.

감사의 글

인생의 멘토이신 존경하는 강석환 선생님께 감사드린다. 해외 광산 개발을 위해 불철주야 노력하시는 송암 송영호 사장님께 감사드린다. 탈고 이후 출판까지의 고된 과정을 묵묵히 그리고 열성을 다해 마무리 지은 다산북스 콘텐츠개발부 3팀 최수아님께 감사를 드린다. 어떠한 기로 앞에서도 큰 신뢰로 든든하게 지지해 주는 친구, 자신의 계획된 일정을 변경하거나 취소해서라도 반갑게 맞아주는 친구, 30년 지기지우 한영진에게 감사를 전한다. 끝으로 원고 집필 동안 현명한 조언과 다양한 자료 수집으로 책을 마무리할 수 있게 도와준 평생의 동료이며, 친구이자, 선생님이기도 한 사랑하는 아내 김윤정에게 한없이 깊은 감사의 마음을 전한다.

광화문에서

김동환

- 출간 당시 저작권자 확인 불가로 허가를 받지 못한 작품에 대해서는 추후 저작권 확인
  이 되는 대로 절차에 따라 계약을 진행하도록 하겠습니다.
- 퍼블릭 도메인인 경우, 따로 출처를 표기하지 않았습니다.

20쪽 ⓒYosef Garfinkel ; 33쪽 (오른쪽) ⓒRolf E. Hummel ; 38쪽 국립중앙박물관 ; 42
쪽 (오른쪽 아래) ⓒhttp://www.crystalinks.com ; 52쪽 (오른쪽) ⓒhttp://i.dailymail.
co.uk, (왼쪽) ⓒhttp://stmedia.startribune.com(오른쪽) ; 53쪽 ⓒFlickr, Photos by
John4kc ; 58쪽 ⓒwww.damninteresting.com ; 61쪽 동아일보 ; 67쪽 ⓒGoogle Maps.
Photos by Orhan DURGUT ; 68쪽 (위) ⓒwww.biblicalarchaeology.org, (오른쪽 아
래) ⓒhttp://www.3dartistonline.com ; 81쪽 ⓒhttp://edition.cnn.com ; 82쪽 (아래) ⓒ
http://pbswnet-dev.vc2.wnet.org ; 87쪽 북촌미술관 ; 91쪽 ⓒhttp://opencontext.org
; 95쪽 (위) 국립중앙박물관, (아래) 셔터스톡 ; 104쪽 셔터스톡 ; 112쪽 (위) ⓒwww.
omda.bg, (아래) ⓒwww.ancientstandard.com ; 116쪽 국립중앙박물관 ; 121쪽 셔터스톡
; 127쪽 ⓒhttp://www.independent.co.uk ; 130쪽 (왼쪽) 매일경제, (오른쪽) 경향신문
; 133쪽 연합포토 ; 137쪽 연합포토 ; 151쪽 ⓒKohL(2007) ; 161쪽 ⓒKarlya, C. Gagg,
and W.J. Plumbrideg (2000) ; 167쪽 ⓒCambridge, Scott Polar Research Institute (2011)
; 168쪽 (왼쪽) ⓒThe Sunday Times, (오른쪽) ⓒAlexander Turnbull Library ; 200쪽 ⓒ
일본중동문화센터 ; 207쪽 국립중앙박물관 ; 228쪽 셔터스톡 ; 230쪽 http://www.ep.ph.
bham.ac.uk ; 233쪽 (아래) ⓒhttp://archaeology.about.com, 241쪽 ⓒAileen M. Smith
& Photo by W. Eugene Smith ; 242쪽 (왼쪽) ⓒwww.47news.jp, (가운데) ⓒwww.
japantimes.co.jp, (오른쪽) ⓒwww.cscd.osaka-u.ac.jp ; 248쪽 셔터스톡 ; 277쪽 셔터스톡

국내문헌

김동환 (2011). 『희토류 자원전쟁』. 서울: 미래의 창

김기운 외 3명 (2006). 『임상독성학』. 서울: 군자출판사

동아대학교 (2012). 「수은의 인체노출 저감대착 연구: 수은 노출에 의한 위해도 저감방안 및 심화연구 방향 도출」. 인천: 국립환경과학원

박준상 (2013). 『원자재 시장의 이해』. 서울: 탐진

박홍국 (2014). 「신라 황금에 대한 소고: 경주 및 인근 지역에서 채취한 사금을 중심으로」. 경북: 위덕대 박물관 논총

빌 브라이슨 (2003). 『거의 모든 것의 역사』. 이덕환 옮김. 서울: 까치글방

새런 버트시 맥그레인 (2002). 『화학의 프로메테우스』. 이충호 옮김. 서울: 가람기획

서울대학교보건대학원 (2010). 「수은관리종합대책 마련을 위한 국내 수은 유통 및 배출현황 기초조사(II)」. 서울: 환경부

윤실 (2012). 「원소를 알면 화학이 보인다」. 서울: 전파과학사

전화택 (2014). 『수질환경기사 과년도』. 개정4판. 서울: 구민사

국외문헌

Ansuya Harjani (2014). "It's official: China overtakes India as top consumer of gold". http://www.cnbc.com/id/101422278#. (accessed 21 June 2014).

Ashton, T. S (1968). Iron and Steel In the Industrial Revolution. New York: Augustus M. Kelley.

Audi, G. Bersillon, O. Blachot, J. Wapstra, A. H (2003). "The NUBASE Evaluation of Nuclear and Decay Properties". Nuclear Physics A (Atomic Mass Data Center) 729: 3 – 128.

Bairagi, HImadri; Motiar Khan; Lalitagauri Ray; Arun Guha (February 2011). "Adsorption profile of lead on Aspergillus versicolor: A mechanistic probing". Journal of Hazardous Materials 186 (1).

Belval, B (2007). Understanding the Elements of the Periodic Table SILVER. New York: The Rosen Publishing Group, Inc.

Berg, T. Fjeld, E. Steinnes, E (2006). "Atmospheric mercury in Norway: contributions from different sources". The Science of the total environment 368 (1): 3 – 9.

Boehler, Reinhard, Ross, M. (2007). "Properties of Rocks and Minerals_High-Pressure Melting". Mineral Physics. Treatise on Geophysics 2. Elsevier. pp. 527 – 541.

Carnegie, Andrew (1986). The Autobiography of Andrew Carnegie. Boston: Northeastern University Press.

Callataÿ, François de (2005). "The Graeco-Roman Economy in the Super Long-Run: Lead, Copper, and Shipwrecks". Journal of Roman Archaeology.

Charles A. Sutherland, Edward F. Milner, Robert C. Kerby, Herbert Teindl, Albert Melin Hermann M. Bolt "Lead" in Ullmann's Encyclopedia of Industrial Chemistry, 2005.

de Callataÿ, François (2005). "The Graeco-Roman Economy in the Super Long-

Run: Lead, Copper, and Shipwrecks". Journal of Roman Archaeology 18: 361 – 372 (366 – 369).

Dehaas, W. Deboer, J. Vandenberg, G (1935). "The electrical resistance of cadmium, thallium and tin at low temperatures". Physica 2: 453.

Fuchsloch, J. and E.F. Brush, (2007), "Systematic Design Approach for a New Series of Ultra–NEMA Premium Copper Rotor Motors", in EEMODS 2007 Conference Proceedings, 10–15 June, Beijing.

Geballe, Theodore. H (1993). "Superconductivity: From Physics to Technology". Physics Today 46 (10): pp. 52 – 56.

Hainfeld, James F.; Dilmanian, F. Avraham; Slatkin, Daniel N.; Smilowitz, Henry M. (2008). "Radiotherapy enhancement with gold nanoparticles". Journal of Pharmacy and Pharmacology 60 (8): 977 – 85.

Hart, Matthew (2013). Gold : the race for the world's most seductive metal, New York : Simon & Schuster.

Jeff, D (2012). "The Silver Series: The history of Silver (Part 1)." http://www.visualcapitalist.com/the-silver-series-history-silver-part-1/ (accessed 5 December 2013)

John F. Healy (1999), Pliny the Elder on Science and Technology, Oxford: Oxford University Press.

Kassinger, R. G (2003). GOLD From Greek myth to Computer Chip. Brookfield: Twenty-First Century Books.

Lester, B (2006). Plan B 2.0: Rescuing a Planet Under Stress and a Civilization in Trouble. New York: W.W. Norton.

Lewis, N (2007). GOLD The once and Future Money. New Jersey: Wiley & Sons.

Mas'udi (1989). The Meadows of Gold, The Abbasids, transl. London and New York: Paul Lunde and Caroline Stone, Kegan Paul.

Niece, S. L (2009). GOLD. London: The British Museum Press.

Penhallurick, R. D (1986). Tin in Antiquity: its Mining and Trade Throughout the Ancient World with Particular Reference to Cornwall. London: The Institute of Metals.

Peter Clayton (1994). Chronicle of the Pharaohs, London: Thames & Hudson Ltd.

Rickard, T. A. (1932). "The Nomenclature of Copper and its Alloys". Journal of the Royal Anthropological Institute (Royal Anthropological Institute) 62: 281.

Stephen D. S (2012). "A Brief 2000-Year History of Silver Prices." http://commodityhq. com/2012/a-brief-2000-year-history-of-silver-prices/ (accessed 2

USGS (2000). "Mercury in the Environment." http://www.usgs.gov/themes/ factsheet/146-00/(accessed 12 May 2014).

Vest, Katherine E.; Hashemi, Hayaa F.; Cobine, Paul A. (2013). "Chapter 12 The Copper Metallome in Prokaryotic Cells". In Banci, Lucia (Ed.). Metallomics and the Cell. Metal Ions in Life Sciences.

Willbold, M. Elliott, T. Moorbath, S (2011). "The tungsten isotopic composition of the Earth's mantle before the terminal bombardment". Nature 477 (7363): 195 – 198.

인류의 문명을 바꾼
7가지 금속 이야기

금속의 세계사

초판 1쇄 발행 2015년 2월 26일
초판 3쇄 발행 2015년 6월 25일

지은이 김동환, 배석
펴낸이 김선식

경영총괄 김은영
마케팅총괄 최창규
책임편집 최수아 **디자인** 김윤실 **크로스교정** 김서윤 **책임마케터** 최혜령
콘텐츠개발3팀장 김서윤 **콘텐츠개발3팀** 이여홍, 김윤실, 최수아
마케팅본부 이주화, 이상혁, 최혜령, 박현미, 반여진, 이소연
경영관리팀 송현주, 윤이경, 권송이, 임해랑

펴낸곳 다산북스 **출판등록** 2005년 12월 23일 제313-2005-00277호
주소 경기도 파주시 회동길 37-14 3, 4층
전화 02-702-1724(기획편집) 02-6217-1726(마케팅) 02-704-1724(경영관리)
팩스 02-703-2219 **이메일** dasanbooks@dasanbooks.com
홈페이지 www.dasanbooks.com **블로그** blog.naver.com/dasan_books
종이 월드페이퍼(주) **출력·인쇄** 스크린 그래픽 **후가공** 이지앤비 특허 제10-1081185호

ISBN 979-11-306-0474-9(03900)

다산북스(DASANBOOKS)는 독자 여러분의 책에 관한 아이디어와 원고 투고를 기쁜 마음으로 기다리고 있습니다.
책 출간을 원하는 아이디어가 있으신 분은 이메일 dasanbooks@dasanbooks.com 또는 다산북스 홈페이지 '투고원고'란으로
간단한 개요와 취지, 연락처 등을 보내주세요. 머뭇거리지 말고 문을 두드리세요.

7가지
고대금속

이 책에서 이야기하는 고대금속이란 인류가 선사 시대부터 사용해 온 금속을 뜻한다. 이 금속들은 고대부터 현대까지 인류의 역사에서 핵심적인 역할을 해 왔다. 구리, 납, 은, 금, 주석, 철, 수은 등 7가지 금속이 여기에 속하며, 이 순서는 각 금속과 관련된 최초의 유물이 발견된 순서에 따른 것이다.

●

구리 기원전 9500년경에 사용된 최초의 구리 유물 '구리 펜던트', 이라크 북부 쿠르디스탄 샤니다르 동굴에서 발견

납 기원전 6500년경에 사용된 최초의 납 유물 '납 비드', 터키 남동부 차탈휘위크에서 발견

은 기원전 5000년경에 사용된 최초의 은 유물 '은 비드', 터키 남동부 도무즈테페에서 발견

금 기원전 4700년경에 사용된 최초의 금 유물 '금 장신구', 불가리아 동부 바르나에서 다수 발견

주석 기원전 3300년경에 사용된 최초의 주석 유물 '안전한 청동', 이라크 남부 우루크에서 다수 발견

철 기원전 2100년경에 사용된 최초의 철 유물 '철 단검 조각', 터키 중부 카만-카레휘위크에서 발견

수은 기원전 1500년경에 사용된 최초의 수은 유물 '병에 담긴 수은', 이집트 중부 아비도스에서 발견

금속은 어떻게 인류의 삶을 바꾸고 세계사를 움직였는가?

금속의 세계를 본격적으로 다룬 첫 번째 교양서!

- **구리** Copper 로마 황제의 얼굴이 가치가 낮은 구리 동전에 새겨진 까닭은?
- **납** Lead 인류가 납 때문에 멸망할 뻔한 위기를 넘긴 사연은?
- **은** Silver 조선이 개발한 은 제련법으로 인해 임진왜란이 일어났다?
- **금** Gold 이집트 파라오에게 금은 한낱 먼지와 같았다?
- **주석** Tin 나폴레옹이 러시아 원정에 실패한 것은 주석 단추 때문이다?
- **철** Iron 철제 무기의 히타이트 vs 청동제 무기의 이집트! 역사의 승자는?
- **수은** Mercury 진시황이 사랑한 불로장생 묘약, 알고 보니 최악의 독극물이었다?

XXXXX

문명의 탄생부터 현대의 최첨단 산업까지 역사의 모든 곳에는 항상 금속이 있었다. 인류는 금속 물질을 사용하면서 엄청난 변화를 겪기 시작했고, 금속의 힘을 바탕으로 대규모 전쟁을 일으켰으며, 금속 덕분에 찬란한 문화와 기술을 발전시켰다. 이 책은 인류의 곁에서 언제나 묵직한 존재감으로 자신의 역할을 다해 온 금속을 새롭게 재조명하기 위해, 금속이 만든 세계사를 생생하게 다룬 역사서이다.

lead copper gold

iron silver tin

mercury

03900

값 16,000원
www.dasanbooks.com

9 791130 604749
ISBN 979-11-306-0474-9